석옥·태고 평전

石屋 · 太古 評傳

최석환 편저

茶의 세계

太古普愚 悟道頌

打破牢關後
清風吹太古

戊寅 雲汀堂 金剛山人 九十六歲 書 珠

석주 스님이 쓴 태고보우 국사의 〈오도송〉.

태고보우 국사 영정.

태고보우 국사가 탄생한 양평군 옥천리. 멀리 보이는 산이 미지산이다.

태고보우 국사가 열반한 소설산 소설암을 찾은 덕암 큰스님.

하무산에서 차밭을 경작하고 있는 왕시아이치엔 노인(왼쪽에서 두 번째)이 끓여 준 차를 마시는 덕암 스님(왼쪽 첫 번째) 일행.

태고보우 국사가 석옥으로부터 인가를 받은 천호암지가 있는 하무산 전경. 차밭이 장관을 이루고 있다.

◀ 2001년 봄 태고보우 국사의 자취를 찾은 학술조사단.

▼ 정도전이 찬한 보우 선사의 〈석종비〉를 보고 있는 덕암 큰스님.

▼ 2003년 출간한 후저우의 《후저우 도량산지》에 태고보우의 행적을 기록했다.

▼ 중흥사지 현장을 찾은 서암 큰스님.

▶ 2002년 후저우에서 열린 '제2차 한·중 차문화 교류 연토회.'

2008년 12월 15일 열린 〈태고보우현창기념비〉 제막식 장면들.

2008년 12월 후저우 하무산에 세워진 〈태고보우헌창기념비〉.

석옥·태고 평전
石屋·太古 評傳

최석환 편저

茶의
세계

선문조사예참작법(禪門祖師禮懺作法)

　지극한 마음으로 선(禪)과 교(敎)를 회통하시고 원융무애하신 태고보우 원증(太古普愚 圓證) 국사(國師)께 귀의하옵나니, 원컨대 이 도량에 강림하시어 이 공양을 받으소서. 아홉 송이의 꽃에서 한 열매를 맺으셨으니, 이것이 원융한 조계(曹溪) 스님네들의 심인(心印)이며, 금강(金剛)의 종지를 먼저 이으셨으니, 이것이 반야다라(般若多羅)의 행(行)이기에, 제가 일심으로 귀의하고, 예배하옵니다.

석옥·태고평전

설선의(說禪儀)

휴정(休靜 · 1520~1604) 撰

한마음으로 받들어 청하오니, 연하(烟霞)의 도덕의 풍채가 씩씩하시고, 반드시 본분(本分)의 일로써 어리석은 후배를 격려하고 인도하시며, 대경(對境)의 유혹에 빠지지 않으시니 임제의 18세 적손(嫡孫)이신, 후저우 하무산 천호암의 석옥청공(石屋淸珙) 대선사께서는 이 법회에 오셔서 공양을 받으소서.

금 바늘 가진 손〔客〕이 봄바람을 의지해
천호와 해동의 수(繡)를 놓는다
세상 밖의 연하(烟霞)는 지붕 위에 일고
인간 세상, 해와 달은 항아리 속에서 지나간다

바위 앞의 들호랑이는 무늬가 같은 호랑이요
발우 안의 항복한 용은 의룡(義龍)과 함께 있도다
한 줄기 맑은 향기를 사람은 모르는데
이끌려 온 저 벌과 나비는 허공에서 어지럽게 난다.

한마음으로 받들어 청하오니, 석옥당에서 반달을 이야기하고는 몸과 목숨을 놓아 버리고 짐을 내려놓아 두 줄의 글과 두 분의 그림자는 한 혈맥(血脈)을 이은 가지가 되었고, 하나의 주장자와 한 벌의 가사는 법인(法印)의 신표(信標)가 되었으니, 능인의 57대손이시며 삼한 양조의 국사 이응 존자, 시호가 원증이신, 소설산 태고암 보우 선사께서는 이 법회에 오셔서 공양을 받으소서.

　　　영축산 꽃가지의 한 바탕 바람이
　　　후저우의 편편한 땅과 또 해동으로 왔네
　　　강이 압록(鴨錄)을 흔들매 기틀이 먼저 움직이고
　　　버들이 아황(鵝黃)을 희롱하나 뜻이 맞지 않았네
　　　찬 바위가 휘파람 부는 호랑이 된 것이 진정 좋아라
　　　마른 나무가 읊조리는 용으로 변한 것을 그 누가 알리
　　　귀여워라 소설산 마음을 전한 곳의
　　　그 향기 해화(海花)에 이르고 방장(方丈)은 비어 있구나.

한·중 선불교의 정수를 보여 주는 지남(指南)

혜초(慧草·태고종 종정)

종승(宗乘)이 날로 빛을 잃어 가고 사마외도(邪魔外道)가 정안(正眼) 종사인양 교계를 어지럽히는 혼란한 시대에 서건 사칠 동토이삼(西乾 四 七 東土二三) 불조(佛祖)의 혜명(慧命)과 임제정맥(臨濟正脈)을 계승하신 석옥청공 선사와 해동전법초조(海東傳法初祖) 태고보우 원증 국사의 평전(評傳)이 출간되니 이는 실로 정법의 당간(幢竿)을 세워 한국 불교와 태고법손(太古法孫)들에게 큰 귀감(龜鑑)이 되는 일이라고 하지 않을 수 없습니다.

사단법인 대륜불교문화태고연구원에서는 지난 15여 년 간, 태고 종조 (宗祖)의 국내외 발자취를 밟아서 연구해 온 바 있습니다. 또한 태고보우 국사에게 임제정맥을 전수(傳授)하신 중국의 석옥청공 선사가 주석하였던 천호암 사지(寺址)에 이르기까지 그 법통(法統)의 역사적 연원과 활동 내용을 추적, 정리하는 학술대회도 한·중의 전문가들이 모여서 수차례 개최한 것으로 알고 있습니다.

이번에 발간되는 《석옥(石屋)·태고(太古) 평전》은 실로 태고종도에게 뿐만이 아니라 한국 불교도들에게는 실로 너무나 가치 있는 책이라고 생각합니다. 임제정맥의 법통을 계승한 석옥청공 선사에 대한 인식의 지평

을 넓히는 것은 동아시아 불교의 근간인 선불교의 전통과 역사를 바로 아는 것이라고 봅니다. 더욱이 한국 불교의 원류와 정통성을 바로 알기 위해서는 우리는 태고보우 선사의 행장(行狀)과 중국에서의 구법활동을 알지 않고서는 안 된다는 사실을 명백히 알아야 할 것입니다. 이《석옥·태고 평전》은 바로 한·중 선불교의 정수(精髓)를 보여주는 지남(指南)과 같은 귀중한 기록이며, 태고법손들이 필독해야 할 종문(宗門)의 제1의 해설서가 아닌가 합니다.

평전의 내용을 일별해 보니 참으로 내용이 알차고 태고보우 원증 국사의 일대사의 연기(緣起)가 그대로 눈앞에 펼쳐지는 듯하며, 우리 한국의 불자들에게는 생소했던 석옥청공 선사의 일대기를 통해서 임제적손(臨濟嫡孫)으로서 태고 선사에게 심인(心印)을 전해 준 선사의 면목을 접하게 됨은 실로 좋은 인연공덕이라고 하지 않을 수 없습니다. 이 책을 집필한 작가 최석환 거사의 지혜와 학구적 자세, 더불어 특히 연구원 이사장이신 무공 원로의원 스님의 원력과 정진으로 이 같은 값진 평전이 출간되었음을 치하하는 마음 금할 길이 없습니다. 부디 태고종도는 물론이거니와 한국 불교의 태고법손들과 불자들이 이 평전을 읽고 한국 불교의 초조로서 임제정맥을 계승한 종조에 대한 인식을 새롭게 해 주시길 바라는 마음 한량없습니다.

시간이 갈수록 불조의 혜명과 임제정통정맥이 흐려지는 말법시대에 이 평전을 통해서 새로운 눈 밝은 청풍납자(淸風衲子)들이 많이 출현하여 당간을 바로 세우고 서천에서 동토에 전해진 불조의 심인을 면면히 계승하는 대승 보살 수행자가 많이 출현하여 광도중생(廣度衆生)의 감로법우(甘露法雨)를 내려 불국정토를 구현해 주실 것을 부처님과 역대의 조사 큰스님들께 계수정례 하옵니다.

불기 2554년 7월 5일

석옥·태고 평전

한국 선종의 등불 밝힌
《석옥 · 태고 평전》 출간에 부쳐

의정(義正 · 상원사 용문선원 선원장)

한국 불교 종조(宗祖) 내지 중흥조(中興祖)로 확고한 위치에 있는 태고 보우 선사의 자취를 담은 《석옥 · 태고 평전》이 출간됨을 태고의 후학으로 서 기뻐하는 바입니다.

태고보우 선사는 46세 때인 1346년(충목왕 2년) 자신의 오도(悟道)를 시험하고 견문을 넓히고자 원나라로 들어가 후저우(湖州) 하무산(霞霧山) 천호암(天胡庵)으로 석옥청공 선사를 참방하여 자신이 지은 〈태고암 가(太古庵歌)〉를 바쳤습니다. 그때 서로 묻고 답하는 동안 청공 선사는 마침내 태고보우 선사를 인가하기에 이르렀습니다. 〈태고암가〉 발문을 지 어 주며 가사를 부촉하면서 이르길 "의발은 오늘 것이지만 법(法)은 영산 에서부터 전해 온 바이니 오늘 그대에게 다시 부촉하는 바이다"라고 했습 니다.

태고 선사는 이로부터 고려에 임제종을 최초로 전한 19대 적손으로 임 제의 법맥을 계승한 석옥청공으로부터 이어지게 되었습니다.

최석환 거사가 산승(山僧)에게 서문을 부탁한 것은 태고 선사가 30세 (1330년) 때 12대원을 세우고 간절히 2년간 정진하여 첫 득력을 하신 정 진도량이 바로 산승이 선원장으로 있는 용문산 상원사이기 때문이리라.

상원사는 일제 강점기 때 의군들이 살며 활동한다 하여 불태워져 버리고 6·25사변에 또 소실되어 조그만 암자로 명목만 유지되어 오고 있었습니다. 제방선원에서 정진하고 있던 산승은 이점을 안타깝게 생각하여 사제와 함께 선원을 복원하고 2001년 하안거에 이곳 용문산 상원사에 선원을 개원하여 납자들과 태고 선사의 맥을 잇는 화두정진을 하고 있습니다.

　2009년 중국선종사찰 순방 중 최석환 거사의 원력으로 하무산 정상에 세워진 〈한중우의태고보우헌창기념비〉 한·중 우의정(韓中 友誼亭) 대련에 "태고 화상이 삼생의 원력으로 불심종(佛心宗)을 빛내시어 다시 오시니 하무산에 중국과 한국의 선풍이 동일한 맥으로 비추시었다〔太古三生願 光佛宗再來 霞霧照中韓禪風同一脈〕"라는 선어를 보고 감명을 받은 바 있습니다.

　이번에 14년에 걸쳐 태고보우 선사의 자취를 따라 태고보우 선사의 구법의 현장인 하무산을 좇아 태고 선사와 석옥청공 선사의 아름다운 인연을 세상에 전함은 조계의 후학으로서 기쁠 따름입니다.

　이 책은 석옥·태고 양 선사의 자취를 따라서 그의 어록과 중국에서 태고보우 선사를 평한 글, 비문 등을 화보와 함께 기록을 남김으로써, 한국 선종사에서 역사적 의미가 담겨 있다고 말할 수 있습니다.

　간화선을 생명처럼 여기는 한국 불교 조계종 입장에서 볼 때 이 책이 불일의 광명처럼 빛나길 바라면서 불자 모두가 필독하여 태고보우 선사가 남긴 위대한 자취를 마음속에 길이 간직하길 바랍니다.

2010년 7월
용문산 상원사 용문선원에서

한국 《석옥 · 태고 평전》을 위해

커우단(중국 저명 차 연구가)

부처님이 말씀하시길 "만사가 모두 인연(因緣), 인과(因果)가 있다"고 하였습니다. 최석환 선생이 집필한 《석옥 · 태고 평전》은 항하(恒河)의 모래 한 알과 같지만 개자(芥子)에 수미산을 감추듯 우리들은 고대 석옥청공(石屋淸珙)과 태고보우(太古普愚)가 서로 만나 법을 전하는 것에서 불법이 둥글게 통한다는 것을 깨달을 수 있습니다.

불광(佛光)이 두루 비추어 높은 산과 대해(大海)도 선종(禪宗)의 맥이 한국에 꽃을 피우는 것을 막을 수 없었습니다. 600여 년이라는 이 시간은 짧다면 짧고 길다면 길다고 말할 수 있지만 오늘날 한 · 중 양국의 인사(人士)가 중국 후저우(湖州) 하무산(霞霧山) 천호암(天湖庵) 유적지와 한국 서울의 북한산에서 태고 국사의 영탑을 우러러 보는 발길이 끊이지 않고 대대로 이어져 양국의 우의는 항상 푸릅니다.

600여 년 전 고려와 중국의 원나라, 그리고 오늘날의 대한민국과 중화인민공화국은 비록 지리적으로 변하지 않았고 청산과 푸른 물은 그대로지만 양국의 국가 상황은 고대와는 다릅니다. 그러나 여전히 석옥의 〈산거시(山居詩)〉와 태고의 〈태고암가(太古庵歌)〉에는 생생한 선의(禪意)가 들어있습니다. 솔잎과 버드나무 잎과 부드러우며 푸른 이끼, 굵고 겹겹이

우뚝 솟은 고목은 흰 구름이 물 흐르듯 양 선사의 마음속에서 공명(空明), 여래의 원각(圓覺)을 비추고 있습니다.

2004년 중국 스좌장시(石家莊市)에서 열린 첫 번째 국제선차회의에서 나와 주민(朱敏) 여사는 출판할 양 선사의 어록을 교정하여 중국의 학자들에게 완비된 연구자료를 주었습니다. 2006년 우리들은 최석환 선생의 안배로 서울에서 열린 국제차회에 참여하는 중에 태고 선사의 묘탑과 당시 목은 이색이 그에게 세워 준 헌창비를 참배하였습니다. 현재 최석환 선생은 또한 더욱 상세한 선사의 행장, 어록을 가지고 수차례 두 선사의 행적을 고찰하였습니다. 이러한 활동의 의의는 선학의 문화연구뿐 아니라 한·중의 문화교류도 촉진해 양 국민이 평상의 마음으로 자발적이고 즐겁게 산과 들에 마음의 작은 꽃을 피울 수 있게 했다는 데에 있습니다.

대천세계는 극렬하게 변화하고 있습니다. 현재 적지 않은 사람들이 분열, 전쟁과 환경 파괴의 고통을 견디고 있습니다. 사람들의 마음속 이기심과 어리석음, 탐욕과 두 선사의 평화로운 자연, 이웃과 서로를 사랑하고 융화하는 태도는 거대한 대비를 형성합니다. 우리들이 이 세계에 와서 부처의 설법에 따라 두 선사와 같이 종이 이불을 덮고 토란을 먹으며 쓴 차를 마시는 정신으로 사회를 대하면 생명의 풍족을 누릴 수 있습니다.

《석옥·태고 평전》의 출판을 축하합니다.

후저우 담차재(淡茶齋)에서
2007년 8월
커우단(寇丹)

석옥·태고 평전

爲韓國《石屋 · 太古 評傳》作

寇丹(中國著名茶研究家)

　　佛說, 凡事皆有因緣, 因果. 崔錫煥先生編寫的《石屋 太古評傳》一書, 就如恒河細沙中的一粒, 然而芥子藏須弥, 我們從古代石屋淸珙和太古普愚的相見傳法中, 也証悟了佛法的圓徹.

　　佛光普照, 高山大海也擋不住禪宗一脉花開朝鮮半島. 600多年來, 這段時間說短也長, 說長也短, 然而今天中韓兩國人士在中國湖州的霞霧山和韓國首爾附近的北漢山, 瞻仰天湖庵遺址和太古國師的舍塔, 可謂足迹相疊, 薪火相傳, 兩國的友誼常靑.

　　600多年前, 高麗國与中國的元代和今天的中華人民共和國跟大韓民國, 雖然地理不變, 靑山綠水依然, 但兩國的國情已和古代不同了. 可是, 我們仍被石屋的〈山居詩〉和太古的〈太古庵歌〉中鮮活的禪意傾倒, 那些白云流水, 松針柳線, 細柔新綠的苔蘚, 粗礪嶙峋的枯木, 在兩位禪師的心底, 都映照出一片放下的空明, 如來的圓覺.

　　2004年在中國石家莊市擧行的首屆國際禪茶會議上, 我和朱敏女士点校出版了兩位禪師的語彔, 讓中國的學者們拿到了一本較完整的研究資料. 2006年我們又在崔錫煥先生的安排下, 趁在首爾擧行國際茶會的空隙, 去瞻仰了太古禪師的廟宇灵塔, 和当年高麗國王給他立的顯彰碑. 現在, 崔

錫煥先生又拿出了更爲詳盡的禪師行狀，語彔，加上他多次考察兩位禪師行踪記彔，這些活動的意義已不僅僅是爲了禪學的文化研究，而是在中，韓的文化交流中，兩國平民百姓以平常之心，自發又快樂地在山野中綻放着心底的小花．

大千世界總是在劇烈的變化中．當前不少人們在經受着分裂，戰爭，恐怖行爲和环境污染破坏的痛苦．人們心中的自私，愚昧，貪欲，和兩位禪師平和自然，友鄰互愛相融的心態形成了巨大的反差．既然我們來到了這世界与生命相約，生活在當下，我們就按佛陀的開示安住獨處，以兩位禪師那樣盖紙被，吃芋頭，喝苦茶的精神面對社會，也會得到生命的富足．

我祝賀《石屋 太古評傳》一書的出版．

于湖州淡茶齋
2007年 8月
寇丹

〔발간에 부쳐〕

불조(佛祖)의 정맥(正脈)을
계승해 온 태고보우(太古普愚)

無空無上 徐甲生

社團法人 大輪佛教文化(太古)研究院 理事長

韓國佛教太古宗元老議員

韓中友誼海東禪宗中興太古普愚顯彰記念碑를 建立奉呈하고
한 중 우의 해동선종중흥태고보우현창기념비 건립봉정

佛祖를 讚美하다
불조 찬미

至大是此心　　　지극히 큼은 이 마음이고

至聖是此法　　　지극한 성스러움은 바로 이 법이로다

燈燈光不差　　　등과 등의 광명이 차별이 없음이니

了此心自達　　　이 마음을 스스로 통달해 마치어라.

'석가여래부촉법 제56세 석옥청공 대사가 제57세 태고보우 선사에게
설한 전법게'

佛祖의 慧命과 傳佛心燈을 다시 밝힌
불조 혜명 전불심등

石屋·太古 祖師의 嗣法傳燈碑의 光明
석 옥 태고 조사 사법전등비 광명

萬古에 밝게 빛나소서
만 고

涅槃妙心 正法眼藏을 摩訶迦葉에게 付囑하노라
열 반 묘 심 정 법 안 장 마 하 가 섭 부 촉

佛陀의 傳佛心燈의 宗旨가 사라져 가는 이때에
불 타 전 불 심 등 종 지

石屋은 660년 만에 옛 霞霧山 天湖庵址에서
석 옥 하 무 산 천 호 암 지

天湖의 半月禪과 袈裟와 柱杖子를 전해 준
천 호 반월선 가 사 주장자

佛祖의 正統心燈을 다시 建閣立碑로 傳心印證하고
불 조 정통심등 건 각 입 비 전 심 인 증

태고는 三生의 願으로 光佛宗을 만들어 다시 가며
삼 생 원 광 불 종

海東의 傳法初祖로서 大悟徹底한 大機大用으로
해 동 전 법 초 조 대 오 철 저 대 기 대 용

佛祖의 正印心燈을 無明世界에 크게 밝히니
불 조 정 인 심 등 무 명 세 계

馬祖의 卽心卽佛과 臨濟의 隨處作主
마 조 즉 심 즉 불 임 제 수 처 작 주

太古의 圓融會通하는 傳燈心印者들이
태 고 원 융 회 통 전 등 심 인 자

석옥·태고 평전

佛日常明하고 慈雨均霑한 佛印淨土를 이루네
불일 상명   자우균점   불인정토

佛祖의 正脈 계승해 온 石屋, 太古 禪風이여
불조   정맥   석옥 태고 선풍

萬古에 빛(輝)나소서 萬古에 빛(輝)나소서.
만고   휘   만고   휘

南無 摩訶般若婆羅密

　태고를 알고 태고를 뛰어넘으니 허공이 태고 속에서 태어났다고 했다. 태고를 바로 알고 태고를 뛰어넘으면 본래의 부처 자리로 돌아갈 수 있고 우주와 하나가 되며 완전한 인격자가 되어 법왕자(法王子)가 될 수 있다. 태고보우 국사는 자각견성하여 불조의 정통 심인을 해동으로 계승해 온 한국 불교의 전법초조요, 종조며 정통법주 및 중흥조로서 왕사와 국사를 역임하신 대선사이시다.

　태고 스님께서는 법왕아의 상을 타고 세상에 태어나 13세 때 양주 회암사 광지 선사를 스승으로 득도하여 19세에 가지산 총림에서 만법귀일의 화두로 크게 선지를 탐구하였으며 26세 때에는 교를 연구하여 화엄선에 합격하였다. 그 후, 30세 때에는 용문산 상원암에서 관세음보살께 기도를 올리며 12가지 큰 원을 세웠으며 33세 때에는 일대사를 성취하지 못하면 죽음도 마다하지 않겠다는 굳은 각오로 성서 감로사에서 식음을 전폐하고 7일 동안 용맹정진하여 지혜가 밝아지고, 37세에 《원각경》을 보다 크게 깨달음을 얻었으며 38세에 전단원에서 무자 화두로 의단을 크게 타파하여 대오견성하셨다. 고향 양근 초당에서 부모를 모시고 1,700공안을 보임타파하고 향상 삼매하다 41세에 삼각산 중흥사에서 선풍을 진작하였다. 이와 같이 태고는 출가 대장부로서 스스로 굳게 결심하여 불조의 가르치신 바 방편을 구비하여 맹렬히 수행정진하여 스스로 바른 깨달음을

성취한 것이다. 46세 때 오후인가(悟後印可)의 중요함을 깨닫고 이를 인증(印證)할 눈 밝은 본색종장(本色宗匠)을 찾아 구경(究竟)을 결택(決擇)하기 위해 동토 중국으로 건너갔다. 원나라 태자의 생일에 《반야경》을 강설하고 47세에 축원성 선사의 삼전어를 거쳐 중국 임제종의 18대 법손인 석옥청공 선사를 만나 조사의 관문을 통과하자 석옥 선사께서는 일순간에 명안 조사임을 알아보시고 19대 임제 정전의 적자로 인가하시며 믿음의 표시로 가사와 의발을 전수하시니, 달마 이후 혜능으로 이어지는 불조의 정통조사선 법맥을 해동 고려로 계승해 오게 된 것이다.

따라서 태고보우 스님은 안으로 신라의 5교(五敎)의 하나인 보덕 화상의 열반종으로부터 고려의 선교지법(禪敎之法)을 안으로 원사(遠嗣)하고 밖으로 동토 중국에 가 구경각을 결탁하고 인증받아 임제 정전 19대 법손으로서 해동 고려에 불조의 청정법안과 열반묘심, 정법안장을 전등해 오시니 해동의 전법 초조가 되시고 진공묘유(眞空妙有)의 심요(心要)와 심법(心法), 향상종승의 종지를 밝히고 일불승의 대법과 원융정신을 실천하여 5교9산의 제 종파를 통합하여 승단 정화를 도모하고 수행청규를 새롭게 하여 원융사상으로 선교겸수 및 간화선 수행 체계를 확립, 불교 중흥을 도모하였다. 나아가 자주국가 정립과 사회 정화를 위해 왕사, 국사로서 한양 천도를 주장하며 국가의 새 질서 확립을 위해 노력하는 등 일생 동안 큰 법력과 위신력을 발휘하여 이 모두가 석옥청공 화상과의 만남에서 구경각(究竟覺)에 대한 확신을 얻은 실로 일대사 인연의 소치라 하지 않을 수 없겠다. 따라서 태고는 모든 갈등과 대립을 해소할 수 있는 대안 정신으로 '원융무애정신(사상)'을 제시하고 실천했다. 인간의 근기에 따라 원융선이란 특성 있는 한국적 불교 수행 체계 확립과 자주 독립적 국가 정체성을 확립하기 위해 실로 대승보살의 생애를 사신 위대한 대선사이신 것이다.

석옥청공 대선사는 후저우의 도량사에서 급암종신의 법통을 이은 후 하무산 천호암과 복원사를 중심으로 중국 동남지역의 오월을 드나들며 선풍을 크게 진작시킨 중국 선종사상 제28대 법통을 이어 가던 대(大) 선지식인으로서 태고와의 보름간의 대화에서 태고 선사의 깨달음을 인증하고 불조의 정통심인인 조사선맥을 태고에게 전승해 줌으로써 불조의 정통법맥을 해동고려로 전해 주신 대 선지식인이시다. 실로 석옥과 태고의 만남에는 신기묘한 일화가 너무나 많고 또, 그 대화 내용이 모두 이심전심의 깨침의 소리로서 그 뜻이 한없이 깊고 오묘하다 하겠는데 금번 태고스님과 15년간 인연이 있었던 최석환 〈차의 세계〉, 〈선문화〉 발행인께서 태고와 석옥에 대한 사(史)적인 자료와 진귀한 일화들을 정리하여 세상에 내놓게 되었으니 실로 모든 불자들과 사회 대중들에게 큰 귀감이 되리라 확신하고 보살전에 감사를 전한다. 더욱이 석옥의 전법 및 태고의 〈태고보우헌창기념비〉를 662년 만에 중국 하무산 천호암사지에 중국 정부와 공동으로 건립하여 실로 태고의 선풍이 국내에만 머물지 않고 이역만리 중국 땅의 금석문에서 찬란하게 빛나게 되었다. 이러한 큰 원력을 실천에 옮긴 국제선차문화연구회 최석환 대표와 명원문화재단 김의정 이사장 그리고 본 태고연구원이사임원, 태고헌창기념비건립위원재위와 태고종도 및 태고법손 임직원, 나아가 〈태고보우헌창기념비〉를 참배하고 석옥과 태고의 평전을 읽은 모든 분들에게 불조의 인연가피가 항상 함께 하기를 기원하고 특히 15년전 대륜노사(大輪老師)의 뜻을 받들어 사단법인 대륜불교문화연구원을 설립하시고 태고사상을 연구선양 계승케 해 주신 덕암흥덕 대종사에게 그 공덕을 회향 하면서 모두가 다 함께 스스로 불조의 방편을 구비하여 보다 크고 바른 깨달음을 얻어 불지혜와 자비광명으로 항상 마하반야 바라밀행 할지이다.

  실로 모든 불자와 대중들이 다함께 원융정신을 가지고 갈등과 대립을 원융회통 해소화합하며 근기에 따라 원융선을 한국불교수행의 특성으로 살리면서 태고 스님처럼 부처님과 조사의 가르치심의 방편을 구비하여

맹렬히 수행 정진해 나간다면 언젠가는 한순간에 모두 크게 견성성불하고 나아가 모두가 다같이 깨달은 참주인으로서 지혜롭게 원융화합하여 오늘날 이 고통의 세계를 극락정토로 만들지 않겠느냐 하는 뜻으로 큰 서원을 세우면서 석옥과 태고 두 선장(禪匠)의 만남에 얽힌 일화를 《태고록》을 통해 살펴봄으로서 그 참뜻을 새겨 보고자 한다.

'조사의 관문'

태고 스님은 석옥 화상을 만나 혼연히 계합하여 깨달은 바를 말하고 〈태고암가〉를 올리자 석옥이 말했다.

"그대는 이런 경지를 지났지만 다시 조사의 관문이 있는데 알겠소?"

"어떤 관문이 있습니까?"

"그대가 깨달은 바를 보니 공부가 바르고 분명하오. 그러나 그것을 모두 놓아 버리시오. 그렇지 않으면 그것이 이장(理障)이 되어 바른 지견을 방해할 것이오."

"이미 놓아 버린 지 오래입니다."

"그렇다면 쉬시오."

'심즉시불(心卽是佛)'

다음날 만남에서 석옥 화상은 "부처님과 조사들이 전한 것은 오직 한 마음이요 딴 법이 없소" 하고는 마조 스님이 한 스님을 시켜 대매법상 선사에게 물은 인연을 들어 이렇게 말하였다.

"조그만 빛이라도 있으면 그것을 진실이라 생각하는 이는 그 빛 속에 떨어져 살림을 꾸려 가는 이들이오. 그러므로 옛날 조사들은 이런 사람의 병을 보고 어찌할 수 없어 멀쩡한 데다 관문을 만들어 놓고 결박한 것이오. 그러나 진실로 투철한 사람에게는 그것은 다 쓸데없는 물건이오. 그런데 그대는 어떻게 혼자서 그처럼 분명하게 갈림길을 가려내었소."

스님이 말하였다.

"부처님과 조사님이 가르치신 방편이 구비해 있었기 때문입니다."

"진실로 그렇소. 일찍이 깨닫겠다는 마음을 바로 심지 않았던들 삿된 그물을 벗어나지 못했을 것이오. 노승은 비록 깊은 산에 있었지만 조사의 문을 열어 놓고 그 아손(兒孫)을 기다린 지 오래되었소."

"선지식이란 여러 겁을 지나도 만나기 어렵습니다. 결코 떠나지 않겠습니다."

'향상(向上)의 수단〔巴鼻〕'

스님이 돌아가려 할 때 석옥 화상은 다시 물었다.

"어떤 것이 평상시의 수양이며 어떤 것이 향상의 수단인가?"

스님은 흔쾌히 나아가 물었다.

"이 밖에 또 다른 도리가 있습니까?"

석옥 화상은 깜짝 놀라면서 말하였다.

"노승도 그랬고 3세의 부처님과 조사들도 그러했소. 장로에게 혹 다른 도리가 있다면 왜 말하지 않소?"

스님은 절하며 "예부터 부자 간에도 전하지 않은 묘한 도리가 있기 때문에 그런 것입니다. 제자가 어찌 감히 화상의 큰 은혜를 저버리겠습니까?" 하고는 머리를 조아리고 합장하였다.

석옥 화상은 크게 웃으며 "장로여! 그대의 360여 뼈마디와 8만 4천 털구멍이 모두 열렸소. 그리하여 노승이 70여 년 동안 공부한 것을 모두 그대가 빼앗아 가는구려" 하고는 또 "노승은 오늘 300근의 짐을 모두 내려 놓고 그대에게 대신 짊어지우니 이제 다리를 뻗고 잘 수 있게 되었소"라고 하였다.

이때 스님도 하룻밤을 머무르셨다.

'가사부법(袈裟付法)'

다음날 석옥 화상은 〈태고암가〉의 발문을 써 주면서 물었다.

"우두(牛頭) 스님이 사조(四祖)를 만나기 전에 무엇 때문에 온갖 새들이 꽃을 입에 물고 왔던가?"

"부귀하면 사람들이 다 우러러보기 때문입니다."

"사조를 만난 뒤에는 무엇 때문에 입에 꽃을 문 새들을 찾아볼 수 없었던가?"

"가난하면 아들도 멀어지기 때문입니다."

"공겁(空劫) 이전에도 태고(太古)가 있었던가, 없었던가?"

"허공이 태고 가운데서 생겼습니다."

석옥 화상은 미소를 지으며 "불법이 동방으로 가는구나" 하고는 다시 가사를 주어 믿음을 나타내며 말하였다.

"이것은 노승이 평생 지닌 것이오. 오늘 그대에게 주니 그대는 이것으로 길잡이를 삼으시오."

스님은 절하고 받은 뒤 물었다.

"지금은 그러하거니와 마지막(末後)에는 어찌 하오리까?"

"스님보다 지혜로운 사람은 천년을 가도 만나기 어려울 것이오. 만일 그런 사람을 만나거든 그에게 전해 주시오. 무엇보다 지금까지 내려온 불조(佛祖)의 명맥을 끊이지 않게 해야 하오."

'전법'

석가여래 부촉법 제57세 태고보우 대사가 제58세(한국 불교 제2세) 환암혼수 대사에게 전법하다.

心中有自心   마음 가운데 자성심이 있도다
法中有至法   법 가운데 지극한 법이 있도다

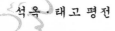

석옥 · 태고 평전

我今可付囑	내 이제 가히 부촉하노니
心法無心法	마음법은 마음법이 아니로다.

〈복원석옥청공선사탑명〉

석옥 스승의 제자에 태고보우가 있으니 고려 사람이다. 친히 스승의 종지(宗旨)를 얻었기에 게송을 설하여 인가한 끝에 "금린(金鱗)이 곧은 낚시에 올라온다"라는 시구를 남겼다. 고려 왕이 국사의 칭호를 주어 존경하였다.

나무석가모니불

책머리에

　700년 전 원나라의 임제종의 고승인 석옥청공 선사가 고려 말기의 한 스님에게 '금린(金鱗)이 곧은 낚시에 올라온다' 라는 시구로 게송을 전하면서 달마선법이 고려로 전하여졌다. 그가 바로 태고보우 국사로 고려 땅에 임제선을 전한 최초의 적손이었다. 태고는 임제의 임운자재(任運自在)의 진제(眞諦)를 드러내 보이면서 달마의 선법이 한국 땅에 꺼지지 않고 이어지게 했다. 그는 원효의 화쟁회통사상을 원융회통사상으로 계승 · 발전시킴으로써 5교9산 선문을 통합하며 한국적 선풍을 진작시켰다. 그리고 700년이 지난 지금 태고종 종정으로 계시며 태고 선양에 앞장섰던 덕암 스님과 필자의 조우는 태고의 선풍을 잊혀져 있던 긴 터널 속에서 빠져 나오게 하는 계기가 되었다.

　태고보우의 영혼과 약속을 하고 태고보우가 걸었던 10만 리 구법의 길을 한걸음에 직접 뛰어 찾아간 저자는 15년의 세월을 뛰어 넘으면서 한국과 후저우를 수십 차례 왕래하여 태고보우 국사를 마음속에 담아냈다.

　태고보우 국사가 홀로 하무산을 찾아 임제의 선법을 이어 간 다음에도 하무산을 찾는 한국인은 없었다. 1997년 9월 저자가 하무산을 처음 찾았을 때 석옥청공을 기억하는 이는 드물었다. 참담한 심정이었다. 그때 하무산정에 태고보우의 자취가 담긴 비석을 남겨 양국의 우정의 징표로 삼을 것을 발원했다. 저자가 한국인으로서는 처음 천호암을 다녀간 뒤 중국의 연구가들은 〈석옥청공과 천호암의 한·중 역사문화교류와 관계〉라는 글에서 다음과 같이 피력했다.

'후저우 하무산의 석옥청공과 고려의 태고보우가 서로의 불법을 전수한 지 649년 만인 1996년 한국의 임제종 법손들이 임제조정인 천호암의 유적을 참배하면서 역사의 한 페이지를 열게 되었다.'

그 같은 계기는 8년 전으로 거슬러 올라간다. 중국의 80세 노지식인과의 선문답에서 비롯되었다. 그가 바로 중국의 저명한 차 학자 커우단 선생이었다. 단도직입적으로 그에게 석옥이 심었던 15그루의 차 나무의 행방을 아느냐고 물었다. 커우단 선생은 750년 전에 심은 차 나무가 어디 있냐고 답했다. 그날 밤의 대화가 〈후저우신문〉에 소개된 뒤 잠자고 있던 중국을 깨웠다. 그 뒤 커우단 선생이 석옥청공 선사 어록과 태고보우 국사의 어록을 편집하여 2005년 허베이성 백림선사 천하조주선차문화교류대회 개막식에 발표해 중국 땅에서 석옥, 태고 바람을 불러 일으켰다.

그 뒤였다. 저자의 끈질긴 노력으로 2008년 12월 15일 하무산에 〈태고보우헌창기념비〉가 건립됨으로써 한국과 중국의 선풍이 다시 이어지게 되었다. 필자로서 감격의 이 순간을 잊을 수 없었다.

그 뒤 저자는 석옥, 태고의 자취를 따라 10만 리 구법의 길을 답사한 뒤 15년 만에야 한 권의 책으로 묶어 내기에 이르렀다. 이는 고려 땅에 임제의 선법을 전한 태고보우 국사의 보은에 조금이라고 보답하는 길이라 여겨 이 책을 태고보우 국사 영전에 바친다.

저자는 태고보우 국사의 자취를 따라 국내외를 구법 순례한 뒤 이 책에 석옥·태고 어록을 담고 석옥과 태고 관련 비문 등을 수록했다. 달마의

선법을 이어지게 한 태고 선풍이 만고에 빛나길 바라면서 국내외 협력을
아끼지 않은 모든 분들에게 감사를 드린다.

경인년 동안거 해제일 운암산방에서

최석환 합장

目
次

目次

[제1장]

왜 태고보우인가

시작하는 글

　13세기를 살다 간 태고보우(太古普愚·1301∼1382) 국사는 고려 후기 불교계를 대표한 인물로 선사(禪師)·왕사(王師)·국사(國師)의 칭호를 받을 만큼 뛰어난 선지식으로 높이 평가 받고 있다. 오늘날에도 태고보우는 종조 내지 중흥조의 위치를 차지하고 있다.

　이처럼 후인들이 추존하는 까닭은 그가 중국으로부터 임제의 법맥을 이어 온 것이 엄연한 사실이기 때문이다.

　태고보우는 달마(達摩) − 혜가(慧可) − 승찬(僧璨) − 도신(道信) − 홍인(弘忍) − 혜능(慧能)으로 이어지는 정통 조사의 선법(禪法)을 이은 인물로 중국 원나라 시대 선불교의 거장 석옥청공 선사로부터 법을 이은 임제의 19대 법손이다.

　고려 후기 불교계는 5교9산의 잡다한 종파들이 서로 대립된 양상을 보였다. 이 때문에 보우는 원나라에 들어가 임제선법을 이어 온 뒤 자신이 해야 할 일은 종파통합임을 절감했다. 그는 신라 원효(元曉)가 주창한 화쟁회통사상의 계승적 차원에서 구산원융(九山圓融)·오교홍통(五敎弘通)을 주장, 5교9산의 통합에 나섰다. 이때 난립된 종파들이 비로소 태고에 의해 통합된 것이다.

오늘날에도 태고를 종조 내지 중흥조로 받드는 것은 그가 한국 불교 선종사에서 차지하는 위상이 크기 때문이다.

종조 논쟁 불씨 꺼지지 않아

그동안 태고에 대한 연구는 그의 선풍에 대한 연구보다는 종조 논쟁이 주류였고, 여전히 그 불씨는 꺼지지 않은 상태다. 그러나 무엇보다도 중요한 것은 석가의 심인법을 전한 중국 선종의 정통 조사 달마의 법맥을 보우 선사가 이었다는 것이다.

한국 선종은 신라 말 구산선문(九山禪門)으로부터 전래된 남종선을 표방해 왔다. 그 남종선맥은 태고보우 선사로부터 꺼지지 않는 불씨처럼 타올라 오늘까지 계속 이르고 있다.

성철(性徹 · 1993년 입적) 스님과 고불총림 방장 서옹(西翁 · 2003년 입적) 스님, 동화사 조실 진제(眞祭) 스님 등이 태고 법통설을 인정하고 있는 것만 보아도 태고보우는 한국 불교 종조로서의 확고한 위치를 차지하고 있음을 알 수 있다.

오늘날 태고보우 국사에 대한 끊임없는 연구가 이루어지고 있는 것은 석가의 법을 이은 태고보우의 역할이 실로 컸기 때문이다. 그러나 정작 오늘에 와서는 그의 선풍에 대한 연구보다는 종조 논쟁에 머물러 있어 안타까움마저 들게 한다.

당시의 지식인인 목은 이색, 양촌 권근, 삼봉 정도전 등이 보우 선사의 비문을 찬한 사실 또한 놀라운 일이지만 현대에 이르러 그에 대한 연구 논문만 100여 편에 이르고 있는 사실은 예사로운 일이 아닐 수 없다. 후세 사람들이 그를 높이 평가하는 까닭은 선사의 삶의 궤적에서 보이듯 한국 선불교에 지대한 영향을 끼쳤기 때문이다.

보우 선사에 대한 연구는 한국 불교 법맥의 계승자라는 차원에서 끊임

없이 이루어지고 있다. 그 시작은 1940년 보제사(普濟寺)에서 간행된
《태고보우국사 법어집(太古普愚國師法語集)》이었다.

태고보우 선사의 어록집은 1940년 보제사에서 출간된 이후 지속적으로
이뤄져 같은 제목으로 3차례에 걸쳐서 국역되었다.《태고보우국사 법어
집》(1974년 대륜문도회 간·이영무 역),《태고집》(1991년 세계사 간·
김달진 역),《태고집》(1995년 장경각 간) 등이 그것이다. 그 뒤 1996년
덕암 스님이 원력을 세워《태고보우국사전서(太古普愚國師全書)》(전 2
권) 발간에 착수, 논문 23편과 태고보우 국사 법어를 국역해 냈다.

태고보우 선사 행화의 자취

태고보우의 업적은 3단계로 나눠 검토해 볼 수 있다. 첫째는 단절된 법
맥의 계승, 둘째는 원융불교사상의 실현, 셋째는 한국불교의 종조 내지
중흥조로 압축할 수 있다. 이 세 가지의 측면에서 태고보우 선사상을 검
토해 보고 700년이 지난 오늘날의 법손들은 어떻게 스승의 유지를 받들
고 있는지 탐색해 보고자 한다.

양근군 대원리(現 양평군 옥천리)에서 출발한 구도의 길은 보우 스님의
행화의 자취를 따라 산을 넘고 강을 건너 중국 땅으로 이어졌다. 그 결과
태고보우는 선맥뿐 아니라 차맥까지도 이어 왔다는 사실을 밝혀냈고, 당
시 어지러운 사상을 통합했던 태고의 정신을 온몸으로 느낄 수 있었다.
마지막 종신지인 소설산 소설암에서 백장청규의 실현을 통해 꺼져가는
선계의 빛을 밝힌 선승으로 살아온 삶을 새롭게 밝히게 되었다.

임제선풍 계승한 태고보우

우리 불교 전래 1500년의 역사 속에서 하나의 분수령을 이룬 태고보우(太古普愚)는 임제종(臨濟宗)의 정통 법맥을 계승하여 한국 불교의 종조(宗祖)로 자리 잡고 있다. 태고보우는 실로 단절된 법맥을 복원했을 뿐만 아니라 한국 불교사에 있어 중요한 위치를 차지하고 있는 인물이다.

태고보우는 비단 태고종(太古宗)만이 아니라 조계종(曹溪宗)에서도 중흥조로 자리 잡고 있다. 조계종은 원래 태고보우를 종조로 모셨으나 50년대 불교정화운동 속에서 불쑥 보조지눌을 들고 나왔다. 이 와중에 만암 스님은 환부역조(換父易祖: 지체 낮은 사람이 부정한 방법으로 양반집 뒤를 이어 양반 행세를 함)라는 유명한 말을 남기고 조계종을 탈퇴했다. 그 후 지금까지 조계종은 보조지눌을 종조로 모셨다. 그러나 조계종의 새 종헌에 보면 '도의 국사를 종조로 하고, 태고보우 국사를 중흥조로 하여 이하 청허와 부휴(浮休) 양 법맥을 계계승승(繼繼承承)한다'고 분명히 밝히고 있다.

더욱이 종헌 전문에선 '태고 국사께서 제종을 포할(包轄)하사 조계의 단일종을 공칭하시니 이는 불교의 특색'이라고 분명히 하고 이 나라의 제다 제종을 조계종 하나로 묶은 이가 태고 스님이란 점을 강조하고 있다.

그러므로 태고보우 국사의 위상이 실로 중요하다고 볼 수 있다.

끝없는 종조 논쟁

우리나라에 불교가 전래된 이래 신라 말에서 고려 초에 이르기까지 5교 9산이 양립되어 있었으나 태고보우 국사가 구산원융 오교홍통을 주장하면서 하나로 통합하기에 이른다.

태고보우 국사가 한국 불교의 중흥조로 받들어지는 까닭은 임제종의 정통 법맥을 계승하였다는 데 있다. 마하가섭을 1대로 하여 중국에 선종을 일으킨 28대 보리달마를 중국의 초조로 육조 혜능에서 내려온 임제의 적손인 석옥청공의 법맥을 이어 온 태고는 임제의 19대 적손이다.

태고보우 국사는 한국 불교의 중흥조이며 오늘날 한국 불교의 정통 종단인 조계종에서는 종조가 보조냐, 태고냐를 두고 다툼을 벌여 왔으나 어디까지나 태고를 조계종조로 받들어야 한다는 여론이 대두되어 왔다.

조계종은 신라 구산선문의 하나인 가지산문(迦智山門)의 개산조를 도의 국사로, 태고보우 스님을 중흥조로 내세우고 있다. 태고종 역시 동일하게 명시하고 있다.

태고보우 국사를 한국 불교의 중흥조로 평가하는 데는 그만한 이유가 있다. 물론 태고 이전에도 중국에서 법맥을 이어 온 선승들이 있었지만, 이른바 그들은 구산선문의 선승들인 것이다.

그동안 조계종의 종조에 대한 논쟁은 끊임없이 제기되었다. 1955년에는 비구승의 주도로 전국비구승대회를 선학원에서 열고 종단정화의 불을 당겼다. 비구승 측에서는 이종익(李鍾益) 씨와 이불화(李佛化) 씨를 앞세워 조계종의 종조인 태고보우를 보조지눌로 바꾸게 했다. 종단의 정통맥을 전면으로 부정한 것이다. 종조를 바꾸는 일은 강경파에 의해 일사천리로 진행되었고 이때 만암 스님은 종조를 바꾸는 것은 환부역조라며 조계종을 탈퇴하고 백양사로 돌아가 버렸다.

권상로(勸相老), 김포광(金包光) 등은 중국 임제종 18대인 석옥청공 선사의 법맥을 이어 온 해동 제1조를 태고보우로 받들고 있었고, 이종익, 이불화 등은 보조만이 한국의 유일한 중흥조라고 내세웠다.

조계종 종정을 역임한 이성철 스님은《한국불교의 법맥》에서 태고를 조계종조로 받들어야 한다고 강력하게 주장했다.

그러나 전남 송광사 측에서는 태고법통을 한마디로 일축해 버리고 1764년(조선 영조 40년)에 간행한《서역중화해동불조원류(西域中華海東佛祖源流)》(전남 송광사 소장)를 불살라 버린 적이 있다.《불조원류》에도 한국 불교의 법맥의 기원을 태고보우로 기록해 놓았기 때문이다.

수년 전에 간행한《해동불조원류》(경운 스님 편)와《경허법어(鏡虛法語)》, 조계종 종정을 역임한 근세의 선지식인 성철, 서옹 스님 등은 모두 태고법통설을 주장하고 있다.

서옹 스님은 "우리나라 종통은 석가로부터 56세인 석옥청공 선사가 고려의 태고보우 선사께 법을 전함으로써 태고보우를 우리 한국 불교의 중흥조로 분명히 밝히고 있습니다"라며 조계종조를 태고보우라고 말했다.

원욱 스님이 찬한 중국 후저우 하무산 천호암에 세워진〈복원석옥청공탑비명(福源石屋淸珙塔碑銘)〉을 보면 '석옥청공 선사의 제자로 고려의 태고보우가 있으니 사의 종지를 얻어 선법을 크게 펼칠 것'이라는 기록이 남아 있다. 이는 중국인들에 의해 쓰여진 태고보우의 위상을 새롭게 정립한 증거이다. 또한 임제선을 이어 온 중국 원나라 최고의 선사인 석옥청공의 선맥을 이어 가사와 주장자를 받아 온 사실과 석옥의 비문에 따를 것 같으면 분명 임제의 57대 적손이라는 것이 틀림없는 사실이다.

보조냐 태고냐를 놓고 끊임없는 논쟁을 일으켜 온 조계종은 아직도 불씨를 남겨 놓고 있다. 태고보우는 분명히 석가모니 부처님으로부터 달마, 육조 혜능을 거쳐 면면히 이어온 달마의 정통 선맥을 이어 와 드높은 선풍을 펼친 인물이다.

한국 불교 법맥 복원의 뜻

태고보우는 1600년간 전래되어 온 불교의 법맥을 복원했다. 그것은 태고 이전에 5교9산으로 양립된 불교를 통합, 선종을 크게 부흥하기에 이른다. 게다가 당대 가장 뛰어난 문장가인 이색(李穡), 정도전(鄭道傳), 권근(權近) 등이 앞을 다투어 스님에 대한 비문을 지어 올릴 정도로 당시 태고보우의 위상은 실로 대단했다. 또 이성계(李成桂), 최영(崔瑩) 등이 스님의 문도로 비문에 기록되었고, 세자 시절의 공민왕이 태고보우의 연경(중국) 개당법문에 감복하여 스승으로 모신 일 등은 중요한 자취로 남는다.

이숭인(李崇仁 · 1349~1392)은 《태고어록》 서문에서

"오나라 고승 도원(道原)의 《전등록》에는 1,700인의 행적이 기록되어 있는데 그중 우리나라 사람도 있으니, 근세의 태고는 아주 훌륭한 분이었다. 석장을 짚고 강호(江湖)에 두루 유람하며 하무산까지 와서 석옥청공을 참견(參見)하니 목격하는 순간 계합하였다."

라고 쓰고 있다.

석옥은 임제의 18세 적손이므로 태고는 19세 적손이 된다고 서술하였다. 이숭인의 이 글 속에서 태고는 석옥으로부터 법을 이었으니 대종(大宗)을 얻은 것이라고 밝히고 있다.

태고가 석옥의 법맥을 이은 것에 대해서 이색의 비문에도 분명히 하고 있다.

태고는 석옥의 법을 이어받아 임제의 19대 법손이 되었다. 이로써 미

루어 보면 그는 중국 임제종의 계승자이다.

그러나 우리는 그에 그치지 않고 선교양종에 두루 회통한 중흥조로 받들고 있다. 오늘날 조계종의 뿌리도 태고보우를 중흥조로 내세우고 있다. 조계종헌에 보면 이를 분명히 하고 있다. '신라 도의(道義) 국사가 창수(創樹)한 가지산문(迦智山門)에서 기원하여 고려 보조 국사의 중천(重闡)을 거쳐 태고보우 국사의 제종포섭으로써 조계종이라 공칭하여 그 후 그 종맥(宗脈)이 면면부절(綿綿不絶)한다'고 밝히고 있다.

선종의 부흥 계기

태고보우는 중국에 들어가 석옥청공의 법맥을 이어와 선종 부흥의 계기가 된다. 태고와 같은 시기에 중국에 들어가 지공의 법맥을 이어온 나옹선사의 존재도 있으나 그는 무학을 거쳐 함허득통에서 법맥이 단절되었다. 특히 나옹의 법손 또한 태고보우의 법맥을 계승하게 된다.

태고는 환암혼수를 거쳐 구곡각운 선사로 오늘날까지 단절되지 않고 이어졌다.

《해동불조원류》(경운 편), 《한국불교의 법맥》(성철 스님 저), 《경허문집》(인물연구소 간) 등이 태고법맥을 뒷받침하고 있다.

태고보우는 승속을 막론하고 수많은 사람들과 폭넓게 교류하여 한국 불교를 동아시아의 불교로 집대성한 인물이다. 태고보우가 이어 온 임제종의 법맥은 석가의 법을 잇는 마하가섭 존자를 1대로 해서 중국에 선종을 일으킨 28대 보리달마, 그 뒤의 38대 임제의현을 거쳐 56대 석옥청공이 임제의 18대 적손이며 태고가 19대 적손으로 한국 불교 조계종과 태고종의 법맥이 태고보우 국사를 종조 또는 중흥조로 받들고 있는 것이다.

사문 원욱이 지은 〈복원석옥청공선사탑비명〉에도 '고려의 태고보우가 있는데 친히 사(석옥청공)의 종지를 얻었다'고 밝히고 있는 것이다.

조계종 종정을 역임한 서암 스님은 태고보우 국사를 평하길 "국사는 당시 어지럽던 5교9산을 통합하여 불교의 힘을 하나로 뭉치는 데 영향을 끼친 인물"이라고 말했다. 또 "여러 갈래로 얽혀 있는 문중세력을 통합하는 데 큰 영향을 끼쳤다. 태고는 한국 불교의 종조로 받들어져야 한다"고 말했다.

태고보우는 고려 불교계를 대표하는 인물일 뿐 아니라 우리 불교사에 큰 족적을 남긴 인물이었음이 틀림없다.

동아시아 불교사에서의 위상

태고보우가 동아시아 불교사에서 중요한 인물임은 분명하다. 떠난 지 700년이 지난 오늘도 태고보우의 존재는 뚜렷이 나타나고 있다. 중국에 들어가 순종황제로부터 절대적인 존경을 받았으며 석옥의 법맥을 이어왔고, 왕사 16년과 국사 12년을 재위하는 동안 국왕 · 대신에서부터 서민에 이르기까지 존경을 받았다.

국사는 소설암에서 부모님을 지극히 봉양하며 살기도 했다. 공민왕이 국사가 주석하는 인근 미원장을 하사하는 등 태고보우 국사를 추앙하기도 했다.

또한, 공민왕이 국사가 주석하는 소설암 인근 왕방(王訪)까지 행차했다는 기록이 있다. 왕방이란 지명 또한 왕이 행차함으로써 붙여진 지명이라고 인근 마을 사람들은 전하고 있다. 태고보우의 존재는 700년이 지난 지금도 남아 있다.

중국의 영녕사, 하무산 천호암 등 국사가 중국에서 활동했던 유적지와 국내의 소설암, 사나사, 봉암사, 보림사, 회암사, 태고사 등 이루 헤아릴 수 없는 유적지가 남아 있다.

태고보우에 대한 재평가

지금까지 태고보우에 대한 연구성과물들은 많다. 이영무 스님은 〈태고 보우 국사의 생애와 사상〉이라는 논문에 태고종조설을 강력히 내세우며 중국 임제종의 법통이 아니라 '종래의 제종을 원융순활한 명실상부한 한 국 불교의 중흥조'로 주장하고 있다. 이성철 스님의 《한국불교법맥》에서 는 '이심전심으로 불법이 전해지는 선종에서는 그 법맥이 매우 중요하다' 고 말하면서 '오늘날 조계종의 법통은 고려 말 태고보우 스님에서 비롯된 것'임을 분명히 밝히고 있다.

종범 스님은 〈태고보우의 선풍에 관한 연구〉라는 논문에서 다음과 같이 밝혔다.

'태고는 중국의 선풍을 선양한 것이 아니고, 임제·석옥선풍과 동일한 것도 아니었다. 태고의 생애에 나타난 내용을 보아도 전형적인 한국 고승 의 선풍이었다'고 하면서, '태고는 선승이면서도 선종선(禪宗選)에 중격 (中格)된 것이 아니라 화엄선(華嚴選)에 합격하고 있다. 오도기연에 있어 서도 만법귀일(萬法歸一) 구자무불성(拘子無佛性) 등의 화두를 참구했 고, 《원각경》, 《전등록》 등을 보다 깨달음을 얻었다. 태고는 그러한 과정 을 거친 후 46세부터 48세까지 2년간을 원나라에 가서 견문을 넓혔다. 특히 이 기간에 후저우(湖州) 하무산(霞霧山) 천호암(天湖庵)에 이르러 '석옥을 만나 도에 계합된 것은 매우 의미 있는 일이었다'며 '이것은 태 고의 오도를 석옥이 증명하여 존중한 것'이라고 말하고 있다.

덕암 스님은 〈태고의 사상〉이라는 글에서, '태고는 선과 교에 치우치지 않고 폭넓은 수행을 하였으며, 국사·왕사가 된 뒤 종정(宗政)에 있어서 는 원융부를 두어 구산원융(九山圓融) 오교홍통(五敎弘通)에 힘을 다하 였다. '한국 불교가 선과 교를 겸수한다는 것은 국사로부터 비롯되었다' 고 말하면서, '태고는 독창적인 해동선'이라고 강력하게 주장을 펼쳤다.

이미 태고는 이 땅에서 깨친 이후에 중국에 들어가서 석옥과 동등한 입장에서 선지를 논했다고 스님은 말하고 있다.

이와 같이 태고는 오늘날 한국 불교의 종조로 크게 추앙되고 있다. 그러나 학계나 불교계에서의 태고보우에 대한 높은 평가에도 불구하고 학계 일각에서는 그의 불교사상의 내용이나 사회적 성격에 대하여 부정적인 견해를 가진 사람이 없지 않은 것은 사실이다. 최병헌 교수(서울대)는 〈태고보우의 불교사적 위치〉라는 논문에서 태고를 부정적인 시각에서 접근했다.

'고려 말기의 불교교단의 타락상과 그리고 타락될 대로 타락된 불교계를 대표하던 인물이 태고보우였다' 는 점을 내세워 '그의 행적이나 불교사상에도 문제점이 없지는 않을 것' 이라고 주장했다.

최 교수는 '태고보우를 한국 불교의 중흥조로서 지나치게 찬양하는 데 급급하는 것은 한국 불교 종단의 주장이라면 몰라도 진실을 밝히는 학계의 태도로는 바람직하지 못하다' 고 지적했다.

오늘날까지 태고보우에 대한 다양한 주장이 뒤따르는 것은 분명 태고보우가 차지하는 위상이 너무나 크기 때문이다. 필자가 태고보우에 대해 관심을 갖게 된 것은 최근까지 논쟁의 초점이 되었던 태고보우의 조계종조설에 편승하여 어떤 주장을 지지하고 어떤 견해를 배격하는 것이 아니라 진정한 구도자 태고보우가 걸었던 그 길을 현대적 관점에서 탐구하려는 데 목적이 있다. 지금까지 태고보우에 대한 접근을 문헌을 통해 1차 검증이 되었다면, 이제는 태고가 살았던 시대로 실제감 있게 돌아가 파악하고자 한다.

나옹이냐, 태고냐

태고보우와 함께 동시대에 활약한 나옹은 여말선초에 활약한 인물로 두 스님은 당시 고려 불교계를 이끌었던 인물이었다.

이태조의 왕사였던 무학자초(無學自超)와 함허기화(涵虛己和)로 이어진 나옹의 법맥은 불행히도 함허 선사에 의해 단절되었다. 그러나 태고보우의 법맥은 오늘날까지 단절되지 않고 계승되어 유일한 한국 불교의 중흥조로 받들어지고 있다.

암도(전 조계종 교육원장) 스님은 나옹법통의 단절에 대해 〈함허 선사 연구〉 논문에서 '함허득통 화상의 법맥은 지공·나옹·무학 등 삼대 화상의 법계를 이어받았다. 지공이 서천축 108대 조사니까 함허는 가섭 후 101대 법손이 된다. 또 나옹은 평산처림에게 법을 받은 것으로 치면 달마 문하 31세가 되며 임제종맥으로 보면 21세가 된다. 삼대 화상의 법맥을 따라 선법의 종풍으로 하고 반야를 종지로 삼았다. 불행히도 함허에 의해 법맥이 단절된 것은 당시 시대적 상황이 어쩔 수 없었다'고 지적하고 있다.

나옹이 사굴산문의 계승자라면 태고는 가지산문의 계승자로 알려지고 있다. 나옹법맥의 계승자 무학을 항상 언급할 때 이성계와 무학을 거론하는데 실은 이성계는 태고보우의 문도이다. 또한 나옹의 법제자 환암혼수 또한 태고의 문손으로 되어 있다.

당시 나옹과 태고의 문도 간에 치열한 대립이 있었으리라고 짐작되나 승자는 태고보우이다. 그의 법맥은 환암혼수, 구곡각운으로 이어져 오늘날까지 그 맥이 전해지고 있다.

이색이 쓴 《남원 승련기》에 보면 태고의 법맥이 환암혼수로 시작하여 구곡각운으로 이어져 왔다고 분명히 기록되어 있다.

필자는 그동안 3년간에 태고보우를 마음속에 그리며 그의 유적지에 대한 종합적인 탐사를 통해 그동안 학계에 소개되지 않았던 중요한 사실들을 찾아냈다.

신돈과의 대립으로 유배된 첫 번째 유배지 속리산과 두 번째 유배지 전주 보광사, 7년간 주석한 영원사 등 태고보우의 유적지 일부를 밝혀냈고 하무산 천호암 또한 현지답사를 통해 새롭게 찾아내기도 했다.

안타까운 것은 700여 년이 지난 지금 태고의 유적들은 잃어버린 절터로만 변해 버린 것이다. 그가 오랫동안 주석한 소설암이 그렇고 그가 득도한 회암사지 또한 잃어버린 성지이다.

우리는 태고보우를 한국 불교 중흥조로만 자랑스럽게 이야기할 것이 아니라 태고보우의 잃어버린 유적 복구에 더욱 큰 무게를 두어야 한다고 본다. 태고보우의 사상을 오늘날 새롭게 조명하여 법맥 계승의 중요성을 깨닫게 해야 할 것이다.

한 · 중을 넘나든 태고보우의 자취

2001년에는 태고보우(1301~1382) 탄생 700주년을 맞아 다례제를 비롯, 크고 작은 행사가 치러졌다. 그중에서도 태고학회가 주축이 되어서 국내 태고보우 유적지를 기행한 답사가 빼어난 업적으로 남았다. 더욱이 모두가 태고법손이라는 점과 조계종, 태고종의 대표적 선승이 참여했다는 점에서 그 의미는 컸다. 2001년 5월 28일부터 30일까지 3박 4일간의 여정은 700년 전 태고의 품 안에서 노니는 듯 깊은 감회를 남겼다. 경기 북부 태고가 첫 출가한 양주의 회암사를 시작으로 남도의 끝자락 가지산 보림사에 이르기까지 태고보우의 손길이 미치지 않은 곳이 없었고 가는 곳마다 태고법손들이 걸친 황적색 가사와 고색창연한 가람과 어우러져 원융불교의 정신을 온몸으로 느끼게 했다.

태고보우의 자취를 찾는 여정은 1996년 처음 시작되었다. 당시 태고종 종정으로 계셨던 덕암 스님과 사간동 법륜사에서 마주 앉아 태고보우 국사의 영혼과 약속을 결행했다. 그 무렵은 사단법인 대륜불교문화연구원에서 태고보우 국사의 온갖 자료를 조직적으로 정리하고 있을 때였다. 덕암 큰스님은 당시를 이렇게 회고했다.

1996년 1월 11일, 아침 햇살은 맑으나 찬 기운이 몸을 약간 움츠리게
하는데 새벽부터 두 분이 사간동 법륜사 우거로 찾아 왔다. 날은 쌀쌀하
지만 평소에 늘 마음속에 담고 있던 일이라 나 또한 따라 나서기로 하였
다.

그렇게 시작된 태고보우 국사의 순례길은 태고보우가 자란 양평 미원장
을 출발하여 사나사, 상원사, 중흥사, 태고사, 봉암사, 보림사, 〈백운암가〉
의 산실 백운암을 거쳐 그해 9월 5일 중국 땅을 밟으면서 대미를 장식했
다. 당시 중국 언론들은 1996년 임제종 법손들이 하무산을 찾아와 조배
를 한 것이 역사상 첫 후저우와의 대외 교류였다고 피력했다. 그러나 당
시에는 하무산을 기억하는 이가 없었는데, 1996년 이후 하무산을 동경해
온 필자로서는 기회가 있을 때마다 해마다 한 차례씩 하무산정을 찾아
1996년 태고보우 국사의 영혼과 맺은 약속을 지켜 나갔다. 그러던 중
2004년 8월 뜨거운 여름이었다.

필자가 묵고 있는 호텔로 후저우의 차 연구가인 노학자 커우단 선생이
찾아왔다. 갖가지 후저우에 관한 책과 선물을 들고 찾아왔는데 이런저런
이야기 끝에 먼저 커우단 선생이 나에게 일침을 가했다. "한국 차인들은
후저우를 찾게 되면 육우묘 등을 즐겨 찾는데 정작 석옥청공을 잊고 있는
것 같아요. 게다가 하무산에 대해 이야기하는 사람들은 보지 못했어요."

필자는 한국인으로서 은근히 자존심이 몹시 상했다. 그러나 80세의 노
지식인에게 단도직입적으로 선문답을 할 수도 없는 일이었다. 그 광경을
한국의 한문학자인 지준모 선생이 지켜보았는데 당시의 두 사람이 뿜어
내는 기백은 용호상박이라 해도 과언이 아니었다고 회고했다. 커우단 선
생이 최규용과 한웅빈, 정상구 박사 등 이름난 차인들을 거론하면서 처음
부터 기선을 제압하려 들었다. "나는 한국의 유명한 차인들과 절친한데
젊은이는 후저우차를 얼마나 알고 있느냐"라고 되물었다. 그 때가 밤 11

시를 가리켰고 두 사람은 선물을 주고받은 뒤 커우단 선생은 약간 섭섭한 마음을 술회하기 시작했다.

　"후저우에는 좋은 차도 있지만 훌륭한 선승들도 많은데 정작 한국인은 잘 모를 것"이라며 한국사람들은 후저우 하무산에 천호암을 짓고 살았던 석옥청공이라는 사람을 잘 모를 것이라는 말을 했다.

　"정작 12년 전(1996) 후저우 하무산을 처음 찾았을 때 후저우 사람들조차도 석옥을 몰랐는데 어찌 된 일이냐'고 반박했다. 그러자 커우단 선생은 얼른 말을 막으며 "〈후저우신문〉을 통해 여러 번 석옥을 소개했지만 일반인들은 별 관심이 없었을 것"이라고 이야기했다. 필자는 1996년 처음 천호암을 찾아 복원석옥청공의 탑비명을 찾으려 했으나 찾지 못하고, 현재 차나무만이 옛 향기를 풍기고 있었다고 아쉬워했다. 그리고 커우단 선생에게 석옥이 직접 심었던 15그루의 차나무의 행방을 아느냐고 되물었다. 커우단 선생은 "750년 전에 심은 차나무가 어떻게 남아 있겠느냐"고 답했다. 그 날 밤 두사람은 일대 설전을 벌어진 뒤에야 아쉬운 작별을 했다. 필자가 한국으로 돌아오고 3개월 뒤 커우단 선생은 〈후저우신문〉 2004년도 11월 10일에 〈열기 가득한 학문으로 나타난 선학사상〔石屋清洪的 詩〕〉이란 기고문으로 우리의 문답을 자세히 설명했다.

　2004년도 8월 말, 한국의 〈차의 세계〉 발행인이 다음 날 귀국해야 하는 관계로 당일 밤 11시 이후에 만날 것을 약속하고 약 2시간 정도 후저우차에 대한 이야기를 했다. 뒤에 화제가 바뀌어서 〈차의 세계〉 최석환 발행인이 탄식하여 말하기를 "후저우에서 몇 사람에게 물었더니, 석옥청공에 대해 아는 사람이 적거나 또는 전혀 모르니 정말 이상합니다. 그분의 이름은 한국의 비석이나 옛날 중국 역사에도 있는데, 그 분이 참 후저우인이 아닌가요?"라고 했다. 필자는 설명하기를 "〈후저우신문〉에 여러 번 소개되었으나, 다만 계통적 연구가 부족했지요. 그분이 암자를 짓고 있었던 하막산에 나도 두 번 갔었고 한국인 친구들도 또한 갔었습니다"
라고 했다. 그는 갑자기 물었다. "석옥이 심은 15그루의 차나무가 아직도
있는지요?" "750여 년 전에 심은 차나무가 어떻게 아직도 있겠습니까?"
하고 답했다. 이 사람은 최석환이라는 한국인 친구로 〈선문화〉, 〈차의 세
계〉 발행인을 겸하고 있으니, 소위 '다선일미'로 몸은 두 직을 겸하고 있
으나 실제로는 한 집안이므로 이 같이 관심이 많은 것은 이상할 것이 없
다.

2년 전 두 사람의 불꽃튀는 설전이 있은 뒤 지금까지 두 사람은 오래 차
를 우려낸 다구처럼 가까운 다우가 되었다.
그것이 계기가 되어 2008년 12월 15일 〈한·중우의태고보우국사헌창
기념비〉가 하무산정에 세워져 1996년 태고보우 국사의 영혼과 한 약속을
15년만에 실천에 옮기게 되었다. 그것은 태고보우 국사가 끈질기게 마음
속에 그린 꿈이라고 생각하며 그의 자취를 찾기 위한 700년 전의 옛길을
따라가 본다.

[제2장]

태고보우의
　　　발자취를 따라

탄생의 땅, 미원장을 가다

태고보우는 고려 충렬왕 27년(1301) 경기도 양평군 대원리에서 태어났다. 양평의 원래 이름은 양근군으로 고구려의 영토였다. 신라가 삼국을 통일하고 양근을 빈양(濱陽)이라 고쳐 기천군(沂川郡)의 영현(領縣)으로 삼았다.

양평은 미지산을 중심으로 많은 인걸들이 거쳐 간 곳이다. 당시 궁예가 후고구려 복원의 원대한 꿈을 꿔 통일의

태고의 고향 양평군 옥천리에서 바라본 미지산. 태고는 뒷날 미지산 아래 상원사에서 12대원을 세웠다.

대원을 이룩하고자 했고 신라는 당으로부터 군병을 청하기에 이르렀다.

궁예는 이에 분개하여 말했다.

"신라가 당으로부터 군병을 청하여 고구려를 멸망시켰으니 이는 가히 부끄러운 일이다. 반드시 고구려를 위하여 원수를 갚으리라" 하고 후고구려를 세울 것을 맹세했다.

태고가 태어난 양평은 당시 궁예의 영토였다. 왕건이 고려를 건국하면서 결국 궁예가 꿈꾸어 온 후고구려 복원은 무너지고 말았다.

후삼국을 통일하는 과정에서 양평은 왕건과 중요한 관계에 놓였다. 고려 태조의 공신 함규(咸規)의 고향이 양근이다. 그런 연유로 태조는 양근에 각별한 관심을 가졌으리라고 짐작된다.

정지, 무학은 다같이 지공 문하에서 수학했고 조선 건국에 영향을 끼친 무학 대사 또한 미지산과 인연이 깊다.

왕건은 후삼국을 통일한 후 려엄(麗嚴 · 862~930)을 보리사에 주석케 하고 큰 불사를 이루게 했다.

보리사의 창건 연대를 살펴보면 913년 신라 선덕왕 2년 궁예 시대에 이미 창건이 된 상태였다. 궁예는 보리사를 수덕만세(水德萬歲 · 태봉의 연호) 3년에 창건한 것으로 짐작된다.

그뒤 왕건이 전국을 평정 후 려엄과의 깊은 인연으로 양평 불교문화는 고려 태조왕건의 적극적 협력으로 큰 발전을 이룩하게 된다.

〈지평보리사대경대사현기탑비(砥平菩提寺大鏡大師玄機塔碑)〉의 기록을 보면 대경 대사 려엄의 존재를 확인할 수가 있었다.

　석존은 교단을 창립하시고 가섭은 마음을 전해 받았네! 오조(五祖)인 동산(東山)의 계림(雞林)으로 왔네! 신라에 전한 지 몇 년이었던가, 해동의 바닷가 오심(鰲潯)까지 동산(洞山)의 법자(法子)인 운거(雲居)의 제자(弟子)로 신라의 곳곳에 법음(法音)을 떨쳤네! ☐☐立教 迦葉傳心 東山之

태고보우가 태어나고 자란 고향은 지금의 양평군 옥천리에 있다. 이 지역은 옥천냉면으로 유명한 곳이다.

法遠⊠雞林 幾經年代 來抵鼇潯雲居之子 雷振法音].

불타는 깨우침을 얻고 나서 그 기쁨을 맨 먼저 도리천궁으로 올라가 모후인 마야 부인을 위해 3개월간 설법을 하고 돌아오셨다. 그처럼 역대 현인들은 깨우친 뒤 고향으로 돌아가 부모에게 그 가르침을 전했다. 남종선을 일으킨 마조도일 또한 그러했다. 마조가 깨달은 후 고향인 쓰촨성 시방현 양로구를 찾았을 때 한 노파가 마조를 보더니 "어떤 대단한 사람인줄 알았더니 겨우 키[箕]쟁이 마 씨네 꼬마녀석이 아닌가" 하고 조소를 머금지 못했는데 그말을 들은 마조는 다시는 고향에 돌아가지 않았다. 그리고 또한 제자들에게도 절대 고향으로 돌아가지 말라고 당부했다.

勸君莫還鄉   그대들에게 바라노니 고향일랑 가지 말아라
還鄉道不成   고향에 돌아가면 도인 될 수 없으니
溪邊老婆子   개울가의 늙은 할미가

정도전이 찬한
〈사나사석종비〉.
덕암 스님이 비문
을 살피고 있다.

喚我舊時名　　　　나의 옛이름을 부르는구나.

－〈오가정종찬〉

　마조 스님은 다시는 고향인 쓰촨(四川)으로 돌아가지 않았다.

　그러나 한국불교에 큰 자취를 남긴 도선, 범일, 태고보우, 진묵 등은 고
향으로 돌아가 가르침을 전했다. 고려 충렬왕 27년인 1301년의 시대로
되돌아가 보자. 695년 전 태고보우가 살았던 시대는 어떠했을까.

　태고가 태어난 곳은 양근군 대원리(지금은 경기도 양평군)이다. 고려가
도읍을 한 개성과는 먼 거리이다. 우리도 태고보우의 삶을 추적하기 위해
철저한 현장답사와 자료 조사, 현지 향토사가들의 인터뷰와 마을주민들
의 증언에서부터 태고의 삶속으로 파고 들었다.

　목은 이색이 쓴 〈태고사원증국사탑비명(太古寺圓證國師塔碑銘)〉에 의
하면 국사의 휘(諱)는 보우, 호는 태고이며 속성은 홍(洪)씨로서 홍주(洪
州) 사람이다.

　아버지의 휘는 연(延)이니 개부의동삼사상주국문하시중판리병부사홍
양공(開府儀同三司上柱國門下侍中判吏兵部事弘陽公)이시고 어머니 정
(鄭) 씨는 삼한국대부인(三韓國大夫人)이시다. 부인은 해가 품에 드는 꿈

대월사가 있었던 고향. 지금은 당간지주 1개만 남아 있다. 2010년 6월 태고후학들이 답사했을 때 모습이다.

을 꾸고 임신하여 대덕 (大德) 5년 신축 9월 21일에 스님을 낳았다고 유창(維昌)이 지은 《행장기(行狀記)》에 간략히 전할 뿐이다.

스님은 어려서부터 매우 총명하고 기골이 준수하여 스님을 보는 이들은 모두 법왕이 될 것이라고 했다.

정도전이 쓴 〈사나사원 증국사석종비〉에는 더욱 구체적으로 보우를 평했다.

龍門岩岩	우뚝 솟은 용문산
漢水漣漪	유유히 흐르는 한강에
克生異人	인물 하나 나시니
王國是師	국왕의 스승이요
臨濟之傳	임제의 법손이라
式克肖之	격을 맞추느라
縣陞爲郡	현을 군으로 승격하니
民安以嬉	백성이 기뻐하네

惟師之德　　스님의 덕
郡人之思　　고을 사람들 사모하였다.

고려 충렬왕 27년(1301)에 양근에서 태어나 우왕 8년(1382) 용문산 소설암에서 입적하기까지 그가 살다간 81년의 생애는 장엄하였다. 옛 기록에서는 태고보우의 탄생의 땅에 대해 다음과 같이 기록하고 있다.

미원(迷原)은 북쪽 40리에 있고, 공민왕 5년 왕사(王師) 보우(普愚)의 거소(居所)인 미원장(迷原莊) 소설암(小雪庵)을 장(莊)에서 현(縣)으로 승격하고 감무(監務)를 두었는데, 땅이 좁고 인구가 희박하여 군(郡)에 다시 속하게 하였다(《대동지지(大東地志)》, 양근(揚根)).

본래 백제(百濟)의 지현(砥峴)으로 신라 경덕왕 16년에 지평(砥平)으로 개명하여 삭주(朔州)의 영현(領縣)으로 삼았다. 고려 현종 9년 광주(廣州)에 속하게 하였고, 신우(辛禑) 4년 유모 장 씨의 고향이라 하여 감무(監務)를 두었으며, 후에 이를 폐하고 공양왕 3년 현(縣)의 경내에 철장(鐵場)을 설치하고 감찰을 겸하여 감무를 두었다. 본조(本朝) 태종 13년 현감(縣監)을 두었고, 숙종 11년 역옥(逆獄) 사건으로 양근(楊根)에 귀속시켰다가 14년에 다시 복구하였다(《대동지지(大東地志)》, 지평(地平)).

가평문화원 원장을 지낸 신현정 씨가 태고의 출생지가 설곡리라고 강한 주장을 펴고 있는 까닭은 기전십승지지(畿甸十勝之地)로 《정감록(鄭鑑錄)》에 나타난 기록을 근거로 하고 있다.

《정감록》에 보면 양근땅에서 북쪽으로 40리 정도에 소설이란 부락이 있는데 이곳이 사람이 살기 좋은 곳이라는 이야기가 있다. 소설은 설곡의 옛 이름이다. 신현정 씨의 말을 좇아 설곡리의 십승지지를 확인해 보았

다.

마을 사람들의 이야기에 따르면 이곳은 예부터 피난처로 널리 알려졌다
고 한다. 직접 찾아가 보니 가히 피난할 만한 곳이었다. 당시 태고보우 스
님의 외가는 동래 정씨인데 소설산 주변의 땅들이 모두 동래 정씨 문중
소유의 땅인 것으로 확인되었다.

설곡리는 자연부락으로 이루어졌는데 소설산 소설암이 있었던 옛터는
중촌마을이었다.

중촌이란 중심마을이란 뜻이라고 한다. 중촌마을에서 설악교를 건너면
설악초등학교가 있고, 그 학교를 지나면 태고보우가 말년을 보낸 소설암
지이다. 태고 스님의 외가는 중촌마을에서 약 20분 정도 더 가야 한다.

그곳이 바로 《정감록》에 나오는 십승지 중의 하나이다. 태고 스님이 태
어난 소설 부락은 현재 10가구 미만이 살고 있다.

어린 시절을 보낸 양평 대원리

보우 스님은 외가에서 태어났고 어린 시절은 대원리에서 성장했다. 그
의 외가는 가평군 설곡면 설곡리였는데 설곡리는 태고보우가 열반한 곳

志心歸命禮禪敎會一圓融無碍太古

普愚圓証國師　顒降道場受此供養

九花一果是圓融

曹溪師祖之心印

金剛宗旨先繼承

是爲般若多羅行

故我一心歸命頂禮

이기도 하다. 정도전의 〈사나사원증국사석종비명〉에는 태고보우 국사 탄생의 땅은 익화현에서 양근군으로 승격시켰다고 한다. 정도전의 〈석종비〉에서도 그의 아버지 홍연을 홍양공으로 봉하고 어머니 정 씨를 삼한국대부인으로 증직하였다.

여러 자료들을 검증해 보니, 대원리가 양평군 옥천면 옥천리로 바뀌었는데, 옥천리는 옥천냉면으로 유명한 곳이기도 하다. 대원리에는 신라 때 대월사(大月寺)라는 절이 있었는데 절은 없어지고 당간지주 하나만이 남아 있다.

향토 유적 8호로 지정된 당간지주의 외로운 안내판에는 다음과 같은 기록내용이 나온다.

"당간지주는 사찰의 문 앞에 꽂는 당간을 세우기 위하여 좌측에 지탱하도록 세운 석주이다. 원래 두 개인데 하나는 일인들이 양근리 갈산으로 옮겨 황국신민서사(皇國臣民署詞)란 비문을 새겨 세웠다고 한다. 나머지 하나는 현재까지 발견되지 않고 오직 1개만 남아있다."

태고보우의 탄생의 땅 옥천리가 불교유적의 보고로 발전한 것은 보우

〈사나사불양비〉.
아래쪽에 '圓證國師道場'이라는 명문이 보인다.

스님이 이 지역에서 탄생한 것에서 크게 기인한 것으로 짐작된다.

정영호(鄭永鎬) 씨가 쓴 양평 옥천리 불적에 관한 글에서는 "용문산을 중심으로 상원사, 윤필암, 죽장암, 보리사, 소설암, 사나사 등 많은 대·소사암이 건립된 것으로 보아 '경주 남산의 불적'을 연상시키고 있다. 그러나 이들 많은 불적들은 모두 폐사되었고 일부만 남아 있다"고 쓰고 있다.

정도전이 쓴 〈사나사원증국사석종비명〉에 따르면 다음과 같이 묘사되어 있다.

"군의 서쪽에는 커다란 한강이 태백산에서부터 북쪽으로 600리를 흘러 바다로 들어가며 군의 동쪽에 우뚝 솟은 미지산(彌智山)은 양주(陽州)와 광주(廣州)가 만나는 경계가 된다. 이곳 산수는 빼어난 인물을 낼 만한 맑은 영기를 품고 있으니 특별한 인물이 나는 까닭이 그 때문이다."

정도전이 말한 탄생지의 묘사는 절묘하게 맞아 떨어졌다. 실제로 탄생의 땅 옥천리에서 멀리 바라보니 우뚝 솟은 산봉우리가 필자를 압도했다. 바로 미지산이다. 산수가 빼어날 뿐만 아니라 성인 탄생의 기상을 지니고 있었다. 시인 묵객들은 용문산을 찾아 용문산의 아름다움을 노래했다.

> 해는 관음봉에 비치는데
> 손은 양근관(陽根館)을 떠난다
> 동으로 30리를 행하지 못하여
> 천경(千頃)이 평평하기가 책상과 같다
> 맑은 강이 항상 오른쪽에 있는데
> 멀고 가까운 것이 모두 구경할 만하다.

당시의 많은 시인들이 용문산(미지산이라고도 함)의 아름다움을 노래했다.

태고보우가 태어나고 자란 곳은 양평 대원리였다. 주변에 용문산과 미지산(1,157m)을 중심으로 수많은 불적들이 주변에 있다. 자연히 보우도 자연적 불심에 동화되었을 것이었다.

일찍이 대경 대사 려엄이 보리사에서 수선을 닦고 있었다. 대경은 수미산파의 하나로 상원사 아래 보리사에서 선풍을 크게 떨쳤다.

미지산은 여산신의 출현 도량으로 널리 알려졌다. 미지산을 중심으로 활약한 고승으로는 대경 대사와 태고보우 국사, 용문사의 정지 국사 등을 들 수 있다.

정지 국사의 이름은 지천이고 속성은 김씨인데 19살에 장수산 현암사에서 머리를 깎고 스님이 되었다. 정지 스님을 주목하는 것은 연경 법운사에서 지공 스님에게 인가를 받았기 때문이다.

사나사는 신라 경명왕 때 대경(大京) 대사가 창건했고 공민왕 16년 보우 선사가 중수했다고 알려지고 있다. 보우 선사의 비는 태고보우 스님의 열반 4년 후인 우왕 12년(1386)에 세워졌다.

삼봉 정도전은 "우왕의 스승으로 왕사와 국사를 지냈던 보우가 열반하자 삼봉과 양촌과 이색 등이 앞을 다투어 대사의 비문을 썼다"고 말했다. 비문이 세워진 후 비바람에 풍화되고 6·25동란을 거치면서 유탄으로 파손돼 많은 부분의 해독이 불가능했으나 삼봉의 후손인 정광순(鄭廣淳) 씨가 관련 자료를 통해 판독 불가능한 부분을 찾아냈다.

정도전이 찬한 보우의 비에는 6·25 때 유탄자국의 흔적이 아직도 그대로 남아있지만 아직도 도전찬(道傳撰)이 선명하게 남아있다. 정도전이 태고보우 선사의 비문을 쓸 때는 조선이 건국하기 전이었다.

정도전이 태고보우 국사의 비문을 쓸 당시에는 불교에 대한 교류가 잦았던 것으로 드러났다. 그것은 이색의 영향을 받은 것 같다. 정도전은 조선이 개국된 후 척불이론서를 내면서 불교를 탄압한 것으로 알려졌지만, 실상은 그가 성리학을 들고 나오면서 불교탄압은 시작됐다.

불교계에서는 정도전을 배불에 앞장 선 인물의 첫 번째로 꼽고 있다. 그런 그가 태고보우의 〈석종비〉를 쓴 것은 묘한 이치이다.

조선 건국에 절대적인 기여를 해 온 삼봉 정도전은 태고보우에게는 관대하였다.《불씨잡변》등의 척불이론서까지 내면서 불교말살을 외쳤던 그가 고려 말의 명승의 비문을 썼다는 것은 묘한 일이 아닐 수 없다.

이성계가 태고의 문도(재가제자)인 것에 실타래를 이었다면 삼봉은 고려말의 명승 태고보우의 비문을 씀으로써 참회의 길을 걸었는지 모른다. 삼봉 정도전이 쓴 〈사나사원증국사〉는 아직도 존재하고 있다. 비 구분은 세월을 뛰어넘어 많이 훼손되었으나 삼봉이 얼마나 태고를 흠모했었는지 그 마음은 절절히 느낄 수 있었다.

회암사로 출가

태고보우 탄신 700주년을 맞아
태고법손들이 회암사를 찾았다.

태고보우가 출가,
득도한 경기도 양주
군 회천읍 천보산에
있는 회암사를 찾았
다. 회암사 탐사에
함허득통 연구에 일
가를 이룬 암도 스님이 동행했고 1995년 당시 '회암사지 현장조사'에 참
여한 양주군 문화공보실 관계자도 탐사에 참여했다.

회암사의 창건은 고려 충숙왕 15년(1328)에 인도승 지공 선사가 창건
한 것으로 전해져 오고 있다. 지공이 이 절터를 보고서 서천(중인도)에 위
치한 아란타사(阿蘭陀寺)의 가람배치와 흡사하였다고 한다.

김수온(金守溫 · 1410~1481)은 가섭불시대에 절이 형성되었다고 〈회
암사중창기(會岩寺重創記)〉에 적고 있다. 회암사를 크게 주목하는 것은

태고보우의 구법의 땅을 밟은 조계종 전 종정 서암 큰스님.

조계선종의 법향을 크게 드날렸기 때문이다. 지공 선사가 초창한 후 나옹에 의해 선종의 꽃을 피웠고 이성계가 회암사의 무학을 즐겨 찾았으며 정희왕후가 화성 부원군 정현조를 시켜 크게 중창했다.

이색이 쓴 〈천보산회암사수조기(天寶山檜岩寺修造記)〉에도 지공 이전부터 회암사는 존재했다고 한다. 그 뒤 나옹 화상이 절을 크게 세우기 시작했으나 마치지 못하고 입멸하자 그의 제자 각전(覺田) 등이 공역을 다해 마쳤다 한다.

출가를 결심한 보우는 13살 때 회암사로 찾아가 광지 선사 문하에서 출가하게 된다. 출가한 뒤 머나먼 남도의 끝자락 가지산 총림을 찾아 '만법귀일 일귀하처(萬法歸一 一歸何處)'의 화두를 참구했다.

회암사는 조선 시대 최고의 선종사찰이었는데 왜 폐사가 되었는가. 회암사는 태고보우와 깊은 연관이 있다. 회암사는 태고보우의 득도지이며 태고의 재가제자 이성계의 지극한 발원으로 거듭 중창했다.

태조 이성계의 왕사인 무학 대사가 회암사에 주석하고 있을 때 회암사의 많은 불사를 도왔다. 또 태조는 말년에 태종에게 천대받았을 때 회암사로 들어와 말년을 보냈다.

회암사는 태조 이성계와 정희왕후(貞喜王后)의 3창, 문정왕후의 적극적인 지원으로 허응당 보우가 주석하면서 전성기를 맞았다. 그런 와중에 회암사는 유생들에게 탄압의 대상이 되기도 했다.

회암사를 지리적으로 조망해 보자. 동쪽으로부터 북으로 뻗은 천보산맥의 줄기가 휘어감고 있다. 한국 선종의 요람이며 조선 불교 횃불을 높이 들었던 지공·나옹·무학의 자취가 남아 있는 곳이기도 하다.

회암사에서 출가한 태고 법맥의 계승 선사인 환암혼수는 회암사와는 깊은 관계인데 원래 그는 회암사의 나옹 화상에게 큰 깨달음을 얻었다.

기록을 보면 환암혼수는 나옹의 제자였으나 태고보우와 스승과 제자의 관계로 맺어진다. 스승과 제자의 관계는 법맥을 잇는 것이므로 환암혼수

태고보우의 출가지인 회암사지의 전경.

는 태고보우의 임제선을 이은 인물이다.

회암사는 지공·나옹·무학의 3대 화상으로 이어지는 나옹의 세력에 의해 전성기를 누렸던 선종사찰이었으나 나옹의 제자인 환암혼수가 태고의 전법제자가 됨으로써 태고의 법향이 가득한 임제선의 고향으로 탈바꿈하게 된다. 그뿐 아니라 회암사는 태고의 출가 본사로 중요한 의미를 지니고 있다.

당시 고려 불교계의 큰스승 나옹과 태고의 세력 싸움은 치열했던 것으로 짐작이 간다. 그러나 승자는 역시 태고보우다. 그는 단절된 법맥을 복권하여 당시 고려 불교계를 주도한 인물로 나옹의 시대에서 태고의 시대가 열리게 된다. 그러므로 세월이 가면 갈수록 태고의 위상은 더욱 빛을 발하고 있는 것이다.

여기서 우리는 양촌 권근이라는 인물을 주목할 필요가 있다. 양촌 권근은 태고보우의 〈소설암원증국사비〉를 지었다. 그뿐만 아니라 태고 제자 환암혼수의 비인 〈보각국사탑명(普覺國師塔銘)〉까지 지은 인물이다.

공민왕 19년(1370) 7월 공민왕이 공부선장(工夫選場)을 설치하여 선교의 선문납자에게 응시케 했다. 그때 나옹 화상이 주시(主試)하고 환암혼수가 응시케 되었는데 그때 나옹과의 선지 문답이 있었다. 그때 나옹은 혼수의 그릇을 크게 인정했다.

그런데 여기서 중요한 것은 환암혼수와 나옹과의 관계이다. 분명 선사는 태고보우의 법맥을 잇고 있다는 사실이다. 지공·나옹·무학이 거쳐간 회암사는 태고보우 스님의 자취는 없으나 그가 불교에 들어온 출발지라는 데에서 큰 의미를 지니고 있는 곳이기도 하다. 그뿐만 아니라 보우의 법손인 환암혼수의 법향이 가득한 곳이기도 하다.

왕실의 절대적인 지원을 받은 회암사는 15척이나 되는 불상과 10척 크기의 관음상이 7구나 있었다는 기록으로 보아 엄청난 규모였음이 짐작 간다. 그러나 문정왕후 사후 회암사는 몰락의 길로 들어갔고 명종 20년(1565)에 와서 허응당 보우 스님 당시에 폐사가 되고 말았다. 남원 실상사가 유생들의 방화로 태워진 것과 마찬가지로 회암사 또한 원인 모를 불로 소실된 것으로 알려졌다. 회암사는 지배 세력들에 의해 희생된 조선 불교 최대의 법란지로 역사가들은 규정지었다. 태고가 살았던 700년 전과 700년 후의 회암사는 어떠한 모습으로 다가오는가. 거대한 사찰들은 온데간데없다. 사적 128호로 지정된 회암사터의 복원만이 태고보우의 정신을 계승하는 길이다.

회암사지의 명맥을 잇고 있는 회암사지의 골짜기를 따라 700m쯤 오르면 지공·나옹·무학 3대 화상의 부도가 천보산 정상 200m 아래에 자리 잡고 있다. 필자는 한국 불교 중흥조로 받들고 있는 태고의 유적들이 왜 하나같이 모두 잃어버린 절터로 변해 버렸는지 상념에 젖어든다. 모든 역사에는 흥망성쇠가 있지만 회암사는 복구되어야 한다.

태고보우 탄신 700주년을 맞아 경기 북부를 시작으로 전국의 태고보우와 연관 있는 지역을 답사 했다. 2001년 5월이었다. 당시의 상황을 담은 기행문 〈가는 곳마다 원융회통의 정신과 숨결 살아있다〉(〈선문화〉 2001년 7월)의 일부를 옮겨 본다.

태고보우 국사가 출가한 시기는 1313년으로 아직 나옹이 출가하기 전이고 지공이 고려에 다녀가기 13년 전이다. 이색의 문집에 따르면 지공에 앞서 임제종 양기파의 유명한 선사 철산소경(鐵山紹瓊)이 1304년부터 3년간 머무른 것으로 되어 있다. 지공이 머무른 기간(1326~1328)보다 20년 앞서고 있으므로 태고보우에게 어떠한 영향을 미쳤는지 궁금하다.

결과적으로 회암사는 지공·나옹·무학의 3대 화상으로 이어지는 나옹의 세력에 의해 전성기를 누린 선종 사찰이었으나 나옹의 제자인 환암혼수가 태고의 전법제자가 됨으로써 태고의 법향이 가득한 임제선의 고향으로 탈바꿈하게 된다. 환암혼수와 나옹과 태고보우의 사법관계는 아직도 풀리지 않는 수수께끼다.

답사팀은 경내에서 얼마 떨어지지 않은 나대지에서 지름 2m 이상의 거대한 돌맷돌과 석조물을 발견했다. 무공(태고학회장) 스님과 최석환 대표(월간 〈선문화〉 발행인)은 이곳에서 녹차를 갈아 말리지 않았나 추측했다. 선다일여와 선농일치의 선풍이 이미 고려 중기 이후에 자리 잡았을 것으로 보이기 때문이다. 의천대각 국사나 태고보우 국사가 중국으로 건너가 중국 남부의 남종선을 배우면서 천태산이나 하무산 선차를 전해 한국의 차문화를 풍부하게 한 흔적들이다.

가지산 보림사에서
만법귀일 일귀하처 탁마

　태고(太古) 스님이 불법(佛法)을 탐구하기 위해 양주 회암사에서 천리 길을 걸어서 가지산 보림사를 찾은 것은 충선왕 6년(1314), 그의 나이 14세 때였다.

　《태고어록》에는 당시를 이렇게 묘사했다. 문인 유창이 쓴 《행장기》를 보면 이렇다. 태고보우 스님은 가지산 총림으로 가서 수행했다. 19세 때 스님은 '만법귀일 일귀하처'라는 화두를 탐구하였으나 아무도 몰랐다. 보우 스님에 의하면 문인 유창은 보우 스님이 워낙 구속을 싫어하는 성격인 데다가 말 소리가 우렁찼기 때문에 도반들이 꺼렸다고 한다.

　보우 스님은 보림사에서 선정을 닦으면서 만법귀일과 조주의 '무'자 화두를 탐구했다. 오매일여가 될 때까지 한 발자국도 물러서지 않겠다는 서원이었다. 조선 시대의 지식인 양촌 권근은 보우 스님을 가리켜 '선사는 특이한 인격을 갖춘 지식인'이라고 평가했다.

　가지산 보림사는 보조체징(普照體澄)과 최형미(崔逈微) 스님을 거쳐 고려 말의 고승 태고보우가 수선했던 곳이다.

　6년간 수선안거 한 보림사는 그가 중국에서 임제의 법맥을 받아 온 뒤 희양산 봉암사를 거쳐 보림사 주지로 추대되어 개당법문을 했던 곳이다.

가지산 보림사 산문.

태고보우 탄신 700주년을 맞아 태고보우의 자취를 찾아 나선 순례단.

신라 구산선문 중 가지산문의 중흥지이며 고려 말 불교계를 이끈 태고보우에 의해 다시 임제선으로 복구되기에 이르는 등 한국 선불교 부흥과 직접적인 관계가 있는 곳으로도 유명하다.

또한 구산선문(九山禪門)의 하나인 가지산문을 크게 일으킨 도의 국사의 법손 보조체징 선사에 의해 선풍을 일으킨 선종사찰이기도 하다.

보림사가 한국 불교사에 중요한 분수령을 차지하는 것은 그곳이 가지산문의 발원지이기 때문이다. 조계종 종헌 〈종명과 종지〉편을 펼쳐 보면 중요한 내용이 있다.

"대한불교 조계종은 신라 도의 국사가 창수한 가지산문(迦智山門)에서 기원하여 고려 보조 국사의 중천을 거쳐 태고보우의 제종 포섭으로 조계종이라 공칭하여 이후 그 종맥이 면면부절한 것이라 하였다."

보림사는 구산선문 중 남종선(南宗禪)을 남도 땅에 네 번째로 전한 보

보림사 조사전에 모신 가지산파를 일으킨 도의, 보조체징, 태고보우 국사 진영.

조체징이 남종선을 크게 일으킨 터전이다.

구산선문은 남도를 중심으로 세 곳의 산문(山門)이 탄생했다. 혜철이 동리산문을 연 곡성 태안사, 홍척이 실상산문을 연 남원의 실상사, 철감이 사자산문을 연 화순 쌍봉사 등이 그곳이다. 이들이 개산조에 의해 탄생된 것에 비해 가지산 보림사는 가지산파의 3세대 법손인 보조체징에 의해 탄생되었다.

전라남도 장흥군 유치면 가지산에 자리잡고 있는 보림사는 22명의 고승들이 거론된다. 신라 말 원표, 체징, 최형미, 고려 말 보우 선사까지 2대 왕조에 이르도록 보림사는 남종선의 뿌리를 이어 오고 있다.

가지산 보림사는 한국 선종사에서 중요한 위치에 있다. 고려 말 태고보우 국사에 의해 임제 선풍을 드리운 보림사의 법맥이 지속적으로 이어져 오늘에 이르고 있다는 사실만 보아도 충분히 짐작이 간다. 최근 순천대 박물관에서 발표한 보림사 조사보고서의 사천왕상 복장에서 출토된 불경 중 선문 관계 저서가 많다는 내용만 해도 보림사는 태고보우에게서 선풍이 이어져 왔음을 입증한다.

조사전의 문을 여니 좌측에는 가지산문의 개산조인 도의 국사, 우측에는 보조체징 선사의 진영이 걸려 있고 뒷편에는 보림사 창건의 산신으로 나타난 매화보살상도 있다.

태고보우 국사에 의해 크게 선문 일으킨 보림사

남종선법을 크게 떨친 보림사는 남도의 끝자리에 자리 잡고 있던 구산 선문 중의 가장 번창했던 선종 사찰 중의 하나이다.

저 멀리 강원도 양양 땅 설악산 기슭의 진전사지에서 발원한 가지산파 는 도의, 염거를 거쳐 보조체징에 의해 크게 꽃피었다.

가지산파를 크게 일으킨 보조체징 선사를 거쳐 《삼국유사》의 저자 일연 선사와 고려 말 임제선을 이 땅에 들여 온 태고보우 국사에 의해 가지산 문은 전성기를 맞았다. 최완수 선생은 보림사의 선문의 성격에 대해 〈명 찰순례〉를 통해 다음과 같이 기록했다.

도의 선사의 법통을 이은 염거 화상은 설악산 억성사(億聖寺)에 주석 하며 선지를 펴지만 아직 선문을 개설할 만한 실력을 갖추지는 못하였던 것 같다.

그런데 염거 화상의 문하에서 보조체징(普照體澄 · 804~880) 선사가 출현, 장차 장흥(長興) 가지산(迦智山)으로 터를 옮겨 보림사를 짓고 일 문을 개설하게 되니 이것이 곧, 구산선문의 효시가 되는 가지산문(迦智 山門)이었다.

《유치면지》를 살펴보면 다음과 같이 중요한 사실을 발견할 수 있다.

보림사를 거쳐간 인물로 22명을 거명했는데 그중 재가문도로 김언경 (金彦卿)과 김수종을 거론하면서 원표, 체징, 형미, 고려 말 보우 국사를 부각시키고 있다. 《유치면지》는 전라남도의 유치면의 자연 환경과 역사의 흐름, 유치 사람들의 삶과 흔적 등을 기술한 책으로서 《동국여지승람》과

태고보우 국사가 수행한 가지산 보림사.

비견되는 중요한 책이다. 《유치면지》에 실린 태고보우 국사의 생애를 살
펴보자.

태고보우 국사는 고려 후기의 스님으로서 임제종의 개조이며 보허라고
도 하고 또는 태고(太古)이고 성은 홍씨로서 13살에 회암사에서 광지 선
사에게 득도한 후 가지산 총림 가지사에서 수도했으며 충목왕 6년
(1319) 만법귀일(萬法歸一) 화두를 탐구했다.

태고보우 국사 탄생 700주년을 맞아 오늘의 후예들은 선사의 자취를
찾아 보림사를 찾았다.
대륜불교문화(태고)연구원 서무공 스님과 불교통신대학 이사장 한정섭
법사가 탐사에 동행해 주었다. 오늘의 보림사는 과거 원표와 체징, 보우
선사의 자취가 그대로 남아 있었다.
일주문에 들어서니 가장 먼저 선종 제일가람 보림사의 현판이 우리를

보림사에서 바라본 산문.

반겨 주었다.

신라 말기 이름난 서예가 김수종(金遂宗)의 적극적인 후원으로 사재를 털어 철 2,500근을 사서 비로자나불 1구를 조성하는 등 보림사는 호족들과의 관계 또한 깊다. 탐사팀은 먼저 대적광전에 들러 철조 비로자나불상 앞에서 무수 배례를 했다.

보림사 사적의 중요한 사료인 《신라국무주가지산보림사사적기(新羅國武州迦智山寶林寺事蹟記)》(1457~1464)와 《보림사중창기(寶林寺重創記)》(1715)는 미국 하버드대 연경도서관에 소장된 《보림사사적기》를 이기백 교수가 가져와 국내에 처음 소개했다.

《보림사사적기》를 요약하면 이렇다.

원표대덕이 인도에 있을 때 가지산 보림사를 창건하였는데 돌아오면서 중국에 오니 인도에서와 같은 지세의 산을 보고 절을 세워 역시 가지산 보림사라 하였다. 그런데 이상하게 어느날 신기한 기운이 삼한 아득히 먼 곳으로부터 비쳐 오니 스님은 그 기운만을 바라보고 산을 넘고 바다를 건너 오묘한 곳을 찾아내 주석하시니 그 산세가 여전히 인도와 같고 중국과 같아 여기 북쪽 계곡에 절을 만들어 '가지산 보림사'라 하였다.

원표는 그 후 조사가 되고 법력으로 많은 정사를 베풀었다. 그래서 759년(당건원 2년, 신라 경덕왕 18년)에 경덕왕은 특별히 교지를 내려 천 칸의 불궁을 시설하고 장생표주(長生標柱)를 세워 그 구역을 확정해 주었다.

보림사 창건 내력을 살펴보면 매화 보살과 선아(仙娥 · 성모천왕(聖母天王)), 아홉 마리 용과 싸운 뒤, 연못을 만든 연기설화가 나타나고 있다. 그러한 내용은 후대에 윤색되어 새롭게 가미된 것들이 있겠지만 8세기 중엽에 원표대덕이 보림사에 주석하였던 점만은 분명한 사실로 확인된다.

푸젠의 화엄사는
여전히 원표의 자취 선연하다

천보연중(天寶年中·724~756) 신라의 한 수행승이 뱃길로 중국 땅을 밟고 다시 부처의 성적(聖跡)을 찾아 인도로 갔다. 이 사람이 바로 원표 대사였다.

원표는 서역으로 가다가 심왕 보살(心王菩薩)을 만나《화엄경》과 인연을 맺는다. 심왕 보살은 《화엄경》25장 〈심왕보살아승지 품〉에 나오는 보살을 말한다. 그 보살의 인도로 원표 는 푸젠의 곽동진(霍東鎭) 지제산으로《화엄경》을 짊어지고 와서 수행을 한다. 이렇게 보면 원표는 푸젠 땅에 화엄신앙을 널리 전파한 신라 사람이 다.

푸젠 땅에 화엄신앙이 맨 처음 전해진 시기 는 당 무주(武周·690~705 즉위) 때로 후관 (侯官)의 화엄암에 한 승려가《화엄경》을 가져온 것이 그 시작이었다. 그 후, 이곳에 《화 엄경》을 전한 사표가 원표였다.

심왕보살상.

천관 보살의 상주처인 지제산으로 간 원표는 천관 보살에게 예를 올리고 나라연석굴에서 밤낮을 가리지 않고 수행한다. 이것이 지금까지 알려진 원표와 《화엄경》에 관한 내력이다.

흥미로운 사실은 심왕 보살이 원표를 호위했다는 것이다.

그뿐만 아니었다. 원표는 회창법난이 일어나자 경을 목함에 넣고 석실 깊숙이 숨겨 버린 뒤 뱃길로 신라로 돌아온다. 원표가 지제산과 빼닮은 보림사로 왔을 때 이번에는 매화 보살이 원표를 호위했다.

보림사가 세워지기 전 이곳은 용이 살던 곳이었는데 원표가 매화 보살의 인도로 이 용을 물리치고 대가람을 세운다. 보림사는 바로 원표가 세웠다는 고가지사를 말한다.

해동에 화엄신앙을 전파한 사람을 꼽는다면 의상과 원표를 들 수 있다.

바다의 수호신이 되어 의상을 보호한 선묘와 원표를 도와 가지사를 세운 매화 보살의 이야기는 일맥상통하는 면이 있다. 더욱이 두 이야기에 모두 용이 등장한다는 공통점이 있다.

의상을 사모한 선묘는 바다의 용이 되어 그를 보호했다. 묘우에쇼우닌(明慧上人 · 1173~1232)이 쓴 《화엄조사회전(華嚴祖師繪傳)》에는 다음과 같은 구절이 있다.

의상을 태운 배가 수평선을 넘어 떠나갈 즈음 뒤늦게 그 사실을 알아차린 선묘가 원을 세워 말하길 "저는 내세를 기다리지 않겠나이다. 원컨대 현재의 몸으로부터 법사를 도와드리는 몸이 되게 하소서"라고 말한 뒤 바다로 뛰어들어 용이 되어 의상을 보필하여 무사히 그가 신라로 귀국할 수 있게 돕는다.

의상은 귀국한 뒤 부석사에서 화엄신앙을 일으킨다. 이 이야기는 널리 알려진 의상과 선묘의 이루어질 수 없는 러브스토리의 한 장면이다.

그와 반대로 매화 보살의 인도로 가지사를 세운 원표 대사는 의외로 덜 알려진 인물이다.

흥미로운 사실은 의상이 화엄신앙을 전파한 부석사에는 선묘각이 있고 원표가 창건한 보림사의 조사전 한편에는 매화보살상이 있다. 두 보살을 놓고 볼 때 전설로 보기에는 너무나 드라마틱한 사실처럼 느껴진다. 매화 보살을 모신 매화당은 1658년까지 보존되다가 사라졌다. 그러나 매화 보살은 지금도 조사전 한편에 당당히 모셔져 있다.

조성호 거사는 보림사 역사에 대한 중요한 제보를 했다. 당시 원표 스님이 주석했던 곳은 고가지사라는 사실이다. 그의 말을 들어보자.

"원표 스님이 고가지사에 주석하였는데 고가지사에서 보림사를 내려다보면 한눈에 들어오는데 어느 날 선녀인 매화 보살을 만났는데 매화 보살이 원표 스님에게 무릎을 꿇고 여쭈길 '스님께서 용을 쫓아내고 쏘를 메워 여기에 (보림사) 도량을 세우면 좋겠습니다' 라고 했다. 그 말을 듣고 원표대덕은 용을 몰아냈는데 마지막 백룡이 나가지 않았다고 한다. 주력을 외우니 용이 꼬리를 치고 보림사 능선의 산을 받고 장평 쪽으로 넘어갔습니다. 장평 쪽을 넘어 간 재 이름을 피재(피를 흘리고 간 산마루)라고 해요. 현재도 용이 산을 받은 흔적이 있지요. 그런 전설로 인해 보

푸젠 영덕에 있는 화엄사. 장흥 보림사를 창건한 원표대덕이 머물렀던 곳이다.

림사에 백씨 성을 가진 사람이 오면 망한다는 설화가 있지요."

용에 대한 이야기는 불교 창건 설화에 자주 등장한다. 필자는 확인 차 보림사 마을 촌노들에게 보림사터가 당시 용쏘였다는 사실과 숯이 대량으로 나온다는 것을 확인했다. 또 용에 대한 전설은 보림사뿐 아니라 도선 국사가 세운 광양 옥룡사에서도 똑같은 설화가 발견된다. 어느 것이 먼저인지 확인할 길은 없다. 보림사와 마찬가지로 옥룡사도 백씨 성을 가진 사람이 들어오면 절이 폐사된다는 사실들을 확인할 수 있었다.

또한 조성호 거사는 태고보우 국사와 보림사의 역사에 대해 중요한 사실을 제공했다. 그의 말을 들어 보면 보림사와 태고보우의 관련 사료의 불충분한 것은 보림사의 사적이 고려 초기에서 말기까지 전소되었기 때문이라고 한다. 그나마 《보림사사적기》라는 것도 1457부터 1715년 사이에 쓰여진 자료뿐이다.

조주 늙은이는 어디있나

태고보우 국사가 보림사 주지가 된 뒤 첫 개당설법을 하게 되었다. 《태고어록》은 당시를 자세히 묘사했다. 산문대중의 청에 의해 법상에 오른 보우 스님은 주장자를 높이 들어 법상을 내리치며 다음과 같이 말하였다.

산문에 도착하여 말씀하기를, "석가 늙은이가 말씀하기를 '나는 이 법문을 국왕 대신들에게 유촉(遺囑)한다' 하신 것이 참으로 맞는 말씀이로구나. 오늘날 태고 노승이 일행(一行)의 대중과 더불어 처음 희양산에서 출발하여 마침내 가지산에 도착하기까지 그 중간의 거리가 1천여 리이다. 길에 나선 지 14일 동안 걸음걸음이 남쪽으로 내려올 때 매일 시시각각 도로(道路)에서 아무 탈 없이 도착해서 원통의 넓은 문이 8자로 열렸음은 오로지 국왕 대신들께서 잘 보호하여 준 은덕이다"라고 대중을 불러 말씀하기를 "오기는 왔다마는 어떻게 진보(進步)해야 이렇게 무거운 은덕에 보답하겠는가" 하고 주장자를 한 번 내려치며 말씀하기를, "시냇물 흐르는 소리가 아주 친절하고 산빛은 더욱 은근하구나" 하고 다시 두 번 내려쳤다.

불전(佛殿)에서 말씀하기를, "조주(趙州) 늙은이가 말씀하기를 '부처

'끽다거(喫茶去)' 공안으로 천하 사람의 눈을 열어 놓은 조주 선사.

라는 명자(名子)를 나는 듣기 좋아하지 않는다' 하였다. 태고는 그렇지
않아서 좋아하지 않다는 그것조차 좋아하지 않는다. 옛날에는 내가 당신
이었는데 오늘은 당신이 나인 것이오" 하고 향을 피우고 예배하였다.

　방장(方丈)께서 말씀하시기를 "범부(凡夫)를 녹일 수 있고 성인도 단
련하는 큰 용광로구나. 그런데 오늘은 누가 칼날을 부딪칠 것인가."

　"돌!"

12대원의 서원을 세운 상원사

양평은 우왕의 고향이며 태고보우 또한 양평 옥천리에서 태어났다. 이후 수선사 10세 법손 혜명 국사와 그의 수제자 소지 선사, 무학 대사가 이곳에서 수행하는 등 유명한 큰스님들이 양평을 중심으로 활동했다. 양평 용문산 자락에 아늑히 안긴 상원사는 태고보우 국사가 12대원 서원을 세웠던 곳으로 유명하다. 태고는 젊은 시절 가섭봉 밑의 용문석굴에서 12대원을 세웠다.

이제 태고보우가 간절히 바랐던 조사선과의 만남을 세 단계로 살펴보자.

첫째는 보림사에서 '만법귀일 일귀하처' 라는 화두의 타파였고, 두 번째는 용문산 상원사(上院寺)에서 12대원 서원을 세우게 된 것이고, 세 번째는 개성 전단원에서의 '무' 자 화두를 타파, 견성을 체험하게 된 것이다.

철저한 청빈의 삶 속에서 태고는 화두와 씨름한다. 그 화두의 끝에는 견성이라는 다리가 놓여 있다. 그러나 그 다리를 건너기 위해서는 넘어야 할 산이 많다. 태고는 양평에서 태어나 양주 회암사, 장흥 보림사, 양평 상원사 등을 전전하며 운수행각을 벌인다.

몇 군데의 절간을 옮겼음에도 화두타파는 되지 않았다. 두 번째로 운수

용문산 상원사에서 바라본 용문산 정상 가섭봉. 태고보우 국사는 가섭봉 아래 동굴에서 12대원을 세웠다고 한다.

백의(白衣)관음현상; 세조 7년(1462) 10월. 미지산 상원사에 행행 때에 담화전 상공 운상에 출현한 '백의 관음성상.'

행각 중 찾은 곳이 상원사였다. 장흥 보림사에서 수십 일간 운수행각을 하며 상원사를 찾았다. 그는 상원사에서 12대원의 큰 서원을 세웠다.

유창이 쓴《행장기》에는 당시를 이렇게 묘사했다.

그때가 천력(天曆) 3년 1330년 봄이었다. 보우 스님은 상원사의 관세음보살님께 간절한 마음으로 기원하면서 12대원을 큰 서원을 세우게 되었다. 당시 보우 스님이 어떤 12대원 서원을 세웠는지는 밝혀진 바 없다. 다만 관세음보살의 16대 서원 중에서 12대원을 발원하지 않았는가 짐작할 뿐이다. 태고 스님은 밤낮을 잊은 채 관세음보살님께 서원을 세웠는데 지극한 정성이 허파를 걸러 나왔고 이마 위로 눈물이 줄줄 흘렀고 칼같이 날카로운 지혜를 얻었다고 한다.

보우 스님은 용문산에서 12대원 큰 서원을 세운 뒤 단박에 깨칠 수 있다는 자신이 생겼다. 권근의《양촌집》의〈소설산암원증국사사리탑명〉에는 용문산에서의 고행을 다음과 같이 묘사했다.

태고가 용문산에 들어가 12대원을 발원하였는데 이때부터 도에 계합되었다고 했다. 태고보우의 12대원 서원 이후 무학 대사가 부도암에서 오도를 체험했고 조선 후기에는 관세음보살이 서기 방광한 용문산은 영험 있는 깨달음의 땅으로 유명하다.

미수 허목은 《미지산기(彌智山記)》에서 용문산의 아름다움을 노래했다. 미지산 꼭대기는 가섭봉이며, 가섭봉 북쪽에는 미원장과 소설산의 암자가 있다고 했다. 또 북쪽은 옛날 예맥의 땅으로 지금은 수춘화산(壽春花山)으로 산과 물이 깊다고 노래했다.

목은 이색(李穡)이 지은 《지평현미지산죽장암중영기(砥平縣彌智山竹杖庵重營記)》에 보면, '암자가 산속 높은 곳에 위치해 마치 산의 심장에 있는 것과 같고 상원(上院)은 마치 배꼽에 있는 것 같아서 암자의 시원스럽고 높다란 모습이 숲의 푸르고 울창한 표면에 솟아 있는 것 같았다' 라고 적고 있다.

상원사는 경기도 양평군 용문면 72번지 용문산 봉우리 밑에 자리 잡고 있다. 필자가 현지를 답사했을때는 눈이 발목까지 차 있었다. 차를 상원사 입구에 세워 두고 사각사각 눈이 밟히는 소리에 의지하며 걸어 상원사를 찾았다. 먼저 관음보살님께 기원을 드리고 태고보우 국사의 12대원 서원을 떠올렸다. 태고보우의 행화의 자취는 찾을 길이 없었으나 관음보살이 서기 방광을 했다는 주지스님의 말씀에 흥분을 감추지 못했다. 선원장 의정 스님의 주장에 따르면 미사일 기지 바로 밑

태고후학들이 2010년 6월 용문산 상원사 용문선원을 찾았을 때 선원장 의정 스님과 함께한 모습. 주련의 글은 전 종정을 지낸 서옹 선사의 글이다.

용문산 정상 부도암에서 서기 방광을 했는데 마치 대낮같이 밝았다고 했다. 30년 전까지만 해도 동굴이 하나 있었는데 현재는 찾을 길이 없다고 했다. 필자는 보우 스님의 12대원인 큰 서원을 세운 곳이 바로 용문산 밑 동굴석굴이 아닐까 짐작을 했다. 보우 스님 이후 무학 스님이 찾아와 용문석굴 법당에서 견성을 했다는 사실 또한 예사롭지 않다.

조선 불세출의 선승인 매월당(梅月堂) 김시습(金時習)은 상원사를 찾아 다음과 같은 시를 남겼다.

> 옛 법당 향로에 피어오르는 향기여
> 꾀꼬리 소리 요란하여라
> 바위에는 푸른 이끼 복숭아 꽃 요란한데
> 줄줄 흐르는 물은 거울처럼 맑도다.

《양평군지》에는 양평불교를 일으킨 거대한 선승으로 두 분을 꼽고 있다. 첫째는 고려 태조의 왕사 려엄 선사이고, 두 번째는 공민왕의 왕사 태고보우이다. 태고보우에 대해서도 자세히 밝히고 있는데 '태고보우는 우리 고장에서 태어나 임제종의 시조가 되어 왕사와 국사로 높이 존경받았다'고 했다.

12대원인 큰 서원을 세운 용문산 상원암 수행 이후 상서의 감로사, 불각사 등지에서 7일 동안 먹지도 눕지도 않는 수행을 계속했다. 천태종의 수행법과 같은 2천 일 회봉 마지막 7일간 먹지도 않고 눕지도 않는 수행을 계속했다. 마침내, 7일간의 자신과의 싸움에서 태고보우는 지혜를 크게 얻었다.

척불에 앞장선 정도전
왜, 태고보우의 석종비 썼나?

　삼봉이 지은 〈원증국사탑비〉는 경기도 양평군 옥천리 사나사 경내에 있으며, 경기도 유형문화재 제73호로 지정돼 있다. 6·25 당시 폭격 등으로 크게 마멸되었다. 비문에 '…道傳 撰'이라는 글만 남아 있어 막연히 정도전이 지었을 것으로 추측했으나, 〈…石鍾碑文〉을 삼봉이 지은 사실이 삼봉의 후손인 재야 사학자 정광순(鄭廣淳) 씨에 의해 새롭게 밝혀지면서 삼봉에 관심이 고조되기 시작했다. 그는 잘 알려진 바와 같이 척불에 앞장선 사람으로 태고보우와 대립각을 세웠는데, 그런 그가 왜 태고보우의 석종비를 썼을까.

　정 씨는 그 근거로 《양촌집(陽村集)》 권37, 〈미원현소설산암원증국사(迷原縣少雪山菴圓證國師)〉조와 이 비가 세워진 1386년 삼봉의 벼슬이 '성균제주지제교(成均祭酒知制敎)'였음을 들고 있다. 따라서 마멸되어 판독이 불가능했던 '中縣大夫成均祭□□□□□□□道傳撰' 중 마멸된 7글자가 '酒知制敎三峰鄭'이라는 것이다.

　이 비문은 높이 167cm, 폭 69.5cm, 두께 10cm 크기의 비문으로 '백성들이 편히 쉴 수 있는 것은 모두 대사(태고보우)의 공덕이다'라며 보우 스님을 칭송했다.

정도전은 비문 말미에 '우뚝 솟은 용문산 유유히 흐르는 한강에 인물 하나 나시니 그가 바로 태고보우'라고 찬탄했다.

사나사의 〈원증국사비〉는 보우의 행적을 기록한 묘탑비(墓塔碑)이다. 고려 우왕 12년(1386)에 세웠으며, 옥개석·비신·비좌(碑座)로 구성되어 있다. 전체 높이는 1.67m이며, 6·25동

란 때 파손되어 전문을 판독할 수 없는 상태이다. 이와 관련하여 일제 때인 1915년에 간행된 《조선고적 조사보고》에는 석종의 남으로부터 25도 기울어 동쪽에 치우쳐서 약 3~4칸 건너 명비(銘碑)가 있으며, 높이 3척(尺) 4촌(寸) 8분(分)이고, 폭(幅)은 2척 1촌 2분이며, 대석(臺石)을 네 변(邊)으로 감쌌다고 되어 있다.

비의 일우(一隅)에 열상(裂像)이 있는데, 그 형식이 여주군 신륵사 보제석종기비(普濟石鍾記碑) 및 같은 곳에 있는 대장각기비(大藏閣記碑)와 형식과 연대를 같이 하고 있으니 고려 말기의 한 형식이라고 말할 수 있다. 글은 정도전이 지었고, 승(僧) 의문(誼聞)이 글씨를 썼으며, 홍무 19

년에 건립되었으며, 비음기(碑陰記)가 있다.

비 편 일부분이 떨어져 나갔고, 못된 손찌검이 가해진 흔적이 있다. 정영호 씨의 〈양평 옥천면의 불적〉에서의 조사·보고에 따르면 이 비석은 현재 경내 함씨각과 산신각 사이의 평지에 유존하는 바 현존 상태로 보아 원위치로 추정된다고 한다.

즉, 비좌(碑座)를 따로이 조성한 것이 아니라 자연암반의 상면을 평평히 다듬고 그 위에 비신을 수립(竪立)하였는데, 이 자연암이 곧 대석(臺石) 겸 비좌(碑座)의 역할을 하고 있다. 그리고 이 자연석은 지하에 깊이 묻혀 있으므로 노출된 측면만을 치석(治石)하였는데 이렇듯 자연암은 대석으로 이용하고 그 위의 수립시설 등이 당초 구조인 것으로 보아 현재의 상태가 원형이며 아울러 원 위치임에는 틀림없는 것 같다.

이 석비는 상술한 바와 같이 대석 위에 비신을 세우고 그 정상에 개석(蓋石)을 덮었는데, 통식(通式)과는 달리 비신의 좌우에 장방형석주를 지주석(支柱石) 모양으로 세워 양측면을 감싸고 있다. 즉, 화강석으로 장방형 석주를 조성하여 비신 양측에 세웠는데, 신석측면(身石側面)이 닿는 석주의 내면에 비신 두께〔厚〕만큼의 홈을 파서 비신이 꼭 끼이도록 하였다. 이와 같은 양식의 석비는 고려 말엽에 건조한 〈신륵사보제존자석종비〉(보물 제299호)와 〈신륵사대장각기비〉(보물 제230호) 등에서 유래를 볼 수 있는바, 이곳의 석비도 여말에 수립된 것으로써 이들은 모두 시대적인 한 특징을 보이는 것이라 하겠다.

개석(蓋石)은 화강석 일매(一枚)로 조성하였는데 위의 면은 평평할 뿐 아무런 조각이 없고 측면은 갑석처럼 수직의 굽을 둘렀으며, 하면으로 내려오면서 원호(圓弧)를 이루었던바 그 면에는 아무런 조각이 없다. 아래면은 평평할 뿐 별다른 장식이 없는데 그 중심부에 석재를 따라 세장(細長)하게 홈을 파서 비신(碑身)의 상단과 양(兩) 지주석(支柱石)의 두상부가 꽂히도록 하였다.

태고보우 국사의 부도로 추정되는 소설암지의 부도.

　비신만은 흑색의 점판암(粘板岩: 매석(枚石))으로 이뤄졌는바 앞면에는 상부에 전서(篆書) 횡(橫)으로 '원증국사석종명(圓證國師石鐘銘)'이라 큼직하게 음각하였다. 그리고 비신을 따라 주연(周緣)에 이중의 선각(線刻)으로 액(額)을 짜고 상단부 횡서의 전자명(篆字銘)과 비본문(碑本文) 사이를 다시 2조 음각선으로 구분하여 비문을 각자하였다. 이면(裡面)에도 조선기(助線記)의 음각이 있는데 이곳에는 별다른 선각(線刻)이 없다.

　비문은 앞·뒷면 모두 횡서(橫書)인데, 천각(淺閣)이어서 마손(磨損)이 있는 부분은 판독이 곤란하다. 전면의 비문은 전 20행이며, 후면은 상·하단 16행식이다. 점판암이 연질(軟質)로 상부에 균열이 있으며 5처(處)에 파실(破失)된 석면도 있어서 현재로는 전문의 판독이 어렵다.

　이 〈원증국사석종명〉은 《조선금석총람》 상(p.533, 〈양근 사나사원증국사판석종비〉)과 《조선사찰사료》 상(p.23, 〈경기도지부 사나사비문병서〉)에 게재되어 있는바 후자는 그 전문이 있으나 오자가 많아 재검의 여지가 있으며 전자는 전문이 결개(結介)되어 있지 않으나 오독이 없는 편이다. 이 석비는 수립 연대가 뚜렷하므로 각부 조성의 양식과 수법에 있어 하나의 시대적 기준이 되는 유품이라 하겠다. 즉, 앞서 말한 바와 같이 비신을 세우는데 그 좌우 비신과 양 지주석에 있는 선각(線刻)의 액을 돌린 의장

(意匠) 등은 시대적인 특징이라 사료된다는 점에서 더욱 주목되는 것이다.

　각부의 실측치(단위 cm)는 대석(臺石) 크기 165.5×64cm, 고(高) 27.5cm, 신고(身高) 103cm, 폭 67.5cm, 후(厚) 3.8cm, 지주석(支柱石) 109cm, 폭 14cm, 후 20.5cm, 개석 크기 112×44cm, 후 13.5cm, 전자경(篆字徑) 5.5cm, 자경(字徑) 2cm로 되어 있다. 비면의 습은 1915년에 찍은 사진과 1970년에 찍은 모습을 비교하면 파괴의 정도가 더욱 심함을 느낄 수 있다.

백운암에서 유유자적하며
〈백운암가〉 짓다

태고보우 국사는 자신이 오래 전에 품고 있던 의심 덩어리를 조주의 '무(無)'자 화두를 통해 활연히 타파한 뒤 고향으로 돌아와 부모를 봉양하면서 잠시 지내게 되었다. 그런데 풀리지 않았던 '암두밀계처(巖頭密啓處)' 화두가 홀연히 떠올라 이를 타파하였다. 그리고 웃음지으며 말하길 "암두 스님이 선재(善財)이지만 이슬이 옷을 적시는 줄을 깨닫지 못하는구나" 하고 말한 뒤, "종문의 활구를 아는 이가 몇이나 되는가"라고 말하였다. 이때가 스님의 나이 38세 때였다.

이때부터 태고보우 국사는 1,700공안이 걸림이 없었다. 스님은 1239년 그의 나이 39세 때 부모에게 하직 인사를 하고 소요산 백운암으로 들어갔다. 백운암에서 종신할 것을 서원하고 유유자적하게 보내던 어느 날 소요산의 경계를 보고 〈백운암가〉 한 편을 지었다.

7언 8행으로 된 이 시는 보우 스님의 선적 사상이 드러나 있다.

逍遙山上多白雲	소요산에 오르는 저 많은 흰구름은
長伴逍遙山上月	언제나 소요산 위의 달과 친구 되어
有時淸風多好事	때로는 맑은 바람, 좋은 일 많아
來報他山更奇絶	다른 산의 경치가 더 절묘하다고 알려주네
白雲無心徧大虛	흰 구름 무심히 온 하늘 퍼졌다가
其如烘爐一點雪	큰 화로의 한점 눈처럼 없어지기도 하지만
行雨四方無彼此	차별 없이 사방으로 비 뿌리면
是處是物皆欣悅	이곳 저곳 사물마다 모두 기뻐한다
刹那歸來此山裏	어느새 이 산속에 되돌아와
山光着色水鳴咽	산은 빛물 들고 물소리도 흐느낀다
古菴依俙非霧間	옛 암자 아련한 안개에 쌓이고
連雲畏道蒼苔滑	잇단 구름 험한 길, 푸른 이끼로 미끄럽다
左傾右傾住復行	이리저리 기웃, 가다 서다 다시 가니
誰其侍者唯椰栗	그 누가 시자인가,
	오직 지팡이〔椰栗; 錫仗〕뿐인데
路窮庵門向東開	길은 동으로 열린 암자문에 닿으니

主賓同會無言說	마주앉은 주인, 나그네 아무런 이야기 없다
山默默水潺潺	산은 말이 없고, 물은 졸졸 흐르는데
石女喧嘩木人咄	석녀는 시끄럽고, 목인은 호통친다
汲汲西來碧眼胡	허겁지겁 서쪽에서 온 눈 푸른 그 사람
漏洩此意埋佛日	이 뜻 누설하여 부처의 지혜 파묻네
傳至曹溪盧老手	조계(曹溪)의 노씨 노인(盧老; 혜능) 손까지 전해졌지만
又道本來無一物	또 이르기를 '한 물건도 본래 없다' 하네
可笑古今天下人	우습구나 천하 고금의 사람들
不惜眉毛行棒喝	눈썹을 아끼지 않고 방(棒)과 할(喝)을 마구하다
我今將何爲今人	나는 이제 무엇으로 지금 사람 위할까
春秋冬夏好時節	봄, 가을, 겨울, 여름이 좋은 계절에
熱向溪邊寒向火	더우면 시냇가, 추우면 화로 옆
閑截白雲夜半結	한가로이 흰구름 잘라다 한밤중에 있네
困來閑臥白雲樓	피곤하여 백운루(白雲樓)에 한가히 누우니
松風蕭蕭聲淅淅	쓸쓸한 솔바람 그 소리 사륵사륵
請君來此保餘年	그대 와서 남은 여생 여기서 보존하소
飢有蔬兮渴有泉	배고프면 나물밥, 목마르면 샘물.

보우는 〈백운암가〉이후 다양한 선시를 남겼다. 고승들이 읊은 시문학은 일반인들이 읊조린 시와는 그 의미가 많이 다르다. 왜냐하면 고승들의 시는 깨달음의 경계를 읊은 것으로 이를 일러 〈오도송〉이라고 하여 석가 이후 수많은 선승들에 의해 발표된 시들을 〈게송문학〉이라고 말한다.

태고보우 국사의 50여 편 연구논문 중, 시문학을 분석한 논문만 해도 지준모의 〈태고보우의 시문학〉, 이종근의 〈태고보우의 시연구〉, 이종찬의 〈유심적 보우의 가송연구〉, 정태혁의 〈태고암가를 듣는다〉 등 여러 편이 된다.

　소요산 백운암은 태고보우의 시문학을 탄생시킨 현장일 뿐만 아니라 보우 스님으로 하여금 더 넓은 세계로의 구법여행을 결심하게 했다.

무자 화두 타파 부처와
조사의 경계를 뛰어넘다

태고보우 국사가 중국 구법행을 결심한 동기는 자신의 깨달음의 경지를 중국 선사들과 겨루어 보고 싶어서였다.

혜가가 달마로부터 법을 받기까지 팔을 잘라 법을 구했던 단비구법(斷臂求法)처럼 태고보우 국사 또한 깨침의 순간은 처절했다. 그는 상원사에서 12대원을 세운 뒤 3년 뒤에야 성서(城西)의 감로사에서 부처와 조사의 경계를 뛰어넘어 증득했다.

　　佛祖與山河　　　불조와 산하까지도
　　無口悉吞郤　　　한입에 모두 삼켜버렸다.

그 뒤에도 스님은 조주(趙州) 선사를 흠모하여 '무'자 화두를 붙잡았다.

화두를 입에 삼킬 수 없으니 쇠뭉치를 씹는 것 같았다. 그러나 그 화두를 일순간도 놓아 보지 않았다. 그것이 바로 '이뭐꼬'였다. 밤낮을 가리지 않고 '이뭐꼬'를 탐구한 어느 날 홀연히 대오를 이루었다.

趙州古佛老	조주 옛 늙은이가
坐斷千聖路	앉아서 천성(千聖)을 끊었소
吹毛覿面提	취모검을 얼굴에 들이댔으나
通身無孔竅	온몸엔 빈틈이 없네

狐兎絶潛蹤	여우와 토끼는 자취도 없고
翻身師子露	몸을 뒤집자 사자가 나타났네
打破牢關後	굳은 관문을 쳐부수니
淸風吹太古	맑은 바람이 태고에 부네.

그러던 어느 날이었다. 채중암(蔡中菴)이 태고 스님을 찾아왔다. 보우 스님과 중암이 몇 마디를 주고받았다. 그러나 예전 같지 않아 깜짝 놀란 중암은 감격해서 말했다.

"불법이 영험합니다."
그리고 중암은 몸을 곧추세우고 단도직입적으로 물었다.
"어디서 조주 선사를 보았습니까?"
"물결 앞이요, 물결 뒤이니라."

그 뒤 게송으로 답한다.

古澗寒泉水	옛 시내의 찬 샘물을
一口飮卽吐	한 입 마셨다가 곧 토하니
却流波波上	저 흐르는 물결 위에
趙州眉目露	조주의 면목이 드러났네.

게송을 듣고 중암은 오늘에야 비로소 참 조주의 면목을 보는 것 같다고 감격했다. 1339년 충숙왕 때였다. 당시 보우 스님은 30세였다. 그때 보우 스님은 소요산 백운암에 머물고 있을 때였다. 말솜씨와 재주가 뛰어난 중국의 무극(無極) 스님이 고려를 찾아온다. 그는 당시 가지고 있던 재주가 너무 뛰어나 사람이 아무도 당해낼 수 없었는데, 태고보우 스님과 맞닥뜨린 것이다. 여러 스님을 참방한 뒤 태고보우 스님과 무주 스님은 태고보우 스님을 보자마자 단박에 선기에 눌려 감복하여 말씀하였다.

"내가 본 바는 이것뿐입니다. 어찌 다른 뜻이 있겠습니까? 지금 원나라의 남방에는 임제의 정통 선맥이 끊어지지 않고 있습니다. 거기 가서 인가를 받으십시오. 아무개도 창도사(唱導師)라 하고 아무개는 본분의 작가(作家)라 하여 아무산에 있으면서 사람을 기다린 지 오래입니다. 그 작가란 이른바 임제의 직계이자 설암(雪巖)의 적손으로 석옥청공 등 몇 사람입니다."

무극은 보우 스님에게 말씀했다. "원나라 말기에 이르러서 선종의 쇠퇴기를 맞고 있었지만 아직도 임제의 선맥이 끊어지지 않았습니다. 스님께서 드넓은 세상으로 나아가 마음껏 선지를 펼쳐 보십시오. 지금 원나라에는 임제의 선통을 이어 온 석옥청공 선사가 있으니 그를 만나 보십시오"라고 간곡히 청을 했다.

덕암 스님은 "무극과의 만남은 태고보우에게 일대 혁명을 일으키게 했다. 왜냐하면 백운암에 종신할 생각이었는데 아직도 중국 땅에 임제의 선맥이 남아 있음을 듣고 그들과 법을 겨루어 보고 싶은 생각이 일어났기 때문이다"라고 말했다.

유창이 찬한 보우 국사의 《행장기》에 "보우 스님은 무극의 말을 듣고 기뻐하며 중국으로 구법여행을 떠나기로 마음을 먹었다"고 적고 있다.

그러나 스님의 원나라 구법행은 쉽게 이뤄지지 않았다. 구법행을 결심하고 5년이 지나서야 실현할 수 있었다. 보우 스님에게 우선 중국 구법행보다 더 급한 것이 있었다. 그것은 바로 고려 땅에서 점차 쇠퇴하고 있는 선풍을 일으키는 일이었다.

보우 스님이 소요산 백운암에서 한가롭게 보내고 있을 때 권문세가인 채하중(蔡河中), 김문귀(金文貴)가 스님의 사상을 흠모하여 삼각산(三角山) 중흥사(重興寺)에 스님을 맞아들여 법회를 열기로 하였다. 스님은 중국 구법행을 잠시 접어두고 우선 백천만인 중생들을 제도하는 것이 더 급하다고 여겨 이를 수락했다. 스님의 법문을 듣고자 전국에서 구름처럼 사람들이 모여들었다. 삼각산 중흥사에서 한 법문을 《태고록》은 이렇게 전하고 있다.

"옛날에도 이 문으로 나오지 않았고 오늘도 이 문으로 들어가지 않았으며 중간에도 머무는 곳이 없다. 대중은 어드메서 이 산승이 유희하는 것을 보는가?"
주장자를 한 번 내려치시고 한참 후에 말씀하셨다.
"북쪽 산마루에 핀 꽃은 비단처럼 붉은데, 앞 시내에 흐르는 물은 쪽빛같이 푸르구나"라고 설파하시고 주장자를 두 번 내리치셨다.

태고보우를 임제선맥의 계승자로 볼 때 일각에서는 고려 불교의 변방 인식이라며 후세 사람들에게 논란을 일으킬 수 있다고 했으나 태고보우의 입장은 달랐던 것 같다. 태고는 꺼져 가는 고려 불교계에 선이라는 새 바람을 일으키려 했다. 그것은 바로 석가의 선법이 달마 ─ 혜가 ─ 승찬 ─ 도신 ─ 홍인으로 이어지는 정통 조사선으로 계승되는 것이 절실했기 때문이다.

태고보우는 소요산 백운암에서 중국의 무극 스님으로부터 원나라에 아

직도 임제의 선법이 살아 있다는 말을 듣고 원나라에 들어가 자신의 견처
를 시험하고 싶었다. 그때가 지정 병숙년(1326)이었다. 스님의 나이 46
세 때였다.

[제3장]

중국 구법의 길

대도 영녕선사를 찾아

　지정 병숙년(1326) 46세 때 고려를 떠난 태고보우는 10만 리 구법의 길을 뱃길과 도보로 험난한 고행 끝에 1346년 봄 원나라의 수도 대도에 도착했다. 중국 땅을 처음 밟은 태고 스님은 처음 대관사에 머물렀다. 1996년 태고후학들이 스님의 자취를 좇아 베이징에 이른 것은 태고보우 스님이 그곳에 이르렀을 때처럼 무더위가 막 지나간 9월인데도 뜨거움은 가시지 않았다. 처음 베이징에 내린 뒤 곧 옛 대도에 있었던 대관사를 찾아갔다. 그러나 현재의 대관사는 폐허로 남아 옛 자취를 찾을 수 없었다.

　당시 태고보우가 대도를 찾았을 때 원대 불교(元代 佛敎)는 라마교 일색으로 선불교는 쇠퇴기를 맞이했을 때였다. 간신히 실낱같은 희망은 꺼지지 않고 살아 있는 임제의 선법이 후저우 지역에서 명맥을 이어갔을 뿐이었다. 대도에 머무른 지 얼마 되지 않아 보우 스님의 도가 높다는 소문이 원나라 전역에 퍼져 가 그 소문이 황제에게까지 알려졌다. 1326년 11월 24일 원나라 태자의 생일에 황실에서는 태자의 만수무강을 비는 법연을 베풀고 이 자리에 고려승인 태고보우 스님을 초청, 《반야경》을 설하게 했다.

　스님께서 거실(據室)에서 주장자(拄杖子)를 한 번 내려치면서 말씀하

태고보우가 석옥청공에게 법을 구하고자 들어갔던 원나라의 수도 대도 전경.

기를 "여기는 부처도 녹이고 조사(祖師)도 녹이는 큰 용광로[大爐爐]이고 생(生)도 단련하고 사(死)도 단련하는 무서운 겸추[惡鉗鎚]이어서 이 칼날에 부딪치는 이는 모두 간담(肝膽)이 서늘하고 얼이 빠진다. 그러니 노승(老僧)이 사정없다고 탓하지 말아라" 하고 주장자를 다시 내려치면서 말씀하시기를 "백천의 모든 부처가 여기에 오게 되면 모조리 얼음 녹듯 기왓장 무너지듯 할 것이다" 하고, 주장자를 다시 내려쳤다가 집어들면서 말씀하기를 "에잇! 고래가 바닷물을 다 마시니 산호(珊瑚)가지가 드러났네" 하였다.

전해 받은 가사[傳衣]를 집어 들면서 말씀하기를 "이 한 폭의 쇠가죽은 모든 조사의 혈맥(血脈)이 끊기지 않고 전해진 표신(標信)이다. 석가 늙은이[釋迦老子]가 49년 동안 300여 차례의 모임에서 수용(受用)하고도 다 없어지지 않아서 맨 나중에 영산회상(靈山會上)에서 금색의 늙은 두타[金色老頭陀]에게 전하여 주면서 이르기를 '대대(代代)로 서로 전하여 말세(末世)까지 전하여 끊어지지 않게 하여라' 한 것이 분명하고 분명하구나" 하고 또 금란가사를 집어들면서 말씀하기를 "이 금란가사가 어떻게 해서 왕궁(王宮)으로부터 나오게 되었을까, 이렇게 말한 것을 듣지 않았는가" 했다. 또 전해 받은 가사를 집어 들면서 말씀하기를 "이것은 부자(父子)사이에 친히 전해 주는 사사로운 물건이다" 하고 또 금란가사를 집어 들면서 말씀하기를 "이것은 왕궁에서 보내 온 공(公)적인 물건이다. 사사로운 것은 공적인 것에 앞설 수가 없기에 공적인 것을 먼저 하고 사사로운 것은 나중에 하겠다" 하고 곧 금란가사를 펴서 입고 한 끝을 집어 들면서 대중(大衆)을 불러 말씀하기를 "이것을 보느냐! 이것은 오늘날 영녕선사의 주지가 환희(歡喜)해서 받아 입을 뿐만 아니라 벌써 미진수(微塵數)와 항하사(恒河沙)수의 부처와 조사들을 전부 싸둘러서 입혔노라" 하고 할(喝)을 한 번 하였다.

또 전해 받은 가사를 집어 들면서 말씀하기를 "대중들은 이것을 증명(證明)하는가. 이것은 하무산에서 전해 가지고 온 무서운 물건이다" 하고 곧 팔에 걸쳤다.

법좌(法座)를 가리키면서 말씀하기를 "비로자나 부처〔毘盧那佛〕의 정수리 위에 한 길이 아주 분명하구나 대중들이여 이 길이 보이느냐" 하고 호제(胡梯)를 오르면서 말씀하기를 "하나, 둘, 셋, 넷, 다섯" 하였다. 법좌에 오르시어 향을 집어 들면서 말씀하기를 "이 향은 과거(過去)도 없고 미래(未來)도 없으면서 가만히 삼제(三際)에 통하였고 가운데도 아니고 바깥도 아니면서 훤칠히 시방(十方)에 트였구나. 이것을 받들어 대원(大元)황제의 만수무강(萬壽無疆)하기를 축수하노라. 원하는 바는 금륜(金輪)이 삼천대천세계(三千大千世界)를 통솔하고 옥엽(玉葉)이 억만년(億萬年)을 꽃다워지소서."

마침 이때 공민왕이 즉위하기 전 세자로 연경에 와 있었는데 그때 태고스님의 《반야경》을 설하는 자리에 있었다. 세자는 태고 스님이 설하는 설법과 권위에 감복하여 뒷날 자신이 왕이 되면 그를 국사·왕사로 섬기기로 결심했다고 한다.

남소산(南巢山)의 축원성 선사와
삼전어(三轉語)

태고보우 국사가 고려를 떠나 대도(大都) 연경(燕京)에 이른 시기는 1346년이었다. 일찍이 소요산 백운암에 있을 때 무극 스님으로부터 중국에 임제의 선법이 살아 있다는 말을 듣고 자신의 깨달음을 시험하고 싶었다. 그리고 7년 뒤 오늘의 베이징(北京)으로 들어갔다. 처음 대관사에 머

무르는 동안 남소산의 축원성 선사가 법이 높다는 말을 듣고 남소산으로 갔다. 몇 날 며칠을 걸어서 남소산에 이르렀지만 이미 축원성 선사는 세상을 떠났고 그 문인인 홍아종(弘我宗), 월동백(月東白) 선사와 맞닥뜨렸다. 그들은 태고 스님을 보더니 자신들의 스승인 축원성 선사가 주창한 삼전어(三轉語)라는 화두를 가지고 불꽃 튀는 선문답을 벌이기 시작했다. 먼저 홍아종과 월동백이 스

님에게 물었다.

첫째 "출가하여 도를 공부하는 것은 성품을 보기 위해서인가? 그 성품은 어디에 있는가?"

둘째 "3천리 밖에는 필시 그릇된 말을 할 수 있겠지만 마주보면서도 왜 모르는가?"

셋째 "(두 손을 펴 보이면서) 이것은 진리를 나타내는 제2구(句)이다. 제1구(句)를 내게 보여 봐라, 보여 봐"라고 일렀다.

그러자 태고 스님은 이에 게송으로 답했다.

坐斷古佛路	고불(古佛)의 길을 가지 않고
大開獅子吼	사자후와 같은 법문 크게 외친다기에
還他老南紹	이 남소(南巢)를 찾아 왔더니
手脚俱不露	솜씨를 전혀 드러내지 않네

不露也明如日	드러내지 않으나 해 같이 밝고
不隱也黑似漆	숨기지 않으나 옻칠 같이 검은데
我來適西歸	내가 오자 마침 서쪽으로 돌아갔나니
餘毒苦如蜜	남은 독기가 꿀처럼 쓰구나.

게송을 듣던 축원성의 문인 홍아종, 월동백 스님이 태고 스님에게 절을 하면서 말하였다.

"이 땅에 납자가 몇천 명이나 되지만 이 세 관문을 뛰어 넘은 사람은 일찍이 보지 못하였소. 장로(태고 스님)께서 비로소 우리 노화상(축원성)과 통하였습니다. 이곳에 머무르기 바랍니다."

그때 스님은 사양하면서 말하였다.

"내가 고려에서 멀리 원나라로 온 것은 어떤 사람을 보려고 온 것입니

《후저우 도량산지》.

다. 그 사람은 지금 어디에 있습니까?"

두 사람은 말하였다.

"스승께서는 강호의 눈이 오직 석옥에게 있다고 하였습니다."

홍아종, 월동백 등 축원성 문인들이 간곡히 머무를 것을 청하였으나 본래 스승을 찾기 위해 원나라에 온 뜻을 이루고자 후저우 하무산으로 석옥청공을 찾아 갔다.

2001년 봄 후저우에서 '후저우와 원대 선종과 선차문화 학술연토회'를 마치고 석옥청공과 인연 깊은 후저우 도량사를 찾았다. 그때 마침 《후저우 도량산지(胡洲 道揚山志)》가 편찬 중이었다. 태고보우와 석옥청공에 관련된 이야기가 《태고어록(太古語錄)》에 전해 오는데 그와 같은 사실을 아느냐고 필자가 물으니 《후저우 도량산지》 편찬자인 루우보천(羅伯仟) 거사는 눈이 번쩍 뜨이는 듯 《태고어록》을 보고 싶다고 말했다. 그 뒤 필자가 영인하여 《태고어록》을 보내 드렸고, 2003년 《후저우 도량산지》를 편찬했을 때 태고보우와 후저우의 석옥청공과 관련된 자료들 중 문인 유창이 쓴 남소산과 월동백에 얽힌 삼전어 법어를 수록했다. 그런데 《후저우 도량산지》 편찬자는 태고보우가 왜 축원성 선사를 찾게 되었는지를 궁금해 했다. 그 글 일부를 옮겨 보자.

한(漢) 땅의 대덕고승은 다 말할 수 없을 정도로 많은데 왜 일부러 남소에 가서 축원수성 선사를 찾았을까? 불교에서는 모든 일을 오직 '인연'으로 말한다. 태고 선사는 천석간(泉石間)에서 "도도 닦지 않고, 선도 참(參)하지 않는다〔道不修, 禪不參〕" 또한 "살 계책은 원래 위음왕불 앞에 있었다〔活計自有威音前〕"라는 뜻을 두고 있었다. 태고는 칙명으로 항저우(杭州) 서호(西湖) 묘과선사(妙果禪寺)에서 한 달간 머물고 남소에서 머물고 있던 고승대덕을 참알하려고 했다. 그러나 태고 선사가 남소에 이르렀을 때 축원 선사는 이미 얼마 전에 입적하였다. 직접 참알할 수 없었지만 태고 선사와 축원문인의 대화로 삼전어(三轉語)를 얻을 수 있었으며 또한 선종 역사상 아름다운 이야기를 만들었다.

（一）南巢山

行狀曰：「丁亥（一三四七年）四月，聞竺源盛禪師，在南巢，往則逝矣」。其門人弘我宗，以三轉語問師曰：「出家學道只圖見性，且道，性在什么處？」其二曰：『三千里外定蹩訛，對面因甚不相識？』又展二句曰：『此是第二句，還我第一句來』。太古若接而睨，若睨而應曰：『坐斷古佛路，大開獅子吼，還他老南巢，手脚俱不露，不露也黑似漆。我來適西歸，餘毒苦如蜜』。我宗、東白二禪師齊曰：『此方衲子幾千萬個，到此三關，總不奈何，長老始與老和尚〔竺源盛禪師〕相見也！」

漢地的大德高僧，多不枚舉，而偏偏要趕到南巢去找竺源水盛禪師呢？佛教凡事只講個〔緣〕字，太古禪師放意於泉石間，而『道不修、禪不參』。而『活計自有威音前』。太古要參謁，亦是敕旨杭州西湖妙果禪寺，住期一到謝院隱居南巢的山居大德高僧。但太古禪師至南巢，竺遠禪師剛示寂不久，未能親謁真參；但太古禪師與竺遠門人的對話，會得三轉語，也成爲禪宗史的一段佳話。

在叙太古禪師住錫的南巢道場前，先叙述一下竺遠禪師。禪師，安徽樂平范氏子，名水盛，字竺遠，號無住翁。年十七出家，自誓曰：『此生不能作佛，當墮無間獄』。受具足即遍參。初謁金陵蔣山月庭忠禪師，時孤舟濟

第五編 法侶法誼・法侶

一〇三

태고 선사가 주석한 남소도량에 대해 서술하기 전에 먼저 축원 선사를 서술하고자 한다. 선사는 안후이(安徽) 낙평범(樂平范)의 아들로 이름은 수성(水盛), 자는 축원(竺遠), 호는 무주옹(無住翁)이다. 17세에 출가하여 스스로 서원하여 말하길, "이 생애에 부처가 되지 못하면 무간지옥에 떨어지리라" 했다. 구족계 후 바로 널리 참알하였다. 처음에 금릉장산(金陵蔣山) 월정충(月庭忠) 선사를 알현하였다. 고주제(孤舟濟)가 수좌를 하고 있을 때 환산정응(皖山正凝)이 몽산덕이(蒙山德異)에게 한 법어로써 설법하였다. 오계를 살피며 고주가 말하였다. "몽산은 항상 말하였다. 재송도인(載松道人)이 두 가지 인연이 없이 나타나며 달마는 장례를 치렀지만 후에 다시 서쪽으로 돌아갔다. 과연 신통한가? 법이 이와 같다!" 선사가 말하길, "이 몸과 마음이 묘한 것이다." 고주가 말하길, "그렇지 않다! 어느 날 마땅히 스스로 알게 되는 것이다." 선사가 남소천녕(南巢天寧)으로 가서 무능(無能)을 만나자 선사가 말을 꺼내기도 전에 무능이 말하였다. "너는 그 뜻을 이해하지 못한다!" 선사가 홀연히 깨닫고 법을 얻어 임제(臨濟) 18세가 되었다. 그 법맥은 임제의현(臨濟義玄)에서 양기방회(楊岐方會)까지 이어졌고 양기방회에서 오조법연(五祖法演)으로 이어졌다. 오조 이하는 다음과 같이 전해졌다.

오조법연(五祖法演) → 개복도녕(開福道寧) → 대위선과(大潙善果) → 대홍조증(大洪祖證) → 월휴사관(月林師觀) → 죽암묘인(竹岩妙印) → 직옹 원(直翁 圓) → 무능 교(無能 敎) → 축원수성(竺源水盛) → 홍아종(弘我宗) → 월동백(月東白)

그는 천력(天歷) 2년 사사(巳巳, 1329) 칙령으로 서호 묘과사의 주지로 있다가 물러난 후 무위주(無爲州) 남소산으로 숨어 버렸다. 그 뒤 남소산에서 선풍을 드날리다가 지정(至正) 7년(1347) 여름 시적(示寂) 하였다. 세수는 73세.

남소산은 하상(夏商) 때 남소 땅, 주나라 때 소백국(巢伯國)이 되었다. 현재는 안후이성 소현(巢縣) 서남 80리에 위치하고 있다. 이름은 묵산(墨山)으로 계곡에 있는 돌을 갈면 먹〔墨〕과 같아 현재와 같이 불리게 되었다.

하무산을 찾아

태고보우는 원나라에 입성한 뒤 곧바로 하무산을 찾지 않았다. 3개월간 원나라를 방황하다가 무더운 7월에서야 후저우 하무산으로 석옥 선사를 찾아갔다.

그 뒤를 따라 한국에서 간 임제의 법손들이 하무산을 찾은 시기는 2006년 9월 9일이었다.

김지장이 구법한 구화산을 거쳐 베이징에서 항저우까지 연결된 경항대운하(京港大運河)를 바라보면 안개가 뒤덮인 성지이다. 하무산 천호암은 저장성 후저우시 서남 교외 258리의 해발 1,200m의 하무산 정상에 위치해 있다. 하무산으로 들어가는 진입로에 상보촌이 있고 정상 부근에 군사기밀창고가 있어 그 좌측에 폐허로 남은 천호암의 옛터가 자리하고 있다. 저장성 후저우시 여행국에서 가져온 지도에는 '산봉우리에서 멀리 태호(太湖)가 내려다 보이고 늘 안개가 끼어 있고 비가 자주 오므로 하우산 또는 하무산이라고도 한다'라고 설명되어 있다. 이름처럼 하무산은 마치 안개가 병풍처럼 흘러내리고 있다.

후저우 국제여행사와 후저우 여행국에서 안내를 맡은 박응걸 씨가 후저우시에서 구한 천호암에 대한 자료(저장성 후저우시 여행국에서 작성)를

후저우 하무산 가는 길.

태고는 이 길을 걸어 하무산을 찾아갔다.

펼쳐 보니 이렇게 적혀 있었다.

하무산은 후저우시 서남쪽 25km에 있고 해발은 1,200m 정도이다. 산봉우리에 호수가 있고 거기서 내려다보면 산이 물결처럼 흘러내리고 있다. 안개가 많고 비가 자주 와서 하우산(霞雨山) 또는 하무산(霞霧山)이라고도 하고, 후저우시에서 발간된 지도에는 하모산(霞募山)이라고 한다. 마치 안개가 병풍처럼 흘러내리고 있기 때문이다. 하무산이 유명하게 된 것은 이 산봉우리에 천호암(天湖庵)이 있는데 거기서 청공 큰스님이 나서 유명하게 되었다. 청공 스님은 원래 몸이 약한 가운데서 학문에 깊은 관심을 가지고 있었다. 원나라 때(1291) 천목산 고승 고봉원묘 스님의 제자가 되었다. 그뒤 보성지암스님에게 공부하고 나서 하무산과 인연이 되어 천호암을 짓고 오게 되었다. 천호암이란 암자는 산봉우리 호수에서 이름을 딴 것이고 그 옆에 연꽃처럼 생긴 바위가 있기 때문에 그 집을 석옥(石屋)이라 하게 되었다.

석옥 스님은 불교에 조예가 깊을 뿐 아니라 서예나 시문에도 깊은 이해

태고의 자취를 찾아 하무산을 찾은 태고법손들.

를 가지고 있는 분이었다. 후저우 환주사 주지 중봉명사 스님과 동문형제로서 불교에서 높이 존경받고 있는 스님들이었다. 또 화가 조맹부(趙孟頫)하고도 가까운 친구였다.

석옥 스님은 또 도장산 만수사 운암 스님과 용원가청 스님과도 가까운 친구다. 만수사는 선종 5찰 중 제2의 거찰이 었다. 운암가창 스님과 같이 임제종의 큰스님들이다.

구화산은 신라에서 건너간 구법승 김지장이 머문 곳으로, 그가 신라에서 휴대하고 간 명차 금지차의 향기가 물씬 풍기는 곳이다. 석옥의 자취를 찾아 하무차(霞霧茶)의 본고장 하무산을 찾은 것은 9월 9일이었다. 안덕암(전 태고종 종정) 스님을 단장으로 한국 불교의 큰 스승인 태고보우가 걸었던 '구도의 길' 답사에 올랐다.

답사팀 일행은 태고보우 선사가 걸었던 그 길을 따라 오나라 때 2만km에 달했던 베이징에서 후저우시까지 연결된 경항대운하를 멀리서 바라보며 안개가 뒤덮인 상하이를 출발한 지 4시간 만에 후저우시에 도착했다.

먼저 후저우시 시내의 서점에 들러 후저우시 지도를 구해 왔다. 지도를 펼쳐 보니 하막산이 나왔다. 그 산은 원나라 시기 하무산이었는데 지금은 하막산으로 바뀐 사실을 알았다. 하무산은 후저우시 서남쪽 25km에 있었

1996년 하무산을 찾았을 때 모습. 지금은 허물어져 버렸다.

고 하보촌(下保村)에서 20분 거리에 있었다. 후저우시 시내에 있는 금교
호텔에서 11시 30분에 택시 6대를 동원하여 23명이 천호암으로 향했다.

하무산을 찾아가는 길은 길고도 멀었다. 하무산은 사구산과 마주보고
있으며 10여 년 전에 샘을 막아 만든 천호호수가 있다고 했다. 천호암으
로 가는 길은 우리네 농촌과 너무나 흡사한 풍경이었다. 길가에는 대나
무, 오동나무, 감나무가 있고 전답이 있는데 특히 논농사가 잘 되고 있었
다. 도로변에는 항저우에서 장신까지 가는 기차 철로가 있었다. 홍매이발
소(紅梅理髮所)가 있는 마을에서 오른쪽으로 기차 철로를 넘어가니 대나
무 숲속에 작은 마을들이 두세 개 나타났다. 마을은 상당히 부유하게 보
였다. 만약 버스가 온다면 여기까지는 간신히 들어올 것 같았다. 나중에
알고 보니 그곳이 하보촌이었다. 이 깊은 산골까지 도로가 이 정도 나 있
는 것은 천호암 부근에 군사기밀창고가 있기 때문이었다. 그래서 그 쪽을
향해서는 사진촬영을 하지 말라고 택시기사 서중경(당시 38세) 씨가 부
탁했다.

하무산 중턱에 이르니 뿌연 운무 사이로 햇빛이 눈부시게 빛났다. 그 사이로 30분간 숨가쁜 산골길을 돌고 돌아 올라가니 '문예창조 개발진흥'이란 붉은 글씨가 쓰여있는 건물 3동이 나타났다. 우리는 이곳에 차를 세워 놓고 오솔길로 1km쯤 갔다. 문화혁명 때 파괴된 절터 주변에는 주초석과 와당 등이 널려 있었고 명대의 건물이라는 흙집 한 채와 새로 지었다는 집 2채가 있었다. 한 우리 안에 3동의 집이 있고 차밭과 전답이 평화롭게 가꾸어져 있었다. 마당에는 부추, 배추가 심어져 있었다. 특별히 귀한 손님들이 온다고 하여 마을사람들이 돕기 위해 5, 6명 올라왔다고 한다. 사람이 사는 안채로 들어가 보니 방은 없고 평상 위에서 중국인 왕시아이치엔(王小犬) 씨가 홀로 살고 있었다. 천호암지는 이곳에서 24세 때부터 농사를 지으며 살았다는 그가 지키고 있었다. 왕시아이치엔 씨는 "이곳이 천호암지인지는 모르지만 절이 있었던 것은 확실하다. 문화혁명 때 파괴되어 버렸다"며 "내가 왔을 때 흙으로 지은 토담집이 남아 있었는데 그 집이 아직도 있으며 이 집 주변에 연꽃 무늬와 절 유물들이 흩어져 있다"고 했다. 몇 백 년 전부터 있는 그대로 사용해 왔다는 돌벽에 흙을 바른 집이다. 그 집 앞에 작은 돌들이 있는데 그것이 산문의 주춧돌이라고 66세 된 왕시아이치엔 씨가 설명했다.

문화혁명 전에는 이곳에 작은 절이 있었으나 혁명 후에 없어졌다고 한다. 13년 전에 다시 절터에 돌담집을 지었는데 그 집은 여섯 칸 겹집 정도로 제법 커 보였다. 집안에는 작은 불상 3구가 놓여 있어 우리가 삼귀의 반야심경을 하고 불전을 놓으니 왕 씨는 눈물을 흘리며 크게 흐느꼈다. 그 집 앞에는 작은 도랑이 흐르고 있었고 고기들이 놀고 있는 모습이 보였다. 우리가 걸어가는 길바닥에 연꽃무늬의 대석 두 개가 있었는데 이것은 법당 터에 있던 것을 가져 왔다고 한다. 우리가 그것을 들어올려 사진을 찍으니 그러한 것들이 20개가 넘게 있다고 왕시아이치엔 씨가 말했다. 집 뒤에는 우물이 하나 있었다. 몇백 년이 가도 불어나지 않고 줄어들지

도 않는다 하였다. 지금은 오리들이 놀고 빨래를 하여 더러워졌으나 옛날에는 깨끗했다고 한다.

마을사람들은 이곳이 천호암이 분명하다며, 이곳에서 직접 재배한 차를 끓여 대접하였는데 맛이 매우 좋았다. 석옥 스님도 제자 몇 사람들과 함께 농사를 지으면서 이렇게 살았을 것 같다.

집 밑으로 내려가니 제법 큰 못이 있었다. 이것이 천호인가 저것이 천호인가 확실히 알 수는 없지만 어찌됐든 산봉우리에서 물이 난다고 하는 것은 희한한 일이었다. 다시 오솔길을 따라 300m쯤 내려가니 산문 중턱에 거북이형 바위가 있었다. 그것을 혹 연꽃바위라 부르기도 한다고 하였다. 아랫마을 골짜기에는 74년도에 만들었다고 하는 큰 저수지가 있다. 자연의 위치는 시에서 준 자료와 거의 일치하였다. 그러나 아직 그 절터가 천호암인지는 확인할 자료가 없다. 100살 먹은 노인 일곱 명만 앉혀 놓으면 700년이 된다고 하지만 오랜 세월의 역사는 고고학적 자료가 없이는 증명이 불가능하기 때문이다.

중국이 차의 원산지가 된 것은 기후적 특성 때문인 것 같다. 구화산에서부터 저장성 후저우시에 이르기까지 운무가 가득했다. 특히 천호암을 찾은 날에는 안개가 너무 많아 앞을 분간할 수 없을 정도였다. 우리가 절 입구에 도착하니 3동의 집이 있었다. 집의 담벽에 붉은 페인트로 '단결, 창조, 개척, 진흥'이라는 글씨가 써 있었다. 3동의 건물은 문화혁명 당시 절을 파괴하는 와중에 통신시설로 사용했던 곳이라고 한다. 다행히 숲속 깊숙이 있는 천호암은 파괴되지 않았다고 한다.

천호암지로 추정되는 일주문에서 약 20분 정도 들어가니 멀리 천호호수(약 10년 전 댐을 막았다고 전함)가 보이고 1만 평의 분지에 차밭과 논밭, 과수원 등이 일행을 반겼다.

천호암에 동행했던 안경우 법사(영주 안양원 원장)가 왕 노인이 내놓은 차맛을 보고 그 맛을 잊을 수 없어 귀국한 뒤 〈하무산 유감〉이라는 시와 석옥과 태고의 차시 두 편을 보내왔다

태고 국사 유적 하무산 천호암 유감(太古國師遺跡霞霧山天湖庵有感)

山頭雲霧岡然收	산머리 구름안개 자욱하던 날
縱步湖邊取次遊	천호암 마당에서 전설 듣노라
未見太師眞足跡	태고 스님 발자취는 확실찮아도
唯看天井洞天流	천호정 샘물만은 흐르고 있네.

석옥과 태고의 차의 만남

禪風石屋海東興	석옥 화상 큰 선풍은 해동에 일고
盡飮燕京太古茶	태고 국사 심은 차맛 중국이 차지
感祝一行崔錫煥社長	동행했던 최석환 사장님 감사합니다
春秋萬發菩提花	역사밭에 사시춘추(四時春秋) 보리꽃 만발.

하무산에서 만난 왕 노인

옛 천호암은 하무산 정상 2만여 평의 분지에 자리 잡고 있다. 천호암 옛 터에는 차나무가 자라고 그 뿌리에서 순이 나 지금은 하무산에 군락을 이루고 있으며 왕시아이치엔(王小犬) 씨가 가꾸고 있었다.

왕 노인은 우리의 방문이 고려 때 태고보우 국사를 만난 것 이상으로 기쁘다며 하무산을 찾은 한국인은 자신이 여기서 살아온 이래 처음이라고 너무나 기뻐했다. 왕 노인은 부엌으로 들어가 자신이 직접 재배한 하무산의 하무차를 달여 가지고 나왔

하무차밭을 일구며 살아간 왕시아이치엔 노인.

다. 5천 평에 이르는 하무차밭은 후저우시에서도 그 맛이 뛰어나다고 소문이 나 있다. 덕암 스님은 왕 노인이 내놓은 차 한 잔을 음미한 뒤 왕 노인에게 이렇게 물었다.

"왕 노인! 조주의 차맛을 아시는지요?"

왕 노인이 답했다.

"조주의 차맛은 잘 모르나, 하무차맛은 중국차의 원형이나 다름없지요."

덕암 스님이 답했다.

"하무산에서 하무차를 음미해 보니 태고 스님이 그 먼 10만 리 구도길을 걸어 천호암의 석옥 스님이 내놓은 하무차를 한 모금 드신 뒤 자신의 견성을 확인하고자 했던 그 의미를 알겠습니다."

왕 노인은 덕암 스님의 말을 듣고 있었다.

"당시 태고 스님이 석옥 스님을 뵈었을 때도 오늘과 같이 하무산에 운무가 가득했고 노을 속에 도인의 풍채는 늠름하였을 것이고 태고 스님은 위의를 갖추고 석옥 스님을 바라보았을 것입니다. 석옥 스님은 태고 스님에게 차 한 잔을 내놓고는 '고려에서 여기까지 먼 길 오느라 목이 마를 터이니 차나 한 잔 들게나' 하였지요. 그래서 권하는 차 한 잔을 들고 있으려니 석옥 화상은 '선과 차가 둘이 아니라 하나라는 조주 스님의 일깨움을 우리는 알아야 하네'라고 태고에게 일깨워주셨지요."

왕 노인이 말했다.

"원래 차를 말할 때 조주의 '끽다거'가 먼저 떠오릅니다. 그러나 정중무상의 '선차지법'을 시원으로 원오극근의 '다선일미', 백운수단의 '화경청적'을 거쳐 원나라의 고승 석옥 스님이 다선일치를 들고 나오면서 뜨겁게 타올랐습니다. 내가 일하면서 농사짓는 풍습도 천호암의 노승들에 의해 전승되어 온 풍습을 그대로 따르고 있습니다."

덕암 스님은 왕 노인이 끓여준 차를 음미하면서 다음과 같이 말했다.

하무산 정상에서 바라본 천호샘.

"차맛이 참 좋습니다."

왕 노인이 답했다.

"천호암 노승들이 달여 마시던 그 다법 그대로 끓인 것입니다."

석옥차의 고향 하무산에서 마시는 차에서는 마치 석옥이 태고보우에게 권했던 그 차의 향기가 풍기는 듯했다.

왕 노인은 일행을 법당지의 연화석이 있는 곳으로 안내했다. 이 연화좌 대는 문화혁명 전까지 절에 쓰이던 주초석인데 문화혁명 때 파괴되었던 것이라며 문화혁명 당시에 살았던 촌로들에게 듣게 되었다고 했다.

이웃마을에 사는 육근주 할머니가 마침 왕 노인의 일을 도와주러 왔다. 왕 노인이 혼자 살고 있으므로 가끔 이웃마을에서 도와준다고 했다.

육 씨의 손에 이끌려 천호샘에 이르렀을 때 그는 말문을 연다. "이 샘물 은 아무리 가물어도 물이 마르지 않았습니다. 더욱이 이 샘물로 차를 달 여 마시면 맛이 일품입니다."

석옥 스님의 〈천호가〉는 육근주 할머니의 증언과 정확히 맞아 떨어졌다.

왕 노인은 필자 일행을 다시 거북바위로 안내했다. 거북바위는 하무산 천호암지에서 약 300m를 더 가야만 있다. 마을 사람들은 거북바위를 연꽃바위라고도 불렀다. 우뚝 솟은 바위를 하무산에서 아랫마을로 가는 중간 지점에서 차를 세우고 바라보니 완연히 연꽃바위 같이 보였다. 74년에 만든 저수지와 마주보고 있었다.

후저우시 여행국의 자료에 따르면 천호암이란 암자는 산봉우리 호수에서 이름을 딴 것이고 그 옆에 연꽃처럼 생긴 바위가 있어 그 집을 석옥(石屋)이라 했다고 한다. 그러나 정확한 금석문이 없어 이곳이 천호암인지는 알 수 없었고 다만 심증만 갈 뿐이었다.

〈석옥선사비문〉에 나오는 쌍탑이 있다는 사실을 확인하기 위해 천호암 주변을 샅샅이 살펴보았지만 쌍탑은 찾을 수 없었다.

석옥 스님은 〈천호암〉이라는 시에서 천호암의 아름다움을 적절히 노래했다.

菴住霞峰最上頭	암자가 하무산(霞霧山) 꼭대기에 있어서
巖崖巉嶮少人遊	벼랑이 험하고 높아 사람들이 적게 온다네
擔柴出市靑苔滑	땔나무를 지고 저자에 나가자니
	푸른 이끼가 미끄럽고
負米登山白汗流	쌀을 지고 산에 오르려니 구슬땀이 나는구나
口體無厭宜節儉	입과 몸에 싫어함이 없으니
	마땅히 절약 검소하며
光陰有限莫貪求	세월에 끝이 있으니 욕심 내어 구하지 말게나
老僧不是閒忉怛	이 늙은 중은 한가롭게 근심하고
	슬퍼하지 않으니
只要諸人放下休	다만 사람들에게 내려놓고 쉬기를 바란다네.

답사한 천호암을 살피니 석옥 선사가 그린 시와 너무나 흡사하다. 실제로 천호암은 하무산 정상 인적 드문 벼랑 위에 자리잡고 있다.

아랫마을로 내려와 상보촌에서 살아가고 있는 오양뉘(莫央女) 씨 외 20여 명의 마을 촌농들을 만났다. 듣자하니 이 마을은 농사뿐만 아니라 섬유공장과 양피로 부유해졌다고 한다. 마을의 촌로들은 윗마을이 바로 옛 하무산이었는데 지금은 하막산으로 바뀌었다고 말했다.

금린이 고려로 간다

700년 전 태고보우는 원나라 수도 대도에서 머무는 동안 영녕사에서 개당설법을 하는 등 원 황제의 극진한 예우를 받았다. 그러나 태고는 그에 만족할 수 없었다. 자신이 원나라에 온 목적은 원나라에 임제의 법이 꺼지지 않고 이어지고 있다는 무극 스님의 말이 잊혀지지 않았기 때문이었다. 그는 법이 높다는 축원성 선사를 만나기 위해 남소산으로 갔지만 축원성 선사는 이미 세상을 떠났고 그의 문인인 홍아종, 월동백과 마주쳤다. 축원성 선사의 삼전어를 가지고 태고와 법담을 겨루었는데 태고가 예사롭지 않자 그들은 강호의 눈이 오직 석옥에게 있다는 말을 태고에게 전하였다. 뜨거운 여름인데도 태고는 지체할 수 없어 대도를 떠나 후저우로 찾아갔다. 그때가 7월이었다. 원나라에 머문 지 3개월 만에 하무산을 찾은 태고보우는 머나먼 길을 걸어서 곧바로 후저우에 위치한 천호암을 찾아 석옥청공과 맞닥뜨렸다.

첫눈에 석옥을 보는 순간 도인의 풍모를 지니고 있음을 알고 위의를 갖추어 인사를 올리니 석옥은 눈을 들어 태고를 바라보았고 스님도 마주보며 예를 다하고 물러났다.

이튿날 다시 방장실로 나아가 자신의 깨달은 바를 적은 〈태고암가〉를

하무산에서 차밭을 경작하고 있는 왕시아이치엔 노인(왼쪽으로 두 번째)이 끓여 준 차를 마시는 덕암 스님
(왼쪽 첫 번째) 일행.

석옥 스님에게 올렸다.

태고보우가 준 〈태고암가〉를 천천히 읽어 내리던 석옥은 놀라는 기색이
역력했다. 〈태고암가〉는 다음과 같다.

吾住此庵吾莫識	내 이 암자에 살지만 나도 잘 몰라
深深密密無壅塞	깊고 깊고 은밀해 옹색함 없다
函蓋乾坤沒向背	하늘 땅 모두 가두었으니 앞뒤가 없고
不住東西與南北	동서남북 어디라도 머물지 않네
珠樓玉殿未爲對	구슬 누각, 백옥 전각도 비길 바 아니고
少室風規亦不式	소실(少室; 소림사)의 풍모도 본받지 않는다
爍破八萬四千門	8만 4천 문을 부수니
那邊雲外靑山碧	저쪽 구름 밖에 청산이 푸르다

山上白雲白又白	산 위의 흰구름은 희고 또 희며
山中流泉滴又滴	산속의 샘물은 흐르고 또 흐른다
誰人解看白雲容	흰 구름 저 모습 이해할 이 그 누구
晴雨有時如電擊	개이다 비 오며, 때때로 번개치듯 하는데
誰人解聽此泉聲	이 샘물 소리를 이해할 이 그 누구
千回萬轉流不息	천구비 만구비 쉬지 않고 흐른다
念未生時早是訛	생각이 일기 전이라도 이미 그르쳤거니
更擬開口成狼藉	게다가 입까지 열면 난잡하기만
經霜經雨幾春秋	봄비 가을 서리 몇 해를 지났나
有甚閑事知今日	그저 그런 일이었음을 오늘에야 알았네
麤也飱細也飱	거칠어도 밥이요, 고와도 밥이니
任伸人人取次喫	누구나 그런대로 먹도록 놔두네
雲門胡餅趙州茶	운문의 호떡, 조주의 차라 해도
何似庵中無味食	이 암자의 맛 없는 음식만 하랴
本來如此舊家風	본래부터 이러함이 옛 가풍이거늘
誰敢與君論奇特	누가 감히 그대에게 대단하다 말할 건가
一毫端上太古庵	한 터럭 끝의 이 태고암
寬非寬兮窄非窄	넓다 해서 넓지 않고, 좁다 해서 좁지 않다
重重刹土箇中藏	겹겹 세계들이 그 안에 숨어 있고
過量機路衝天直	뛰어난 기를 길이 하늘까지 닿았다
三世如來都不會	삼세의 부처님도 전혀 알지 못하고
歷代祖師出不得	역대의 조사들도 이내 벗어나지 못하네

愚愚訥訥主人公	어리석고 아둔한 주인공은
倒行逆施無軌則	거꾸로 걷고 거슬러 법칙 없지만
着那青州破布杉	청주의 해진 베 장삼 입고
藤蘿影裏倚絶壁	덩굴 그늘 속 절벽에 기대었다
眼前無法亦無人	눈앞에는 법도 없고 사람도 없어
日暮空對青山色	아침, 저녁 부질없이 푸른 산 빛만 마주하다

兀然無事歌此曲	바로 앉아 일 없이 이 노래 부르나니
西來音韻愈端的	서쪽에서 온 음률이 더욱 분명하여라
徧界有誰同唱和	온 세계 누가 있어 이 노래 화답하리
靈山少室謾相拍	영산과 소실에서는 부질없이 박자 맞추다
誰將太古沒絃琴	그 어느 누가 태고적의 줄 없는
	거문고를 가져 와서
應此今時無孔笛	지금 이 구멍 없는 피리에 화답하리

君不見	그대 보지 못했나
太古庵中太古事	태고암의 태고적 일을
只逗如今明歷歷	항시 이렇듯, 지금도 밝고 분명한데
百千三昧在其中	백천의 삼매가 그 가운데 있어서
利物應緣常寂寂	사물을 이롭게 하고
	인연에 응하면서도 항상 고요하네
此菴非但老僧居	이 암자는 이 노승만 사는 곳이 아니라
塵沙佛祖同風格	티끌 모래 수 불조들과 풍격을 같이한다

決定説君莫疑	결정코 말하노니, 그대는 의심치 말라
智亦難知識莫測	지혜로도 알기 어렵고

지식으로도 헤아릴 수 없다네

回光返照尙茫茫　　　 빛을 돌이켜 비추어 보아도 더더욱 아득하고
直下承當猶帶跡　　　 당장 그대로 알았다 해도 자취에 또 막히고
進問如何還大錯　　　 그 까닭 물어도 오히려 크게 어긋나니
如如不動如頑石　　　 굳은 돌처럼 여여히 부동함이 당연

放下着莫妄想　　　　 집착 말고 망령된 상념 갖지 말라
卽是如來大圓覺　　　 그것이 바로 여래의 크고 원만한 깨달음이니
歷劫何曾出門戶　　　 오랜 겁(劫) 지나더라도
　　　　　　　　　　　 이 문을 어찌 벗어나랴만
暫時落泊今時路　　　 잠시 잘못으로 이 길에 떨어져 머물고 있네

此菴本非太古名　　　 이 암자는 본래 태고라는 이름이 아닌데
乃因今日云太古　　　 오늘이 있으므로 태고라 하네
一中一切多中一　　　 하나 속의 모두이며 많음 속의 하나이다
一不得中常了了　　　 하나라 해도 맞지 않되 항상 분명하여라

能其方亦其圓　　　　 모날 수도 있고 둥글 수도 있으니
隨流轉處悉幽玄　　　 흐름따라 변하는 곳마다 모두 현묘하다
君若問我山中境　　　 그대 만일 나에게 산중 경계 물으면
松風蕭瑟月滿川　　　 솔바람 시원하고
　　　　　　　　　　　 달은 시냇물에 가득 찼다 하지

道不修禪不參　　　　 도도 닦지 않고 참선도 하지 않고
水沈燒盡爐無煙　　　 침수향(沈水香)은 다 타고
　　　　　　　　　　　 향로에는 연기 없다

| 但伊騰騰恁過 | 그저 이렇듯 임의대로 지나거니 |
| 何用區區求其然 | 무엇하러 구차하게 까닭을 캐물으랴 |

徹骨清兮徹骨貧	뼛 속에 사무치고 사무친 청빈함이여
活計自有威音前	살아갈 계책은 원래 위음왕불전에 있었네
閑來浩唱太古歌	한가하면 태고가를 소리 높여 부르며
倒騎鐵牛遊人天	무쇠 소 거꾸로 타고 인간 천상 노니네

兒童觸目盡伎倆	아이들 눈에는 모두가 광대놀이로 보여
曳轉不得徒勞眼皮穿	이러저러 끌어 보나 부질없이
	눈시울만 수고스럽네
菴中醜拙只如許	이 암자의 치졸함은 그저 이러하니
可知何必更重宣	알겠다, 더 말할 필요 없음을
舞罷三臺歸去後	춤을 그치고 삼대(三臺)로 돌아간 뒤에는
青山依舊對林泉	푸른 산은 여전히 샘과 수풀 마주하네.

석옥 화상은 〈태고암가〉를 읽은 뒤 태고를 시험하기 시작했다.

"그대는 이미 이러한 경지를 지났지만 다시 조사의 관문이 있는 것을
아십니까?"

"어떠한 관문이 더 있습니까?"

석옥 화상이 말하길 "그대가 증득한 것을 보니 공부가 바르고 지견이
분명하오. 다만 이것을 하나도 빠짐없이 놓아 버려야 하오. 그렇지 않으
면 이것이 장애가 되어 바른 지견을 갖기 어렵습니다."

"놓아 버린 지 오래입니다."

"그렇다면 오늘은 이만 쉽시다."

다음날 스님은 또 위의를 갖추고 나아가서 석옥 화상과 문답을 주고받았다.

"부처와 조사들께서는 오직 한마음을 전했으니 다른 법이 따로 없소."

하고는 마조 스님이 한 스님을 시켜 대매법상(大梅法常) 선사와 얽힌 인연을 들어 말했다.

"조그마한 빛이라도 있으면 그것을 진실이라 생각하는 이를 빛의 그림자에 살 길을 찾는 이들이라 하오. 그러므로 옛날 조사들은 이런 사람의 병을 보고 어찌할 수 없어 멀쩡한 데로 관문을 만들어 놓고 결박이라 한 것이오. 그러나 진실로 투철한 사람에게는 그것은 다 쓸데없는 물건이오. 그런데 어떻게 혼자서 그처럼 분명하게 갈림길을 가려내겠소."

태고 스님이 말했다.

"부처님과 조사님이 가르치신 방편을 구비하고 있었기 때문입니다."

석옥 화상이 말했다.

"참으로 장하고 숙세(宿世)에 심은 바른 인연이 아니었으면 삿된 그물을 벗어나지 못했을 것이오."

순간 태고 스님은 석옥 화상에게 진정한 스승의 예를 갖추고 말씀을 올렸다.

"선지식이란 여러 겁을 지나도 만나기 어렵습니다. 결코 곁을 떠나지 않겠습니다."

그 뒤부터 태고 스님은 석옥 화상을 시봉하면서 천호암에서 수행하였다.

그런데 어느 날 석옥 화상이 〈태고암가〉의 발문을 써 주었다. 발문을 살펴보면 다음과 같다.

고려 남경에 있는 중흥 만수선사의 장로로서 이름은 보우요, 호는 태고라는 분이 전에 일찍이 한가지 큰 일을 위해서 뜻을 세우고 온갖 어려움을 극복하며 공부를 하였다. 소견이 투철하여서 뜻이나 생각함이 벗어났으니 말과 형사에 구애되지 않는다 하겠다.

그가 깊숙이 숨어 있으려 하여, 삼각산 밑에 암자를 짓고 자기의 호를 따라서 절 이름을 '태고'라 하였다. 도를 가지고 유유히 살아서 천석(泉石) 사이에 마음을 두었고, 〈태고가(太古歌)〉 1편을 지었다〔高麗 南京 重興 萬壽禪寺 長老 諱普愚 號太古 向曾爲此 一段大事 立志去 下苦硬工夫來 見處透脫 絶意路 出思惟 非言像之所能拘 欲潛隱 遂結菴寺之三角山以自 號 扁其菴 亦名太古 以道自適 放意於泉石間 述太古歌一章〕.

先有此菴	이 암자가 먼저 있고
方有世界	세계가 생겼으니
世界壞時	세계가 무너질지라도
此菴不壞	이 암자는 무너지지 않으리
菴中主人	암자 속의 주인공은
無在不在	있지 않은 데가 없어
月照長空	큰 허공에 달 비추듯
風生萬籟	바람은 온갖 소리를 내네.

병술년(충목왕 2년) 봄에 본국을 떠나 원나라 서울까지 왔다가 도로(道路)의 괴로움을 꺼리지 않고 나를 찾아서 정해년(충목왕 3년) 7월에 나의 암자를 방문하여 주어서 적막(寂寞)한 것을 서로 잊게 되었다. 반달 동안 도를 이야기하고 지내면서 그의 동정이 안상(安詳)함을 보고 그의 언어가 착실함을 들었다.

그가 이별하기 직전에 지었던 〈태고암가〉를 내 보이기에 내가 청명한

창 앞에서 펴 보니 늙은 눈이 새삼 밝아지는 듯하다.

그의 가사는 외우기가 순순(淳淳)하고 그의 글귀는 맛보기가 조용하면서 말쑥하여서 참으로 공겁(空劫) 이전의 소식을 얻은 것으로서 요사이 첨신(尖新) 퇴정(堆釘)한 이들과는 비교할 것이 아니니 태고의 명칭이 틀림이 없다 하겠다.

내가 오랫동안 수응(酬應)하는 것을 끊었으나 이제 관성자(管城子)가 홀연히 움직이기에, 나도 모르는 사이에 이 책의 끝머리에 몇 자 적었다. 이것을 다시 가사로 쓰노라. 76세 때 쓴다. 지정 7년 정해 8월 초하룻날 후저우 하무산 석옥 노납(石屋老衲)〔丙戌春 出鄕 至大都 不憚路途勞役 尋跡而來 丁亥七月 到余山石菴 寂寞相忘 道話半月 觀其動靜安詳 聽其言語諦實 將別前 出示向者所作太古歌 余乃淸窓展翫老眼增明 誦其歌也淳厚 味其句也閑湛 眞得空劫已前消息 非今時尖新堆釘者 而可方比 則太古之名 不謬也 余久絶酬應 管城子忽焉蹉跎 不覺 書于紙尾 復爲訶曰 至正七年 丁亥八月旦日 湖州 霞霧山居 石屋老衲七十六歲書〕.

다시 석옥 화상은 태고보우를 시험하기 시작했다.

"우두 스님이 사조를 만나기 전에 무엇 때문에 온갖 새들이 꽃을 입에 물고 왔던가."

"부귀하면 사람들이 다 우러러보기 때문입니다."

"사조(四祖)를 만난 뒤에는 무엇 때문에 입에 꽃을 문 새들을 찾아볼 수 없었던가?"

"가난하면 아들도 멀어지기 때문입니다."

"공겁(空劫) 이전에도 태고(太古)가 있었던가, 없었던가?"

"허공이 태고 가운데서 생겼습니다."

석옥 화상은 미소를 지으며 "불법이 동방으로 가는구나" 하고 다시 가사를 주어 신(信)을 표하며 말하였다.

"이 가사는 오늘 전하지만 법은 영산(靈山)으로부터 지금까지 내려온 것이오. 이제 그대에게 전해 주니 잘 보호하여서 법맥이 끊어지지 않게 하시오."

또 주장자를 집어 들면서 부탁하기를, "이것은 노승이 평생 지니던 것이오. 오늘 그대에게 주니 그대는 이것으로 길잡이를 삼으시오."

태고 스님은 절하고 주장자를 받은 뒤에 물러섰다.

이로써 태고는 석옥의 법맥을 이어 임제종의 법맥을 계승했다.

석옥청공의 비문에도 태고보우 스님을 가리켜 친히 석옥의 종지(宗旨)를 얻었다고 말한 뒤, 게송을 설하여 인가하였다. '금린이 곧은 낚시에 올라온다〔錦鱗上直鉤〕'라는 시구를 전해 주었다.

석옥청공 선사가 고려의
첫 번째 제자로 인가한 태고보우

　고려의 태고보우 국사를 첫 제자로 받아들인 석옥의 속성은 온씨이며
송나라 함순(咸淳) 8년인 1272년에 태어났다. 어려서 숭복사에서 불법을
공부한 뒤 급암 선사를 모시고 6년간 시봉하다가 법맥을 전수 받았다. 급
암 선사는 그에게 "법해(法海)의 그물을 던져 잡은 금린"이라고 칭찬했
다. 여기서 우리의 눈을 번쩍 뜨이게 만드는 장면이 금린이다. 석옥청공
선사가 태고보우를 인가하면서 "금린이 곧은 낚시에 올라온다"고 일렀다.
이것으로 보아 석옥은 스승 급암에게 받은 게송을 태고에게 전수하여 법
을 해동(한국)으로 전했다고 볼 수 있겠다.

　석옥이 세상에 빛으로 다가선 것은 고려 말기 태고와 백운의 인연으로
부터 비롯되었고 그 후 근래에 밝혀지게 된 것은 저장성 후저우의 〈후저
우신문〉에 석옥청공의 일화가 소개되면서부터였다. 그리고 한류 바람을
타고 석옥은 단번에 한류 다도의 중심적 인물로 떠올랐다. 내로라하는 중
국의 차 학자 커우단(寇丹) 선생과 필자가 2004년 8월 말 후저우에서 만
나 후저우차에 대한 진지한 이야기를 나누면서 석옥청공이 전면에 부각
되기 시작했다. 그를 만나자 진지한 법거량이 시작되었다. "참, 석옥은 후
저우인 아닌가요?"라고 질문을 던졌다. 그러자 커우단 선생은 능숙한 말

석옥이 태고에게 게송으로 인가한 금린을 상징하는 그물망.

솜씨로 "나도 하막산(霞幕山)에 간 적이 있지요", "그렇다면 석옥이 손수 가꾼 차나무를 아십니까?", "750년 된 차나무를 어찌 알겠습니까"라고 답한 뒤 커우단 선생과 필자 두 사람은 한·중 차문화 발전을 모색하자고 다짐했다. 그 뒤에 나온 것이 중국에서 출간된 석옥과 태고보우의 어록이었다. 석옥과 태고보우 어록 뒤에 부록으로 석옥을 통해 본 그간의 〈한·중 차문화 교류사〉를 실었다. 이 책이 2005년 허베이성 백림선사에서 개최된 '천하조주선차문화교류대회'에 배포되어 차계를 신선한 충격에 휩싸이게 한 바 있다. 석옥청공의 법맥을 고려로 이어간 또 다른 제자는 백운경한 선사였다. 그는 《직지심체요절》로 세상에 널리 알려진 고승이다.

向上機關何足道	향상의 수단은 말할 것이 없네
因來閑臥渴卽茶	피곤하면 편히 눕고 목마르면 차 마시네
臨濟德山特地迷	임제와 덕산은 미혹하여
枉用功夫施棒喝	헛되이 방편 쓰되 방망이로 호통쳤네.

한눈에 드러난 백운경한의 살림살이였다. 태고가 조주를 붙잡았다면 백운은 임제와 덕산을 씨줄로 한 편의 《직지》속에 담아냈을 것으로 짐작된다.

백운의 휘는 경한이고 호가 백운으로 전라북도 고부 사람이다. 원나라

지정 신묘년(1351)에 후저우 하무산의 석옥청공 선사를 만나 서로 뜻이 계합되자 석옥은 백운에게 《불조직지심체요절》 한 권을 주며 그 가르침을 널리 전하도록 했다. 아울러 "말씀의 뜻을 헤아려야만 말이 이치에 가 닿을 것"이라고 당부했다. 참으로 뜻밖에도 백운경한 선사가 석옥으로부터 《불조직지심체요절》을 전해 받은 지 655년만에 백운과 석옥의 직지

백운경한이 저술한 《직지》를 살피는 항저우 영은사 스님.

하무산 천호암에 있었던 석옥청공 선사가 손수 가꾼 하무차밭.

와 차를 잇는 학술연토회가 열리니 하늘이 열리고 땅이 진동하는 것만 같았다.

석옥과 백운의 인연이 세계 최고의 금속활자본《직지심체요절》을 통해 차와 직지의 만남으로 어우러지는 광명세계가 열리게 된 것이다. 백운경한 선사는 대중에게 늘 말씀하시길 "부처님께서는 '무릇 마음이 있기만 하면 결단코 부처님이 될 수 있을 것'이라고 말씀하셨다. 그러나 여기에서 마음이란 세간의 번뇌에 가득찬 망상의 마음이 아니라 무상의 보리심을 나타내는 것"이라고 말씀했다.

백운은 석옥의 마지막 제자로 상징적 의미가 크다고 하겠다. 석옥이 임종에 다다랐을 때 게송으로 부촉했다.

白雲買了賣淸風　　흰 구름을 사려고 청풍까지 다 팔고 나니
散盡家私澈骨窮　　온 집안이 텅 비어 뱃속까지 다 가난하도다
留得一間茅草屋　　무릇 겨우 남은 한 칸짜리의 초옥일지언정

臨行付與丙丁童　　떠나면서 병정 동자에게 부탁하리라.

이는 석옥의 최후 말씀이었다. 그 말씀이 해동의 사문에게 부촉했으니 석옥의 법이 온통 해동으로 가는 듯했다.

1996년 하무산을 처음 방문했을 때 왕시아이치엔 노인으로부터 얻은 그 한 잔의 차를 통해 진정한 차의 세계를 맛보았다. 그 뒤 석옥을 통해 또 다른 차의 향기를 맛보고 다선일체를 온몸으로 느낄 수 있었던 것은 태고와 석옥을 이어 준 값진 인연이었다. 그 인연을 통해 다시 《직지심체요절》의 정신을 잇는 학술연토회를 2007년 11월 14일부터 18일까지 저장성 후저우에서 한국의 〈차의 세계〉와 서원대, 후저우의 차문화연구회와 공동으로 개최하였다. 부디 석옥차의 향기가 만세토록 빛나길 간절히 바라면서 그가 손수 가꾼 운무차의 향기가 후저우에서 피어올라 해동까지 영원히 퍼져 나가기를 바란다.

석옥은 말년을 대부분 하무산에서 보냈는데 청빈하게 살면서 자연과 더불어 살아갔다. "다원을 가득 채운 차순과 찻잎, 붉은 꽃 사이로 흰 꽃이 피었구나"라는 시구가 말해 주듯 석옥을 통해 다선일미의 경지를 보게 한다.

1338년 무인년 어느 날 태고는 '무' 자 화두를 타파하고 송을 읊었다. '조주의 옛 늙은이가 앉아서 천성을 끊더니 굳은 관문을 쳐부순 뒤에야 맑은 바람이 태고에게 불어온다' 라는 게송이 와 닿는다.

古澗寒泉水　　옛 시내 찬 샘물을
一口飲卽吐　　한 입에 마셨다가 곧 토하니
却流波波上　　저 흐르는 물결 위에
趙州眉目露　　조주의 면목이 드러났네.

그 뒤 백장 선사에 의해 선원청규가 들어온 이래 중국 선가의 선풍은 선 농일치사상으로 접근해 갔다. 석옥은 그와 더불어 다선삼매사상을 펴 나 갔다.

  석옥 선사는 참선하는 틈틈이 산거(山居)의 시를 짓기를 좋아했으며, 농사를 지으며 차밭을 가꾸는 등 선농일치사상으로 삶을 영위했다. 그 무 렵, 고려의 태고와 백운경한 선사가 찾아가 석옥의 가르침을 이었다.

중국의 선이 모두 동국으로
돌아가는구나

중국과 한국은 마치 흐르는 물처럼 자연스럽게 그 명맥을 같이해 왔다. 당나라 시기에는 '동류지설(東流之說)'이란 말이 생겨날 정도로 중국의 선법이 동쪽 나라에서 꽃을 피웠던 시기였다. 당시 중국 선종계는 선법이 동쪽으로 흘러간다는 참설이 크게 유행했다. '동류지설'이란 중국의 조사 선법이 동쪽 나라에서 꽃 피었다는 말로 《조당집》의 〈성주사〉조에 다음과 같이 전해 온다.

장경 초에 성주산파의 개산조인 무염 국사가 당에 들어갔다. 낙양의 불광사(佛光寺)에 이르러 여만(如滿) 선사에게 도(道)를 물으니 "내가 많은 사람을 겪었으나 일찍이 그대(무염)와 같은 동국인(東國人)은 보지 못했다. 뒷날 중국에 선법(禪法)이 사라지면 반드시 동이(東夷)에게 물어야 될 것이다"라고 말하였다.

또 어떤 이는 스스로 동국인을 인가하면서 "우리 종의 법인이 모두 동국으로 가는구나[吾宗法印 歸東國矣]"라고 탄식한 이도 있었다.

그 뒤 고려로 접어들면서 고려 광종(光宗)은 지종 등 36인의 교학승을 선발, 송(宋)으로 유학을 보냈다. 당시는 오월왕(吳越王) 전숙이 불교를

융성시키고 있을 때였다.

하루는 오월왕 전숙이 영가현각 스님의 《선종영가집(禪宗永嘉集)》을 읽다가 해석되지 않는 구절이 있어 여러 승려들에게 물었으나 대답하는 이가 없었다. 그때 한 승려가 전숙에게 말하였다. "그것은 천태지자 대사의 《법화경현의》에 나오는 구절로 지금은 교적이 모두 없어져 잘 알 수 없으나 고려에는 그 책이 있는 것으로 알고 있습니다."이에 오월왕 전숙은 고려에 사신을 보내어 천태학 서적을 구해 오도록 했다. 광종은 오월왕의 청을 받아 체관을 시켜 고려에 있던 서적들을 오월에 가지고 오게 했다. 체관이 왕명을 받고 오월에 도착한 시기는 961년이었다. 체관은 의적(義寂) 문하에서 10여 년 동안 머물면서 천태학을 연구했고 《천태사교의(天台四敎儀)》를 저술하기에 이른다.

그 뒤였다. 의천대각(義天大覺 · 1055~1101) 국사가 입송한 뒤 송과 고려의 활발한 문화교류가 이루어졌다. 그가 머물렀던 곳이 항저우의 혜인원이었다.

927년 오월왕 전숙이 선원으로 건립한 혜인원은 의천이 31세 때인 선종 2년(1085) 송나라로 들어가 13개월 동안 체류하는 동안에 송의 고승 정원 법사를 만나 화엄학을 토론했던 곳이기도 하다. 의천이 귀국 후 재정적 뒷받침을 한 것이 계기가 되어 '혜인고려화엄교사(慧因高麗華嚴敎寺)'로 이름을 바꾸었다. 그로 인해 고려라는 이름이 송나라 때부터 널리 알려지게 되었다.

이에 대해 왕시펑(王旭峰) 선생은 다음과 같이 말하였다.

"역사적으로 볼 때 중국과 한국 사이에 전쟁이 벌어지지 않을 수 없었지만 그래도 평화적 교류가 우선이었다. 그 증거 가운데 하나가 바로 문화적 교류였다. 항저우에 자리한 고려사가 그 표상이다."

한국의 옛 이름 고려(高麗)라는 말은 중국에서 부는 한류(韓流) 덕분에 다시 떠오르게 되었다. 한류 열풍은 중국인들에게 한국을 다시 인식 시키는 계기가 되었다.

중국과 한국은 예부터 깊은 인연을 맺어 왔다. 당나라 시기에는 활발한 문화교류가 이루어지면서 입당 당나라로 들어가 신진 문물들을 배우고 돌아온 유학파들이 대거 생겨나는 등 많은 교류의 자취가 남아 있다. 그리하여 그 시기 동류지설이라는 말이 생겨났다. 중국의 선이 온통 신라 땅으로 유입되었던 시기였다. 그 무렵 중국에서 유학하고 돌아온 선승들이 구산선문을 세웠다. 2000년 여름 중국 장시성 우민사에서 첫 민간교류로 마조의 선사상을 잇는 학술교류를 가졌다. 그 자리에서 당시 장시성 불교협회 회장이던 이청(一誠·현 중국 불교협회 회장) 스님은 다음과 같이 말했다.

"한·중 두 나라의 우호관계는 마치 흐르는 물과 같이 끊임없이 이어졌다."

고려로 간 임제의 선풍

송의 오월국 전숙이 항저우를 중심으로 불국정토를 이루었다면 원대의 제왕은 라마교를 숭상했다. 라마불교를 일으킨 흔적들이 도처에 남아 있었다. 그런 와중에도 천년의 법등을 밝혀 온 선종이 꺼지지는 않았다. 그중 임제파가 북방과 남방에서 명맥을 유지하고 있었다. 북방은 해운인간 (海雲印簡)의 유파들이 선맥을 이어 갔고 남방에서는 설암조흠(雪岩祖欽), 고봉원묘(高峰原妙) 계통이 선법을 이어 갔다. 이 계통은 쑤저우의 호구산을 중심으로 선법을 이어 온 호구소륭(虎丘紹隆 · 1077~1136)을 씨줄로 응암담화 → 밀암함걸 → 파암조선 → 무준원조 → 설암혜랑 → 급암종신 → 석옥청공으로 이어지는 이 선계는 원대 이후 임제종을 대표하는 선맥의 하나로 자리 잡았다. 이들은 천목산과 하무산을 중심으로 선법을 전개해 갔다. 그중에서 임제종의 18대 법손인 석옥청공을 주목하는 까닭은 그에게 고려의 태고와 백운 두 스님이 찾아와 선법을 이어갔기 때문이다. 양촌 권근이 평하기를 "두 스님 중 태고보우라는 고려의 스님이 있었는데 남달리 특이한 인격을 갖추었다"고 했다.

특히 태고는 고려에 임제종을 전한 최초의 적손으로 각인된다. 〈석옥청공선사비문〉을 살펴보자.

하무산 운림선사 스님과 태고와 석옥의 인연담을 이야기하는 한·중 두 스님.

"석옥의 제자로 태고보우 국사가 있는데 그는 고려사람이다. 친히 석옥의 종지를 얻어 게송을 설하여 인가했다."

이 구절은 중국 역대 선사의 비문에 처음 기록된 역사적 천거이다.

원나라로 접어들면서 몽골 민족이 지배하는 원대의 제왕은 자연 불교보다는 라마교를 숭상했다. 라마교는 하늘을 존경하는 종교이다. 그러나 일정 부분은 불교와 밀접한 관계를 갖고 있기도 하다.

몽골족들은 장생천(長生天)을 믿어 하늘에 알리는 것으로 복을 구하고 아울러 그들을 보호하며 종족의 흥망을 기도한다.

1224년 칭키스칸이 등정할 때 중원 도교의 수령인 구처기(丘處機)를 만났는데 그를 깍듯이 존경하여 신선이라고 불렀던 것처럼 당시 그들은 도교를 높이 숭상했다.

당시 선종은 당과 송에 비해 크게 위세를 떨치지 못했다. 선종오가 중에도 위앙, 법안, 운문 삼가가 없어졌고 오직 임제와 조동만이 명맥을 지키고 있었다.

그중 임제가 제일 흥성했다. 임제는 북방에 해운인간의 일계, 남방에는 설암조흠, 고봉원묘 일계로 면면히 이어져 왔다.

태고의 법계는 호구산을 중심으로 일가를 이룬 호구파였다. 그 법계를 살펴보자.

호구파는 호구소륭(虎丘紹隆) → 천동함걸(天童咸傑) → 송원숭악(松源崇岳) → 설암조흠(雪巖祖欽) → 도장급암(道場及菴)으로 이어지고 이어졌다.

태고의 법계는 호구산을 중심으로 일가를 이룬 호구파였다.

하무산에서 옮겨 온
석옥의 차맛과 소설암

　태고보우 국사는 신라 말 구산선문 중의 하나인 성주산파의 무염 선사가 마곡보철 선사로부터 법을 이어 온 이래 처음으로 중국에서 선과 차맥을 이어 온 승려이다. 소설산 소설암은 태고보우 국사가 말년을 보낸 곳이다. 그 자취를 따라 덕암(德庵, 전 태고종 종정) 큰스님과 함께 하무산을 찾았을 때였다. 태고보우는 석옥으로부터 법맥뿐 아니라 차맥까지도 이어왔다는 사실이 밝혀지는 순간이었다. 1997년부터 태고보우 국사 열반다례제에 차를 올린 것도 이를 뒷받침하고 있다.

　'차와 선은 둘이 아닌 하나이다〔茶禪一如〕'라는 차맥을 되살린 태고보우 국사는 과연 누구인가.

　태고보우 국사는 하무산(霞霧山) 천호암(天湖庵)의 석옥청공(石屋淸珙) 선사로부터 하무차(霞霧茶)의 맥을 이어 와 소설산 소설암(경기도 가평군 설곡리)에서 석옥의 다풍을 되살린 선승이자 다승이다.

　태고보우의 선차의 원류로 조주(趙州) 선사를 떠올리지 않을 수 없다. 선문에서는 화두를 통해 견성할 수 있기에 화두가 중요한 의미를 갖는다.

　선불교에는 독특한 가풍이 있다. 임제의 '할', 덕산의 '방'이 대표적이다. 조주 선사의 수좌제접의 가풍은 끽다거(喫茶去)이다. 《조주록》에는

태고보우 국사가 말년을 보낸 소설산 소설암.

소설암을 찾은 구법의 물결.

이렇게 전하고 있다.

어느 학인이 조주 선사를 찾아왔다.
"그대는 이곳에 온 적이 있는가?"
"처음으로 왔습니다."
"차 한 잔 마셔라."
스님은 또 다른 학승에게 물었다.
"그대는 이곳에 온 적이 있는가?"
"왔었습니다."
"차나 한 잔 마셔라."
〔師問二新到 上座曾到此間否 云 不曾到 師云 喫茶去 又問那一人曾到
此間否 云 曾到 師云 喫茶去 院主問 和尙 不曾到 敎伊喫茶去卽且置 爲什
麼敎伊喫茶去 師云 院主 院主應諾 師云 喫茶去〕.

조주 선사는 누구에게나 "차나 마셔라"라는 똑같은 말을 했다. 그것이
바로 조주의 가풍인 것이다.
중국 선차의 맥은 무상 − 마조를 거쳐, 조주 선사에 의해 여명을 밝힌
다. 우리나라에는 조주의 스승인 남전보원 선사에게 인가를 받은 철감도
윤 선사와 조주의 법손인 태고보우 국사에 의해서 비로소 들어온다. 이렇
게 하여 정중선의 정통적인 선과 차맥이 이 땅에 들어온 것이다.

조주차 맛본 태고보우

필자는 1996년 중국 답사에서 새로운 사실 하나를 확인했다. 태고보우
국사는 석옥 선사로부터 인가를 받은 뒤 원나라의 수도 대도 영녕사(永寧
寺)의 주지를 맡은 바 있다. 이때 바로 조주의 '무' 자 화두로 견성한 태고

는 조주의 진영에 참예하고 싶었으며, 영녕사 주지로 있을 때 조주원을 찾았다. 허베이성 조현에 위치한 조주원을 찾아 조주 차맛을 어루만진 것이다.

　태고보우가 읊조린 게송의 흔적을 찾아 하무산 천호암을 거쳐 베이징에 다다랐다. 베이징에서 4시간을 차편으로 허베이성 조현 옛 조주원인 백림선사를 찾았다. 백림선사 방장 징후이(淨慧) 화상은 "태고보우 국사 같은 분이 끽다거 공안을 완성한 분"이라며 극찬했다. 백림선사에서 태고보우의 게송 한 수가 떠올랐다.

古澗寒泉水	옛 시내 찬 샘물을
一口飲卽吐	한 입에 마셨다가 곧 토하니
却流波波上	저 흐르는 물결 위에
趙州眉目露	조주의 면목이 드러났네.

　보우 스님은 임제의 18대 법손 석옥으로부터 인가를 받고 귀국한 뒤 소설산 소설암에 은거하면서 청빈의 삶을 통해 임제선 부흥에 매진한 것만 보아도 석옥 선사로부터 절대적인 영향을 받은 것으로 보인다.

　황룡혜남의 차시 한 수를 보면 이렇다.

　풀 헤치면 바람 알 듯 정(正)과 사(邪)는 분별되니

먼저 모름지기 눈 속에 가루를 집어내라
머리 들 때 천황(天皇)의 떡 맛을 보아야 하고
허심(虛心)으로는 조주차(趙州茶)를 마시기 어렵다네.

남종선은 바로 조사선이다.

태고보우는 임제 5세손 호구소륭의 법손으로 임제의 18대 손인 석옥청
공 선사로부터 인가를 받고 19대 법손이 되어 귀국한다.

1997년 소설암의 겨울

1348년 충목왕 4년, 그의 나이 48세 때 석옥 선사로부터 임제의 정맥
을 받고 귀국한 태고는 북한산 태고암에 주석하다가 이내 양근 미원장을
지나 용문산 북쪽 기슭에 자리 잡은 소설산 소설암으로 옮겨 부모를 봉양
하면서 살아가게 되었다. 태고보우가 소설암에서 종신케 된 데는 아마도
석옥 선사가 머무른 천호암과 닮은 점 때문에 그리하였으리라 짐작된다.
태고는 소설암에서 농사를 짓고 살았으며 보허샘물로 차를 달여 마셨다.

그는 이곳에 살면서 〈산중자락가〉 한 수를 지었다.

산중의 이 즐거움 함께할 이 아무도 없네
내 홀로 나의 성글고 졸렬함 좋아하니
몸소 바위와 함께 스스로 길이 즐길지언정
세상 사람과 이 즐거움을 나누지 않으리라.

이렇듯 태고는 청빈의 정신을 잃지 않고 소설산의 즐거움에 푹 빠졌다.
태고가 살았던 소설암은 적막 그 자체였다. 태고의 자취는 사라진 뒤였
고, 권근이 찬한 비문은 발견하지 못한 채 부도 1구만이 소설산에 나뒹굴

고 있었다.

선차문화의 현장, 소설암

기록에 따르면 태고는 69세 되던 해에 소설산 소설암에 주석케 된다. 여기에서 살면서 선농일치 정신을 이어 간 태고보우는 이른바 일하는 삶, 노동의 삶을 통하여 차 한 잔을 더 의미 깊게 음미했을 것이다.

소설산 아랫 마을에서 어렸을 때부터 살아왔다는 박형진(설악면 설곡리 거주) 씨의 증언에 따르면 "소설암은 조선 말기에 폐사가 되었다"고 말하면서 아직도 "보허(보우의 다른 이름)샘이 남아 있다"고 했다. 보허샘은 원래 소설샘으로 나중에 마을 사람들이 보우 선사의 이름을 따서 붙인 것 같다. 태고의 다풍은 보허샘을 통해 되살아나고 있는 것이다.

보우 국사는 단순한 소일거리에 불과한 차 시음을 하나의 선차문화로 끌어올렸다는 데에서 그 의미가 크다.

그러한 보우가 경기도 양평 대원리, 미지산에서 멀리 바라다보이는 소설암에서 열반에 드니 소설암은 한국 선불교의 여명을 밝힌 터전이기도 하다.

《동국여지승람》은 당시까지만 해도 소설암이 뚜렷하게 존재했음을 보여 준다. 권근이 쓴 〈미원현소설산암원증국사사리탑명〉은 소설암을 다음과 같이 그려 놓았다.

미원현 소설암에 탑을 세워 사리를 간직하였으니 소설암은 곧 선사께서 시종 일생을 마치신 곳이다.

1996년 가을 하무산 옛 천호암을 답사한 후 석옥이 과연 노동의 삶을 살다 가셨음을 실감하게 되었다. 《석옥선사어록》에는 '석옥은 밭을 갈고

호미질을 하고 땔나무를 팔아 승려 스스로 청빈하게 생활했다'고 기록하고 있다.

왕시아이치엔 씨의 증언에 따르면 "내가 경작하고 있는 하무산의 차밭은 석옥 노승이 경작한 것을 그대로 이은 것"이라고 했다. 또 그는 호미와 연장 등을 보여주며 자신도 석옥 선사와 같이 일하는 삶, 노동의 삶을 살고자 한다고 했다.

《태고보우선사어록》를 펼쳐 보면 석옥 화상과 하직하는 글에는 "제자 보우는 오랫동안 도풍을 우러러 천만리를 멀다 않고 이 하무산 꼭대기를 찾아와 마침내 스승을 모시게 되매 마치 빈궁한 아들이 아버지를 만난 것 같습니다"라고 하고, '석옥으로부터 법의 젖을 한껏 먹었다'면서 '이 법의 은혜는 몸이 가루가 된다 해도 갚기 어렵다'고 했다.

소설암에서 보우 스님이 선풍을 드날리게 된 사실은 소설산에 있었던 권근의 〈원증국사비명〉에 적혀 있다.

보우 스님이 미원현을 지날 적에 한 늙은 아전이 울면서 머물기를 간청했다. 곧 용문사 북쪽 산기슭에 암자를 지으니 곧 소설산암이다.

보우 스님이 소설암에 선풍을 드날릴 때 공민왕이 몸소 행차했다고 한다. 스님의 법력에 감화되어 인근의 미원현을 보우 스님에게 하사했으며, 공민왕 5년에 장(莊)을 현(縣)으로 승격시켰다고 한다. 필자는 경기도 가평에 자리 잡은 옛 미원장을 확인한 바 있고 공민왕이 보우 스님을 만난 왕재도 확인했다. 왕재는 소설암 우측편으로 약 20분 정도 가파른 길을 오르면 나오는데 그곳이 10승 별지 중의 하나라고 마을 사람들은 전했다.

보우 스님이 소설암에 은거할 때 미수 허목은 《미지산기(彌智山記)》에서 소설암의 아름다움을 노래했다.

미지산의 꼭대기는 가섭봉(伽葉峰)이고 가섭봉의 북쪽은 미원장(迷原莊)과 소설산의 암자이다. 또 그 북쪽은 옛날 예맥의 땅이니 지금의 수춘 화산(壽春花山)으로서 산과 물이 가장 깊다.

보허샘에서 꽃핀 보우 스님의 선차

소설산 소설암은 용문산(또 다른 명칭: 미지산) 북쪽에 아득히 자리 잡고 있는데 보우 스님에 의해 선차가 둘이 아닌 하나임을 깨우쳐 준 태고보우의 행화도량이며, 열반의 땅이기도 하다.

박형진 촌로는 "보허샘의 물맛은 아무리 가물어도 변함이 없다"고 전했다.

덕암 스님과 일행은 보허샘물로 차를 달여 소설암터로 올라가 보우 스님께 차 한 잔을 올렸다. 덕암 스님은 "이 차맛은 하무산 천호암에서 노인이 달여 내어놓은 차맛과 같다"며 무척 기뻐했다. 보허샘을 관리하는 김옥분(설악면 설곡리 거주) 할머니는 이 우물을 '절안 우물'이라고도 하고 '보허샘'이라고도 한다면서 물을 길어 먹고 있다고 전했다. 답사팀 일행은 소설암의 '보허샘'을 통해 보우 스님의 선차가 되살아나는 듯 감회에 젖었다.

소설암의 집중 파괴는 동래 정씨가 소유한 땅에서부터 비롯된다. 태고 보우 스님이 머물렀던 절터엔 무덤 2기가 자리 잡고 있다. 보우 스님이 선풍을 드날린 소설암터에서 용문산을 관조하니 선경이 노니는 것과 같았다.

보우 스님이 차를 달여 마셨던 보허샘은 아직도 옛 흔적을 확인할 수 있었다. 보우 스님은 보허샘의 찬 샘물로 차를 달여 스님을 찾아오는 이에게 '선과 차는 둘이 아닌 하나'라고 설파했을 것이다. 선암사 방장 덕암 스님은 하무산에서 옮겨 온 다풍이 소설암에서 되살아났다고 하며 현 시대에 보우정신을 일으키는 것이 후학들의 사명이라고 말했다.

석옥청공과 태고보우의
선(禪)은 서로 통한다

　이 글은 2008년 12월 15일 하무산에 〈태고보우국사헌창기념비〉를 건립하면서 중국 저명 차 연구가인 커우단 선생이 태고와 석옥을 비교하며 쓴 글인데, 의미하는 바가 커 그의 글을 발췌해 싣는다.

　국적은 다르지만 사승(師承) 관계를 갖는 석옥청공(石屋淸珙)과 태고보우(太古普愚)의 선학사상을 살피려면, 현존 기록 가운데서도 그들이 지은 시가에서부터 시작해야 한다.

　중국 고대 문화 가운데 시(詩)·서(書)·화(畵)는 으뜸이 되고, 이 가운데서도 '시'는 보배 같은 존재이다. 특히 불교와 선학(禪學)을 연구함에 있어서 '시'는 피할 수 없는 것이다. 고승대덕 가운데 시를 짓지 못하는 이는 없었다.

　불성(佛性)은 자기 마음에 있으며, 깨달음을 얻으면 부처가 된다. '깨달음〔悟〕'은 선종의 주요한 특징이며, 또한 역대 문인과 시인들이 선(禪)과 가까워진 이유가 된다. 진(晉)나라 이후에 유행한 '현언시(玄言詩)'는 현리(玄理)와 청담(淸談)을 기조로 삼는다. 당시 왕희지(王羲之), 허순(許詢) 등은 고승 지둔(支遁)과 어울리며 서로 시를 주고 받았는데, 이는 시와 불교의 첫 만남이라고 할 것이다. 이와 같은 시기 시인 사령운(謝靈運)

2008년 12월 〈태고보우현창기념비〉 제막식이 끝난 뒤 후저우에서 '석옥과 태고 선사상의 회통과 선차문화'에 대한 한·중 학술연토회를 열었다. 중국 저명 차 연구가인 커우단 선생은 〈석옥과 태고의 선은 서로 통한다〉라는 주제로 발표해 신선한 충격을 주었다.

은 불교를 매우 숭상하였다. 그가 지은 〈산거부(山居賦)〉는 불교의 이치를 산수자연의 정경과 융합시킴으로써, 획기적 시풍(詩風)을 열었을 뿐 아니라 중국 불교의 역사와 중국시가 역사에 모두 큰 영향을 미쳤다. 당나라에 이르러 사령운의 후예로 자칭한 교연(皎然, 즉 사청주(謝淸晝)로, 기실은 사안(謝安)의 후손이다)이 탁석했던 저산(杼山) 묘희사(妙喜寺)는 훗날 석옥청공이 탁석한 천호암(天湖庵)에서 불과 10리 남짓 떨어진 곳에 있었다. 교연이 저술한 《시식(詩式)》과 《시론(詩論)》은 시가의 이론적 기초를 쌓았다. 당시 이백(李白)은 도교(道敎)를 추숭하였음에도 "연좌에 드니 마음은 고요해지고, 대천세계는 털끝에 들어간다〔宴坐寂不動, 大千入毫髮〕"하였고, 두보(杜甫)는 유학을 숭상하였음에도 "내 몸을 쌍봉사에 두고, 칠조의 선문을 두드린다〔身許雙峰寺, 門求七祖禪〕"하였다. 또 도교와 불교를 함께 수양한 백거이(白居易)는 만년에 "근년에는 마음이, 남종선에 돌아간다〔近歲將心地, 回向南宗禪〕", "구름과 샘물이 더불어 인연을 맺었으니, 내세에는 이 산의 스님이 되리라〔且共雲泉結緣境, 他生當做此山僧〕"하고, 결국 불교에 귀의하였다. 당시 한 스님은 이런 시를 남겼다.

盡日尋春不見春　　종일 봄을 찾아 헤맸지만 보지 못하고
芒鞋遍踏朧頭雲　　짚신 해지도록 언덕 위 구름만 좇았지
歸來偶捻梅花嗅　　돌아오다 우연히 매화꽃 향기 맡노라니
春在枝頭已十分　　봄은 벌써 매화 가지에 한창 와 있었네.

　봄을 찾고 도를 찾는데 당초에는 방법을 찾지 못하다가 결국 부처의 마음은 자신의 마음에 들어 있다는 것을 깨달아 가는 과정을 그린 것이다. 〈봄을 찾아서〔尋春〕〉라는 이 작품은 문자에 있어서는 불교의 흔적이 보이지 않지만, 선(禪)의 맛이 마음에 넘치게 하여 부처의 마음은 자기 마음에서 비롯되는 것이기에 사방으로 찾아 헤맬 필요가 없다는 사실을 확실하게 일깨워 준다.

　석옥청공과 태고보우는 이와 같은 것들에서 깊은 영향을 받았다. 그들이 남긴 시는 언어가 평담하고 소박하면서도 의미가 깊다. 또 화려하지는 않지만 묘사에 공을 들였고, 또 깊이 사색함으로써 깨달음을 얻게 하기 때문에 불교시라고 말할 수 있다. 이런 시는 독자에게 담담함과 정감을 느끼게 하고, 또 깊은 철학적 이치를 깨닫게 한다. 표현에 있어서는 언외(言外)의 뜻과 근기(根機)의 깨달음을 중시한다. 이것이 곧 불교시가 지니는 특징인 것이다. 송나라 매요신(梅堯臣)은 "말로 다할 수 없는 뜻을, 말 밖에서 드러낸다"하였고, 원나라 탕현조(湯顯祖)는 "자연의 정취와 선의 깨달음을 소통시킨다"하였다. '시운(詩韻) 밖의 정취'와 '마음의 소리'라는, 시에 대한 이런 요구는 석옥청공과 태고보우의 시에서 거의 일치되어 나타난다.

　사람이 생각에서 떨쳐 내기 어려운 것 가운데 하나가 바로 삶과 죽음의 문제인데 석옥청공과 태고보우 역시 예외는 아니었다.

縱饒百歲終歸死	백 년을 산다 해도 결국 죽고 말 것이니
只是相分後與前	그저 먼저인지 나중인지를 나눌 뿐이지
我已盡形無別念	나는 이미 수명이 다하여 다른 생각 없으니
任他作佛與昇天	부처가 되든 하늘에 오르든 무슨 상관이랴!

- 석옥청공

人生誰是長久生	세상에 누가 영원히 살겠는가?
可憐浮命在呼吸	가련한 생명은 호흡에 달렸으니
午破三臺歸去後	수간 깨달으매 삼공(三公)은 죽어도
靑山依舊對林泉	청산은 변함없이 숲과 샘물 마주함을.

- 태고보우

　그들은 죽음을 생각할 때 떨쳐 내지 못하는 어떤 근심도 없었다. 그들은 삶과 죽음을 철저하게 깨달았고, 다른 한편으로는 생명에 대하여 매우 낙관적인 태도를 보였다.

閑閉柴門春晝永	사립문 닫으면 기나긴 봄날의 오후
黃精食盡松花在	황정초밥 떨어지면 송화가 피어나니
不著閑愁方寸間	부질없는 근심일랑 마음에 두지 말라
湛若虛空床不動	허공이 언제나 움직이지 않음을 즐기듯

任他滄海變桑田　　　푸른 바다 뽕밭이 되어도 내버려둔다.

- 석옥청공, 〈산거(山居)〉

君若問我山中境　　　그대가 만약 나에게 산중의 경치를 묻는다면
松風蕭瑟月満川　　　솔바람 소슬하고 냇물 가득 달빛이라 하리라

閑來浩唱太古歌　　　한가로이 와서 호탕하게 태고가 부르고
倒騎鐵牛遊人天　　　무쇠소를 타고 세상과 하늘을 떠돌리라

臨終如今放皮袋　　　목숨 다해 이제 허울 벗고 가려 하니
一輪紅日下西峰　　　붉은 태양도 서쪽 봉우리로 넘어간다.

- 태고보우

법희(法喜)로 채워진 마음의 쇄탈함이 약동하여 부러움을 준다.
석옥청공과 태고보우는 불교의 이치와 선리에 있어서도 일맥상통한다.

求佛求仙全妄想　　　부처 바라고 신선 바라는 건 망상이고
無憂無慮卽修行　　　근심 없고 잡념 없는 것이 수행이로다

無心莫謂便無事　　　무심한 것을 일 없다고 하지 말라
尚有無心箇念頭　　　아직도 무심하다는 생각이 있느니.

- 석옥청공

靜也千般現　　　　　고요하면 삼라만상 나타나고
動也一物無　　　　　움직이면 일물(一物)도 없다
無無是什麼　　　　　무(無)라는 것은 무엇인가?

霜後菊花稠   서릿발 뒤에 국화 만개한다.

- 태고보우

參得趙州無字透   조주 스님의 무(無)를 화두로 삼으면
玄關金鎖盡開通   현관의 자물쇠가 모두 열리리라
三更月下泥牛吼   삼경의 달빛 아래 진흙 소 울고 있고
八面玲瓏海日紅   팔면의 영롱한 바다에는 노을이 진다.

- 석옥청공

念念提持趙州無   조주의 '무(無)' 자를 생각하면
一切時中不昧無   언제나 '없음'을 깨닫게 되지
疑未破時心頭悶   깨닫지 못할 적 마음속 번뇌엔
正好單提這話頭   이 화두가 참뜻을 보여 주리라.

- 태고보우

조주종심(趙州從諗) 선사는 '끽다거(喫茶去)'라는 삼자선 이외에 '무(無)' 자 공안을 남겼다. 선종에서는 '무'는 제1관으로, 일체를 초월하고 또 아우르는 선의 극치로 여긴다.

이 두 사람이 보여준 선리(禪理)는 마치 한 사람의 입에서 나온 것만 같이 그 의미를 같게 한다.

水卽是波   물이 곧 물결이요
巖卽是石   바위가 곧 돌이다
坐證圓通   앉아서 깨달음엔
斯爲第一   이것이 으뜸이라.

- 석옥청공

古澗寒泉水	옛 도랑의 차가운 샘물을
一口飮卽吐	한 모금 마셨다 토해 낸다
却流波之上	흐르는 물 막는 물결 위에는
趙州眉目露	조주 스님의 모습이 보인다.

- 태고보우

한반도의 선종은 당나라 때에 법랑(法朗)과 신행(神行) 두 사람이 잇달아 사조 도신(道信)과 오조 홍인(弘忍)을 찾아가 선법을 공부하였다. 또 다른 한 사람인 도의(道義)는 당나라에서 37년을 지낸 뒤에 귀국하여 가지산파(迦智山派)를 열었다. 선문에서는 '구산선문(九山禪門)'의 전성기가 활짝 열렸던 것이다. 태고보우는 한국 임제종의 개산조로, 열 번째 문중이 되었다. 석옥청공과 태고보우의 전승관계는 오늘날 한국과 중국 사이의 종교 교류에 있어서도 여전히 긴밀한 의미를 지닌다. 2008년 겨울 중국의 후저우(湖州) 묘서진(妙西鎭)에 석옥청공과 태고보우 두 분 선사의 기념비가 세워진 것이 다방면에서의 우호 교류에 더 나은 성과로 나타나기를 기대한다.

다시 부는 천호암의 대외교류

1996년 한국 임제종의 법손들이 하무산을 찾았을 때에도 언제나 그랬듯 그곳은 청산처럼 푸르렀다. 중국에서는 필자가 2001년 후저우에서 처음으로 태고와 석옥청공 학술연토회를 연 것을 계기로 태고보우에 대한 불씨가 타오르기 시작했다. 후저우 사람들은 석옥에 대한 눈이 열리면서 아름다운 인연을 이어 갔다.

석옥이 세상에 빛으로 다가온 것은 고려 말기 태고와 백운의 인연으로부터 비롯되었다. 그것은 저장성 후저우의 〈후저우신문〉에 석옥청공의 일화가 소개되면서 시작된 것이다.

그 뒤에 나온 것이 중국에서 출간된 《석옥과 태고보우의 어록》이었다. 《석옥과 태고보우의 어록》 뒷장에는

2005년 10월 중국에서 최초로 허베이성의 허베이선학 연구소가 발간한 《석옥과 태고보우의 어록》.

부록으로 석옥을 통해 본 한·중 차문화 교류사를 실어 그 이해를 더했다. 이 책이 2005년 허베이성(河北省) 백림선사(柏林禪寺)에서 개최된 '천하조주선차문화교류대회'에 배포되어 신선한 충격을 던져 준 바 있다.

석옥의 속성은 온씨이며 송나라 함순(咸淳) 8년인 1272년에 태어났다. 어려서 숭복사에서 불법을 공부한 뒤 급암 선사를 모시고 6년간 시봉하다가 법맥을 전수 받았다. 급암 선사는 그에게 "법해(法海)의 그물을 던져 잡은 금린"이라고 칭찬했다.

석옥 열풍이 불기 시작한 이후 하무산은 대외교류가 활발히 이뤄졌다. 그리고 필자의 요청으로 후저우의 선차연구가 주민이 〈석옥청공과 하무산 한·중 역사문화교류 관계〉를 발표했다.

그 글은 다음과 같이 전개했다.

저장성(浙江省) 북부 태호 남쪽 기슭에는 후저우(湖州)라는 작은 도시가 있다. 당대에는 다성(茶聖) 육우(陸羽)가 30년 동안 거주하며 시승(詩僧) 교연(皎然)과 아름다운 우정을 나누었던 곳이다. 원대에는 석옥청공(石屋淸供·1272~1352) 선사가 후저우 근교 하무산(霞霧山)에 은거하

1996년 첫 하무산을 찾은 순례단. 이 일을 계기로 중국은 최초로 한국의 임제종 법손이 하무산을 찾았다고 기록했다.

며 불법을 펼쳤다. 고려의 태고보우(太古普愚·1301~1380) 국사가 찾아와 석옥청공 선사로부터 임제종(臨濟宗) 선법을 이어 고려 땅에 선의 씨앗을 옮겨 심는다. 또한 원대의 유명한 서예가인 조맹부(趙孟頫·1206~1368)도 후저우에서 활약했다. 석옥과 조맹부의 인연은 아직 밝혀지지 않았지만 두 사람과 나눈 인연이 밝혀진다면 한·중 선종사를 새롭게 규명하는 단서가 될 수가 있다고 하겠다.

태고와 석옥이 활동한 시기는 몽골이 지배하고 있었던 원나라 때였다. 송이 멸망하고 원대 불교로 접어들면서 라마교가 정치이념이었을 때 선종은 저장성 자락의 천목산과 하무산에서 실낱같은 불빛을 밝히고 있었다.

천목산에서는 고봉원묘와 중본명본이 선법을 펴 갔고 하무산에서는 석옥청공이 은거하고 있었다. 원대 임제종은 설암조흠(雪巖祖欽), 고봉원묘, 호구소륭(虎丘紹隆), 천동함걸(天童咸傑) 등이 선을 전파했던 시기였다.

송원숭악(松源崇岳)이 파암조선(破庵祖先)에게 선법을 전하길 "조선일지의 법맥이 창성할 뿐만 아니라 저장성에서도 활약하였다. 원조에 남송

석옥과 태고보우의 인연설에 대해 진지하게 토론을 하는 한·중 양국의 후학들.

에서 제일 유명한 선사 대도(大都)는 이 선맥으로부터 나왔고 원대 이후 임제종의 전승을 대표한다"고 말하였다.

석옥청공은 바로 설암으로부터 이어졌고 그 뒤를 태고보우가 이어 고려에 임제종이 전해진 최초의 적손이 되었다. 그런데도 고려에 선법을 전한 은혜의 땅을 찾는 한국인은 없었다. 고려 이후 하무산을 찾는 한국인의 발길은 뚝 끊어져 버렸다. 고려와 조선을 거쳐 근대로 접어들면서, 더욱이 중국과 문화 단절을 가져오면서 더더욱 하무산은 잊혀져 갔다.

그러던 중 1996년 임제종 법손들이 찾아와 조배를 한 뒤 하무산은 변화하기 시작했다. 1996년 당시 필자와 함께 하무산을 처음 찾은 당시 태고종 종정을 지낸 덕암 스님은 "눈물이 앞을 가려 바다가 되었다"고 피력했다. 주민의 〈석옥청공과 천호암, 한·중 역사문화교류와 관계〉는 이렇게 글을 시작한다.

"후저우 하무산의 석옥청공과 고려의 태고보우가 서로 불법을 전수한

하무산 내에 있는 송·원·명·청대의
비석을 살피는 순례단.

지 649년의 세월이 흘러
1996년에 한국 임제종의
인사가 조정의 유적을 참
배함으로써 새로운 역사
의 한 페이지를 열게 되었
다."

한국 〈차의 세계〉 최석환
발행인의 의뢰로 필자는
중국의 차문화 학자인 커
우단(寇丹), 현지 지방정부
의 양끈화(楊根花), 쉬끈파
(徐根法) 선생과 함께
2004년 11월 5일 다시 한
번 하무산을 답사하게 되었다.

하무산은 '하막산(霞幕山)'으로도 불리는데, 후저우시 서남쪽 25km
지점에 자리 잡고 있으며 오흥구(吳興區) 묘서진(妙西鎭) 관할이다. 해발
408m로 주봉이 우뚝 서있다.

지난 1970년대 산머리에 통신 시설이 만들어진 이래로 일반인의 출입
이 통제됨에 따라 수목들이 잘 보전되어 있어 자연경관이 뛰어나다.

산 위에는 기본적으로 촌락이라고는 없으며, 단지 통신 시설의 관리 요
원들이 거주할 뿐인데, 그들은 비교적 널찍한 '중암(中庵)'에 모여 있다.
남쪽 기슭에는 유일한 거주민 가구가 하나 있으며, 2001년에 남향으로

새로 세워진 소박한 운림선사(雲林禪寺)는 관습적으로 '남암(南庵)'으로 불린다.

　북쪽 산기슭에는 연못과 집터 하나 그리고 네모꼴의 작은 우물이 하나 있다. 이곳 집터에서 부서진 비석 하나가 발굴되었는데, 네 모서리는 깨져 있고, 비문 59자가 남아 있으나 의미를 파악하기는 쉽지 않다.

　그러나 그 가운데 '암(庵)'이나 '치소(緇素)' 같은 글자들이 남아 있음을 알 수 있다. 또 집터에서 동쪽으로 30m 되는 지점에는 영탑(靈塔)의 탑기(塔基) 3기가 남아 있다. 탑을 건립한 시기는 건륭(乾隆) 49년(서기 1874년)이다. 탑은 안타깝게도 거듭된 도굴로 파손되었지만, 그 가운데 육각형 석탑에는 다음과 같은 명문이 남아 있다.

　　가운데 3행
　　先師太上古下巖峰禪師(선사태상고하암봉선사)
　　伝臨濟宗先師太上月下舟帰老和尚之塔(전임제종선사태상월하주귀노화상지탑)
　　先師祖上眞下成達覺靈塔(선사조상진하성달각영탑)
　　그림 왼쪽의 1행
　　伝臨宗宗正第三十七世上勇下爲堅大師之嗒(전임종종정제삼십칠세상용하위견대사지탑)
　　그림 오른쪽의 1행
　　古天湖上余家万代総冢之塔(고천호상여가만대총총지탑)
　　뒷면 앞쪽의 3행
　　乾隆歲次甲辰年仲冬穀旦(건륭세차갑진년중동곡단)
　　祭祀家孫道學□造(제사가손도학□조)
　　其尺寸及分布位置見示意圖(기척촌급분포위치견시의도)

2008년 12월 15일 열린 〈태고보우현창기념비〉 제막식 장면.

석옥 선사의 탑명(塔銘)·행장(行狀)과 그가 쓴 〈산거시(山居詩)〉에 따르면 당시 하무산에는 거주민이 무척 적었고, 우뚝 솟은 산꼭대기에는 사찰이 없었다. 오늘날 사람들이 '남암(南庵)·중암(中庵)·북암(北庵)'이라고 일컫는 세 곳의 지명은 아마도 석옥 선사 이후로 수백 년에 걸쳐 비로소 비교적 많은 사람들이 거주하게 되었고 아울러 임제종의 제자가 이곳에 비교적 큰 암자를 세우고 공불(供佛) 했을 것으로 보인다. 천호암은 지금의 '북암'에 있었을 것으로 보이는데, 그 근거로는 네 가지를 들 수 있다.

첫째, 북암에만 '천호'라는 이름을 가진 연못이 있으며, 지금까지도 널찍한 습지가 펼쳐져 있고 수목이 무성하다. 중암과 남암에는 이런 것이 갖추어져 있지 않다.

둘째, 석옥 선사의 〈산거시〉에 "암자 뒤로는 파도 같은 산들이 펼쳐 있고 푸른 산과 깎아지른 절벽이 사방에 늘어서 있고, 암자는 그 한가운데 있다"고 한 것에 따르면 이곳과 지세가 부합된다.

비석 건립의 주역. 좌측에서부터 최석환(《차의 세계》 발행인), 커우단(차문화 연구가), 왕후이지앙(王會江) 묘서진 인민정부 부진장), 무공 스님(대륜불교문화연구원 이사장).

셋째, 오늘날의 '북암'과 '중암'은 기실 산 위와 산 아래로, 그 거리는 채 0.5리도 되지 않는다. 이는 탑명에 "불법은 치소(緇素)를 적시고, 불자들은 다투듯 달려오니, 필요한 것은 구하지 않더라도 저절로 이르렀다"고 하여 당시 석옥 선사와 거주민 사이의 관계가 원만했음을 뒷받침하는 것이다.

넷째, 지금의 '북암'에는 앞서 언급했듯이 3기의 영탑이 있었고 또 집터에는 부서진 비석이 남아 있다. 탑명에는 석옥 선사가 입적하자 "그의 제자들이 사리를 수습하고 천호에 영탑을 세워 급암탑(及巖塔)에 배향하였다"는 기록이 있다. 석옥탑과 급암탑은 지금은 남아있지 않다.

석옥청공 선사와 천호암은 중국과 한반도의 역사·문화교류와 관계를 지닌다는 점에서 그 의미가 자못 크기에 현지 지방정부의 큰 관심을 끈다. 우리는 "앞으로도 지속적인 연구를 행할 것이며 새로운 사실이 발견되면 보고할 것이다"라고 전했다.

이것이 하무산의 대외 관계의 시작이었다.

그 뒤 계속 석옥과 태고 관련글이 화제가 됐다. '원나라 당시 후저우의 대외 문화전파'가 그것인데 그 글에서 중요한 문제를 제기했다.

석옥청공은 "40년이 넘도록 홀로 은거하느라, 속세가 어떤 흥망성쇠를 겪었는지 알지 못했다" 생활에 있어서는 "땔나무를 하고 채소를 기르는 일을 모두 직접 했다" 81세가 되어서는 시력과 청력을 잃었지만, 그는 임종하기 전까지도 외출할 적에 지팡이에 의지하지 않았고 앉을 적에 깔개를 쓰지 않았다. 그는 찾아온 손님들과 가끔씩 밤새워 이야기를 나누기도 했다. 손님이 피로해 하면 석옥청공은 죽고 나면 이런 정신마저도 없을 것인데 무슨 도(道)를 배우겠다는 것이냐며 농담을 하기도 했다.

석옥청공은 비단 국내에서만 부처의 법을 펼친 것이 아니라 임제종을 해외로 뻗어가게 하였다. 하무산을 한국의 임제종 조정으로 만든 것은 중요한 역사적 의미를 지닌다.

현재 묘서의 지방정부에서는 종교문화와 지방민속을 결합시킨 하무산 개발 계획을 세워 놓고 있다. 임제종의 조사인 황벽희운(黃檗希運)의 '이심인심 심심불이(以心印心 心心不異)'의 가르침에 따라 '심심상인(心心相印)'을 주제로 하는 문화관광 프로그램을 세운 것이다. 만약 당나라 때의 안진경, 교연(皎然), 육우(陸羽)를 비롯해 근대의 법학자인 심가본(沈家本)에 대한 연구를 계통적으로 연계시킨다면, 이는 전통과 현대, 고전과 유행을 유기적으로 결합하는 것이 될 것이다. 묘서는 후저우에서 가장 품위 있는 문화를 지닐 뿐 아니라 가장 다양한 문화가 축적된 고장으로 자리매김 되었다.

그 뒤 필자가 〈태고보우국사헌창기념비〉 제막식 날 〈태고보우의 해동 불교의 위치〉란 논문을 발표하였는데 그 글은 다음과 같이 전개했다.

1996년 한국의 임제종 법손들이 천호암을 찾으면서 다시 꺼져 가는 불빛이 되살아났다. 그 뒤 필자의 노력으로 2001년 후저우에서 처음으로 태고와 석옥 학술연토회가 개최되었다. 그 자리에서 육우차문화연구회 동슈두오(董淑鐸) 회장은 감격의 순간을 다음과 같이 피력했다.

"원대의 불교는 임제종의 고승 석옥청공이 하무산 천호암에서 불법을 펼치고 있을 때 고려의 태고보우 국사가 석옥의 법을 이어 갔습니다. 이는 한·중 선차문화의 유대를 보여 주는 중요한 사건입니다"라고 했다.

그 뒤였다. 2006년 11월 석옥청공과 백운경한을 내세워 청주시와 후저우시가 석옥청공과 백운경한 학술회의를 열어 더욱 후저우시와 돈독해졌다. 그러다가 2008년 봄 저장성 후저우시 묘서진과 한국 불교계가 뜻을 합쳐 하무산에 〈해동선종중흥태고보우헌창기념비〉를 세웠다. 이는 후저우와 한국의 문화교류사에 있어 역사적인 한 페이지가 되었다.

부처와 조사의 경계를 뛰어넘어 간화선사상을 널리 선양시킨 태고보우는 석옥과의 문답에서 걸림 없이 공겁 이전의 소식을 얻음으로써 태고의 선사상을 면면히 이어 왔다. 더욱이 태고는 다선일미를 제창한 점에서 선을 다예로 조화롭게 이끌어 냈다.

당나라 때 '동류지설'이란 말이 있었다. 선이 동쪽으로 흘러간다는 참설인데 일찍이 중국 선종계가 경계한 말이다. 고려에 이르러 태고보우 국사가 해동선종을 중흥시켰다. 태고보우는 선과 다예를 결합시킨 점에서 오늘날 한류의 중심적 인물로 떠올랐다. 석옥청공의 선맥은 중국 땅에서만 머무르지 않고 한국에까지 퍼져 나가 태고보우 국사가 한국 선종의 종조, 중흥조로 자리매김 되었다. 이는 임제의 선이 중국에만 머물지 않고 해외로 뻗은 첫 번째 사례라고 할 수 있다.

후저우시 묘서진 정부의 심심상인 문화관광 계획에 힘입어 〈해동선종중흥태고보우헌창기념비〉를 세워 석옥과 태고의 아름다운 인연이 깊이 빛나게 되었다. 태고보우는 다예와 선을 이끌어 냄으로써 원융불교사상에 머물러 있지 않고 해동불교의 성자로 뚜렷이 자리매김 되었다.

650여 년 만에 햇빛 본 석옥과 백운

국내에서 간화선의 뜨거운 바람이 휘몰아쳐 올 때 원대(元代) 선종의 발상지인 저장성(浙江省) 후저우(湖州)에서는 뜻 깊은 일이 있었다. 원대 선종을 되돌아보는 '백운과 석옥의 선사상과 선차문화의 재발견'이 바로 그것이었다. 2006년 11월 13일부터 3일간 백운경한(白雲景閑)과 석옥청공(石屋淸珙)의 선차문화를 잇는 학술연토회가 개최되어 비상한 관심을 모았다. 중국에서 부는 한국선의 바람이 조심스럽게 이루어진 것이다. 그것도 한국 선종의 법통을 쥐고 있는 석옥청공과 백운경한의 법맥문제를 집중 거론한 점에서 시사하는 바가 매우 크다.

그때가 11월 14일이었다. 석옥과 백운의 선사상과 선차문화를 밝히는 학술연토회가 후저우 국제대주점에서 개최되었다. 8시가 되자 18층에 마련된 국제회의장에 서원대 성기서 교수와 〈차의 세계〉 최석환 발행인이 도착하자 중국 측 공동 주최자인 육우차문화연구회 쉬밍성(徐明生) 회장이 미리 도착하여 우리를 기다리고 있었다. 학술연토회장은 발 디딜 틈 없이 꽉 들어찼다. 8시 30분이 되자 개막선언을 알리고 육우차문화연구회 쉬밍성, 서원대 손문호 총장을 대신한 박규홍 부총장과 월간 〈차의 세계〉 최석환 발행인 순으로 축사가 이어졌다.

학술연토회는 각 발표자 20분씩 간단명료하게 진행되었다. 백운경한과 석옥청공의 선다일미 정신과 선사상, 《직지》 관련 내용을 주제로 16명의 한·중 학자가 발표하자 청중의 눈과 귀가 학술연토회장을 뜨겁게 달아오르게 했다.

오후가 되자 후저우시 부시장이 학술연토회장으로 방문하여 자연스럽게 좌담이 이루어졌다. 서원대 박규홍 부총장, 성기서 교수, 〈차의 세계〉 최석환 발행인, 청주시 김홍현 직지추진단 팀장, 청주시의회 신성우, 최진현 의원과 육우차문화연구회 쉬밍셩 회장이 배석한 가운데 이루어졌다.

참가한 대중들이 후저우는 《직지》의 발상지로 그 뿌리를 찾아왔노라고 말하자 후저우시 부시장은 상기된 듯 매우 흥미롭게 지켜본 뒤 다음과 같이 말했다.

"저장성 후저우는 태호 남쪽기슭에 자리잡은 중요한 성시(城市)로 원나라 때 백운 선사가 석옥청공 선사에게 받았던 《직지심체요절(直指心體要節)》의 인연이 있는 곳으로 650여 년이 지난 뒤에도 이렇게 후저우를 방문해 주셔서 대단히 감사하게 생각합니다. 후저우시는 더 나아가 한국과 우호적인 교류를 계속 맺고 싶으며 앞으로 《직지》를 찾는 데 더 노력할 것입니다. 석옥청공이 주석했던 하무산 또한 관광지로 개발하여 석옥의 선차정신을 이어 갈 것입니다."

후저우시는 미처 잊고 있던 석옥과 백운을 잇는 《직지심체요절》을 인연으로 이렇게 다시 만나게 된 것은 희귀한 인연이라고 입을 모았다. 공동주최자인 쉬밍셩 회장의 축하문에서도 이런 고백을 들을 수 있었다. 서회장의 메시지는 다음과 같다.

"사실 저는 처음으로 《백운화상초록불조직지심체요절(白雲和尙抄錄佛祖直指心體要節)》을 깊게 연구하였습니다. 그 책을 보고 《직지》가 불학(佛學)의 기본 교의(敎意)라고 느꼈습니다. 불학의 관점에서는 마음〔心〕

과 경계(境)의 관계, 마음과 법의 관계, 인(因)과 과(果)의 관계 등을 밝히고 있으며 차문화의 각도에서는 화(和)를 이끌고 화는 귀(貴)가 된다고 합니다. 이 두 사상이 하나로 뭉칠 때 차와 선이 하나되어 더욱더 발전을 이룰 것으로 기대합니다."

학술연토회가 개최되기 3개월 전 취재팀은 후저우시를 방문하여 원로 차학자인 커우단 선생과 육우차문화연구회의 쉬밍성 회장을 차례로 만났다. 그 자리에서 이번 행사의 공동주최자인 쉬 회장에게 《백운화상초록불조직지심체요절》을 주었다. 쉬 회장은 그 책을 받아들고 첫 장을 넘기는 순간 두 눈이 동그래지면서 굳어졌다. "아! 하무산이 여기도 있구나!" 하며 매우 놀라는 표정이었다. 《백운화상초록불조직지심체요절》의 서문은 이렇게 시작한다.

"원나라 지정(至正 11년, 1351)에 백운경한 선사가 후저우 하무산의 석옥청공 선사를 찾아뵈었는데 선문답을 주고받는 동안 석옥 선사는 경한 선사가 불도에 깊이 들었음을 아시고 《불조직지심체요절》 한 권을 주어 그 가르침을 널리 전하고자 하였다. 아울러 말법의 뜻을 헤아려야만 말이 이치에 가 닿을 것이라고 당부했다."

그 구절을 읽어 내려가는 순간 육우차문화연구회 회원들은 너무나 놀라워했다. 그 책을 처음 보는 듯 〈차의 세계〉 발행인 최석환에게 쉬 회장이 이런 말을 했다.

"최 선생의 놀라운 역사인식에 감동했습니다. 저희들보다 후저우를 사랑하고 있으니 선생이야말로 참 후저우인입니다"라며 11월 13일부터 15일까지 후저우에서 여는 학술연토회를 훌륭하게 개최하자는 말도 잊지 않았다.

그리고 커우단 선생이 최석환 발행인이 묵고 있던 호텔로 찾아왔다. 그에게 《백운화상초록불조직지심체요절》을 건네자 책을 읽어 내려가다가 하무산 이야기를 보고 매우 감동을 받았다. 그 후 2개월 뒤 본사로 메일이 왔다. 백운 화상과 묘서(妙西)에 관한 커우단 선생의 글이었다.

"2006년 8월에 뜻밖에도 한국의 차인 최석환 선생이 자료를 들고와 한국의 청주에서는 후저우에 대해 존경심을 지니고 있다면서 두 지역 간에 많은 교류가 있기를 바란다고 하였다〔想不到最近又有韓國茶人崔錫煥先生專程帶着資料來訪, 說是韓國靑州地區對湖州很感敬仰, 希望兩地多多交流云云〕."

그 뒤에 바로 그 자료를 검토한 후 한 편의 글을 쓴 것이 바로 〈백운 화상과 묘서〉였다. 중국 차 학자의 백운과 하무산에 관한 첫 보고서인 셈이다. 이 글에서는 다음과 같이 적고 있다.

"한국의 지인이 보내 온 자료를 접하고 나서 우리는 백운경한이 1298년에 태어나 1374년에 입적한 사실을 알게 되었다. 원나라 지정 11년(1351) 5월 17일 묘서진에 도착한 경한 선사는 하무산으로 석옥청공 선사를 찾아갔다. 당시 두 나라는 서로 문자가 통용되었기 때문에 교류하기에 매우 편리했다. 백운 선사는 석옥으로부터 인가장과 함께 《불조직지심체요절》을 받고 귀국했다."

백운은 귀국 뒤 청주 지역에서 불법을 전파하였기 때문에 지금도 청주 지역에서 그는 높이 추앙받고 있다고 그에게 설명했다. 백운과 석옥은 《직지》라는 한 권의 책을 매개로 650여 년이 지난 오늘날 이렇게 다시 한·중이 손을 맞잡게 했다.

학술연토회는 한·중 학자의 열띤 발표로 오후 5시가 넘어서야 마무리 될 수 있었다.

학술연토회는 세 가지 주제로 나뉘었는데 백운과 석옥의 선사상, 다선일미(茶禪一味)사상의 연원, 그리고 석옥의 선차시에 관한 연구로 그 주제를 정했다. 김태경 교수가 〈연고차와 다례의 복원과 연구〉라는 글에서도 말했듯이 이번 학술연토회를 극적으로 이끈 것은 선문화와 차문화와의 만남이었다. 차를 통하여 불교로 다시 회향하는 모습은 중국에서 열리는 한·중 학술연토회의 진정한 모습을 보여주는 듯했다.

학술연토회가 끝난 뒤 장시사범대의 리슌첸 교수로부터 한 편의 글이 왔다. 〈석옥청공 선사의 선차〉라는 글이었다. 리 교수는 차와 선은 동방문화 교류에 있어서 사신이자 상징이라고 말하며 중국의 차는 한국에 전해져 다례를 이루었고 일본에 전해져서 다도로 발전했다고 밝혔다.

취재팀은 그동안 한국에서 다도라는 말을 왜 아직도 쓰는지 모르겠다고 외국 차인들로부터 질문을 자주 받은 적이 있다.

지금 이 시점에 우리 차의 명칭이 다례인가 차문화인가를 놓고 고민해야 되리라고 생각한다. 650여 년 만에 햇빛 본 석옥과 백운의 선차문화의 재발견은 바로 한국선이 중국 땅에서 햇빛을 본 좋은 계기가 되고 있다. 머지않아 중국 땅에서 한류바람에 이어 한국선의 바람이 거세게 불어 닥칠 것으로 생각된다.

하무산의 과거와 현재

저장성 후저우는 원나라 시기 고려의 태고보우와 백운경한 두 선사가 석옥청공 선사를 찾아가 인가를 받은 뒤 고려로 돌아와 임제선을 널리 전파한 역사적 현장이다. 그뿐만 아니라 육우와 교연이 주석하면서 차문화를 일으킨 곳이기도 하다. 하지만 그렇다고 할지라도 선과 차의 문화가 싹튼 후저우에 다시 선차 바람이 불어온 것은 불과 10년 남짓 된 일이다.

필자가 1996년 한국 임제종 법손들이 저장성 후저우를 처음 찾았을 때 석옥의 존재를 까마득히 잊고 있다가 한국인들로부터 처음 석옥에 대해 듣고 놀라움에 잠긴 현지 사람들의 모습이 지금도 선연히 다가온다. 그 뒤 석옥과 태고의 정신을 잇는 학술연토회가 2000년과 2001년 연달아 개최되어 후저우 사람들에게는 신선한 충격이 되었다.

당시 육우차문화연구회 동슈두오(董淑鐸) 회장은 다음과 같이 술회했다.

"후저우는 저장성 북부 태호 남쪽 기슭에 자리 잡은 중요한 성시(省市)입니다. 이처럼 저장성은 당대의 다성 육우가 30년간 거주하면서 시승 교연과 친교를 맺고 《다경(茶經)》 등을 저술했던 차문화 발상지의 하나

저장성 후저우시에서 개최된 제2차 한·중 차문화교류회의.

이기도 했습니다. 또한 원대(元代) 불교의 중심지로서 임제종의 고승 석옥청공 등이 이곳에서 불법을 펼치자 고려의 태고보우와 백운경한 등이 연이어 석옥청공을 찾아와 법을 이어 갔습니다. 이는 차문화의 중요한 유래로 자리매김되었습니다."

그 뒤의 일이다. 후저우시에 석옥청공 선사가 주석했던 도량사가 있는데, 마침《후저우 도량산지》편찬 작업이 이루어지면서 석옥청공 선사와의 인연 관계를 따져 태고보우 국사의 전적 등을《태고어록》에 의거하여 기록하게 되었다.

이방인의 적극적인 선불교 부흥 운동을 지켜본 후저우 사람들은 감동을 받고 거의 2년 만에 놀라울 정도로 석옥청공 바람을 불러 일으켰다. 그 단적인 예가 2002년 12월 25일 후저우빈관에서 개최된 제1차 한·중 차문화교류연토회인데, 그 자리에서 집중적으로 석옥청공 선사 조명이 이루어졌다. 석옥청공의 도행과 사상, 그의 다선론, 생애 등 거의 석옥청공 선사에 초점을 맞추었다는 점에서 이후 한국 선종과의 관계 정립 등에 관해

진지한 토론이 이루어졌다.

후저우 사람들은 선과 차에 눈을 떴고 중국 유력의 차 전문지 〈차박람〉지(2006년 제2기)의 후저우 차문화 특집호는 2001년 12월 후저우 육우차문화연구회와 한국의 불교춘추사가 공동 주최한 '한·중 선차문화교류연토회'를 후저우차의 역대 사건 중 중요한 한 페이지라고 칭송하기도 했다.

연이어 천호암 남암터인 운림선사가 복원되는 등 크고 작은 뉴스가 터져나왔다. 특히 후저우 차 연구가 커우단 선생과 필자(〈차의 세계〉 발행인)가 2년 전인 2004년 9월에 가진 인터뷰는 2004년 10월 11일 〈후저우신문〉에 〈열기 가득한 학문으로 나타낸 선학사상〉이란 글로 소개되면서 후저우 사람들에게 석옥 신드롬을 일으킨 도화선이 되기도 했다.

직지로 이어온 석옥과 백운, 선차문화로 꽃피다

2006년 11월 13일 저장성 후저우시의 국제대주점에서 '백운과 석옥의 선사상과 선차문화의 재발견'이란 주제로 국제학술연토회가 개최되었다. 이번 학술연토회는 2001년 유네스코 기록유산으로 등재된 현존 최고의 금속활자본인《백운화상초록불조직지심체요절》을 찾는 프로젝트였다. 청주시의 후원을 받아 서원대학교와 동아시아선학연구소, 후저우의 육우차문화연구회가 공동으로 개최한 학술연토회였다.

《직지》의 발상지가 후저우라는 점이 이번 학술연토회가 개최된 근본 동기였다. 백운과 석옥의 차문화 관련 16편의 논문이 발표되는 등《직지》를 통해 석옥의 선차정신을 잇는 열띤 토론이 벌어졌다. 학술연토회가 끝난 뒤 청중으로부터 질문이 쏟아졌다. 그 중 장시사범대 부교수인 리슌첸(李舜臣)의 〈석옥청공 선사의 산거시 중 선다일미〔趣味〕에 대한 연구〉라는 논문에서 하무차가 한국에도 있는데 도대체 그 차가 어디에 있는지 밝

후저우시에서 개최된 석옥 · 백운 학술연토회에서 후저우를 찾은 한국인 참가자들과 담화 중인 후저우 부시장의 모습.

혀 달라는 질문이 있었다. 리슌첸의 논문 중 〈다선일미〉에 이렇게 적혀 있다.

"한국에는 하무차라고 불리는 것이 있다. 당시 석옥청공이 직접 심고 길러 태고보우 국사에게 주어 고려에 전해졌다고 한다. 이 전설은 믿을 수 있는지 없는지는 아직 자세하게 고증되지는 않았다. 하지만 청공 선사가 차를 좋아했던 것만은 분명한 것 같다[韓國有一種茶叫"霞霧茶", 据說是當年由淸珙親手培植幷交給普愚禪師而傳到高麗的. 這個傳說是否可靠, 我們沒有仔細考證, 但淸珙的確十分雅好"茶"]."

그러나 리슌첸 교수는 논문만 기고한 뒤 실제 학술연토회에는 참석하지 못했다. 필자는 학술연토회가 끝난 뒤 난창 우민사 방장 춘이(純一) 스님과 마조 관련 연구때문에 만나기로 되어 있었는데 그 자리에서 자연스럽게 리슌첸 교수와 만남이 이루어졌다.

하무산 일대를 백차밭으로 조성하기 위해 절단해 버린 하무차 나무에서 새순이 솟아났다.

리슌첸 교수가 필자가 묵고 있는 호텔로 찾아와 반갑게 인사를 나눈 뒤 자연스럽게 전날 후저우에서의 학술연토회를 주제로 이야기를 나누었다. 그래서 리 교수가 쓴 '한국에는 하무차라고 불리는 것이 있다'라는 글에 대해 필자가 묻게 되었다. 리 교수는 인터넷 자료를 검색하다가 후저우의 차 연구가인 주민이 쓴 〈석옥과 보우, 한·중 고대 두 큰스님〉이라는 글을 보고 옮겼다고 전했다. 글 끝에 이 전설의 신빙성은 고증되지 않았다고 밝혔다.

주민의 글에는 "태고보우가 고려로 돌아간 다음에도 석옥청공 선사가 손수 재배한 '운무차'를 잊지 못했던 사실을 이해할 수 있을 것이다"라는 구절이 나온다. 원래 이 글의 발단은 1996년 덕암 큰스님을 모시고 이루어진 역사적 하무산 답사이다. 당시 천호암에서 하무차를 경작하던 이는 왕시아이치엔(王小犬)이라는 노인이었다. 왕 노인은 필자에게 당시를 다음과 같이 증언했다. 먼저 왕 노인은 우리들에게 손수 차 한 잔을 대접해 주었다. 찻잎을 대접에 넣고 뜨거운 물을 부었다. 차향이 감돌았다. 그때였다. 왕 노인에게 "이 맛이 무슨 차입니까?"라고 묻자, 그는 "하무차라고 하지요. 이 절을 처음 개창한 석옥청공 이후 비전되었던 것입니다. 이 차는 무엇보다도 맛이 좋습니다. 하무산은 운무가 사시사철 걷힐 날 없는 까닭으로 차를 재배하기에 적합합니다"라고 말했다.

2004년 9월 이후 커우단 선생과 필자, 주민이 만나면서 석옥청공 선사와 관련된 연구는 돛을 달았다. 한·중 두 나라 학자들이 의기투합한 계기가 된 것이다.

한국에도 하무차가 있는가

2004년 9월 이후에 필자가 하무산을 다시 찾았을 때 산은 놀랍도록 변해 있었다. 하무산은 장흥현과 후저우시가 관광화를 권장하면서 주변을 개발하기 위해 서두르고 있었다. 후저우시 정부 1, 2호 차가 미리 우리 일행을 맞기 위해 밖에서 대기하고 있었다. 후저우시를 벗어난 지 1시간 뒤 하무산에 다다랐을 때 하무산이 민둥산으로 변해버린 모습을 보고 깜짝 놀라 후저우시 사람들에게 물어보니 백차산지를 가꾸기 위해 기존의 녹차나무를 베어 버리고 백차밭을 조성 중이라고 말했다. 그 말을 듣는 순간 2004년 여름 중국 학자 커우단 선생과 설전을 벌였던 순간이 주마등처럼 스쳐갔다. "어찌 750년 전의 차나무를 알 수가 있겠습니까"라는 중국 차 학자의 대답이 떠올랐다. 그러나 그 차나무의 뿌리에서 새순이 솟아나 천호암 주변의 차밭 군락지를 만들었다. 그 차나무가 석옥이 심었던 차나무 뿌리에서 소생한 것으로 믿어 왔는데 그 나무가 사라지게 된 것이다. 천호암에는 그때 그 나무가 있을 줄 알았던 생각은 천호암에 도착하자 무너져버렸다. 천호암 주변도 차나무를 베어 버리고 백차밭으로 조성해 버린 상태였다. 정말 앞이 캄캄했다. 중국에서는 돈이 되는 일이라면 과거의 역사 따위는 일순간에 사라질 수 있음을 실감했다. 운림선사 주지에게 후에 들은 이야기인데 자신들도 어찌할 도리가 없었단다. 천호암 주변 차밭은 농가에서도 가지고 있고 이 지역 또한 장흥현에 속해 있어 장흥현이 백차나무 주산지로 만들려는 계획은 속수무책이었다고 했다. 우리 일행은 옛 천호암 자리인 운림선사로 갔다. 우리가 도착하자 운림선사의 주지와 신도들이 정성껏 우리를 맞이했다. 먼저 법당에 들어가서 반야심경을 독송한 뒤 차를 올리고 법당 뒤 방장에 둘러앉아 천호암 내력을 들었다. 한 청년이 미리 준비해 온 자료를 통해 천호암에 대해 자세히 설명해 준다.

　"천호암은 후저우에서 남쪽으로 25km 떨어진 묘서(妙西)에 있는데 당나라 이래 수십 개의 절이 있어 향을 사르는 자욱한 연기와 범패소리가 끊이지 않았다. 그 뒤 송나라까지 이어져 임제종의 18대 법손인 석옥청공 선사가 하무산을 찾아왔다. 그는 그곳에 초막을 짓고 30년간 거처했는데 당시 고려에서는 태고와 백운이 그의 법을 이었다. 태고보우 국사는 석옥청공의 비문에도 나올 정도로 인정받은 고승이었다. 태고보우의 뒤를 이어 백운경한 선사가 찾아와 석옥청공 선사에게 인가 받은 뒤 《직지심체요절》을 받고 귀국했다. 마지막으로 백운을 부촉할 정도로 당시의 고려 스님들은 크게 신망을 얻은 것 같았다. 그 밖에도 32명의 고려 스님들이 하무산을 찾아 수행을 했었다."

운림선사의 한 거사가 천호암을 소개한 뒤 운림선사에서 나누어 준 천호암 배경 자료를 읽다가 예전 학술연토회에 참가한 한국의 어느 교수가 다음과 같은 질문을 던졌다. 주민이 쓴 〈석옥과 보우, 한·중 고대의 두 큰스님〉이란 글 중 맨 끝에 "한국에서는 하무차(霞霧茶)라고 불린다"라는 구절을 보고 "한국에 하무차가 있느냐"고 물었다. "누가 이런 말을 했느냐"고 묻자 청중이 어리둥절해 했다. 그 뒤 자료를 자세히 살피니 "석옥청공 선사가 손수 하무산에 심은 15그루의 차나무가 현재 한국에서는 '하무차'라고 불리어 더욱 진귀하다[石屋親手在霞幕山种了 15株茶樹 今韓國 稱爲 "霞霧茶" 彌足珍貴]라는 말이 나온다. 이는 문헌을 제대로 파악하지 못하는 데서 나타난 오류로 말 이전에 문헌을 검증한 뒤 진지하게 신중을 기해야 할 것이다.

하무차는 어디 가고 백차나무만 있더라

2004년 9월, 석옥이 심었던 하무차의 뿌리를 놓고 커우단 선생과 설전을 벌였던 하무산의 현장이 2년 뒤에 역사의 뿌리마저 사라질 위기에 놓였다. 하무산 일대에 백차나무를 조성하기 위해 지난해부터 대대적 경지 작업 끝에 천호암 주변의 100여 년간 소중히 가꾸어 온 하무차밭 또한 사라지고 말았다. 천호암은 장흥현 관할로 장흥현 정부는 과거 차나무의 수종 변경을 위해 그 일대를 백차밭으로 조성하기로 결론 지었다. 잘 아시다시피 백차는 북송 때 휘종이 푸젠성 건안현에서 발견한 차로《대관다론》에는 백색의 찻잎이 극히 희소한 차라고까지 소개되었다. 그러나 백차는 녹차의 변이로 백차의 유전자가 불안정하여 그해 첫 잎이 백색이라고 해서 다음해에도 백색이 되리라는 보장이 없다. 그런데 90년도 저장성 북부의 안길현 대계촌에서 발견된 백색나무 두 그루의 무성번식에 성공해 안길현을 백차산지로 개발했다. 이에 자극받은 인근 장흥현은 육우의《다경》에도 등장되고 있는 자순차를 내세워 현이 앞장서서 백차 산지를 가꾸겠다는 의지를 보였고 하무산 일대를 백차 산지로 조성하게 된 것이다. 석옥이 심었던 차나무 뿌리에서 새순이 솟아나 100여 년간 자랐던 하무산의 차나무는 그 백차로 인해 수난을 당해 석옥청공 바람에 찬물을 끼얹고 있었다.

그러나 베어버린 뿌리에서 다시 차나무가 소생하는 것을 보고 생명의 소중함을 느꼈다. 그순간 석옥의 말씀이 메아리 되어 들려온다.

"한마음이 나지 않으므로 만법에 허물이 생기지 않도다. 허물도 없고 법도 없어서 생기지도 않고 마음먹지도 않는 이러한 바가 도이다. 산승이 이 암자에 있을 때 오직 살고 있는 경계를 보면 문은 천개의 봉우리를 대하고 있지만 마음은 한가로이 한곳에 있도다. 아침에는 흰구름이 흘러가는 것〔冉冉〕을 보고 저녁에는 흐르는 물의 잔잔함을 늘 보며 다리가 부러진 솥안에 콩잎을 삶고 움집에 앉아 떨어진 납의를 꿰매어 입어도 자재하여 얽매임이 없다."

　석옥의 언어를 들으면서 '왜 오늘을 살고 있는 사람들은 물질에 그렇게도 휘둘리는가' 라는 생각이 절로 들었다. 무욕청정심으로 살았던 석옥의 질책의 선어가 가슴에 와 닿는다. 그렇게 변화된 천호암을 보면서 계단을 반쯤 걷다가 보니 베어 버린 차나무 사이로 찻잎이 솟아나 있었다. 바로 이 순간 변함없는 석옥의 청빈한 삶이 하나의 찻잎으로 다시 소생함을 가슴속에 담고 천호암을 내려왔다. 그 찻잎이 바로 화두가 되어 '한국에도 하무차가 있는가' 라는 메시지로 남았다.

석옥청공은 누구인가

　태고보우를 통해 고려에 임제선을 전한 석옥청공 선사는 원나라의 유명한 고승이다. 원래 유명 서예가인 조맹부와 친교가 있을 정도로 빼어난 인물이다. 그가 고려 사람에게 친히 임제의 법을 전한 것은 매우 의미 있는 일이다. 석옥청공의 약전은 원욱이 쓴 〈석옥청공탑비명〉과 〈보속고승전〉에 자세히 전해온다. 《보속고승전》의 〈석옥공선사전(石屋供禪師傳)〉에 그의 제자로는 태고보우가 있는데 그는 고려국 사람으로써 '금빛 비단 잉어가 낚시에 올라온다' 라는 시구를 주며 고려의 첫 번째 제자로 인가했다고 밝혔다. 그처럼 석옥은 태고에게 각별났고 고려를 사랑했던 고승이다. 최근 편찬한 《후저우 도량산지》의 〈복원선사〉편은 석옥청공의 생애를 자세히 전하였다. 석옥 선사는 장쑤(江蘇) 상숙시(常熟市) 사람으로 속성은 온(溫)씨이고 이름은 청공(淸珙), 자는 석옥(石屋)이다. 선사는 어렸을 때에도 채식을 하였다. 20살 때 쑤저우(蘇州) 홍교(興教) 숭복사(崇福寺)에서 출가하였다. 23살 때 구족계를 받았다. 후에 두루 참알하여 임안(臨安) 서천목(西天目)으로 가서 고봉원묘(高峰原妙) 선사를 만났다. 청공 선사를 본 고봉 선사가 물었다.

급암과 석옥 선사와 인연 깊은 만수산 도량사.

"어디를 가는가?"

"내가 지금 천목산에 올라가 고봉 화상을 뵈오려 합니다. 같이 가는 것이 어떻습니까?"

청공 스님이 기쁘게 여겨 천목산으로 들어가 고봉 스님을 뵈었다. 고봉 스님은 청공에게, "그대는 어찌하여 여기에 왔느냐?" 하였다.

"큰 법을 구하고자 왔습니다."

"큰 법을 어찌 쉽게 구하고자 하느냐. 향이나 피움이 어떻겠느냐?"

"제가 오늘 화상을 직접 뵈었습니다. 큰 법을 어찌 숨겨 두십니까?"

고봉 스님은 은근히 법기라 여겨 만법귀일의 화두를 주었다.

고봉 스님 밑에서 만법귀일 일귀하처라는 화두를 3년 동안 참구하였지만 소득이 없었다.

그 뒤 고봉스님 회상에서 하직하고 푸젠(福建) 건양(建陽) 서봉(西峰)에 급암종신(及庵宗信) 선사를 만나 6년을 참알하며 급암의 아래에 있었다.

급암 선사는 석옥을 보더니 단도직입적으로 물었다.

"어느 곳에서 왔는가?"

"천목산 고봉 화상의 처소에서 왔습니다."

"고봉 화상이 무엇을 가르쳐 보였는가?"

"만법귀일의 화두입니다."

"그대는 그것을 무엇이라고 하였는가?"

석옥이 대답을 하지 않고 절을 올리며 가르침을 구하자 급암 스님이 간절히 가르쳐 주었다.

대덕(大德·1297~1307) 말 급암은 후저우(湖州) 도량산(道場山)으로 옮기어 다시 참하였고 감험실증(勘驗實證)을 얻어 고장(庫藏)의 주인이 되었다. 급암은 당시 대중들에게 선사를 매우 높이 평가하며 말했다.

"이 자는 법해(法海) 가운데 그물을 뚫고 나오는 금린(錦鱗: 금빛 비단 잉어를 말함)이다!"

선사는 법을 이어 임제 18대 법손이 되었다. 또 항저우 영은사(靈隱寺)에 이르러 주지인 열당은(悅堂誾) 선사의 제2수좌가 되었다.

석옥청공이 급암 스님에게 인가를 받은 이후 그의 사상은 뚜렷이 나타난다. 난징대 홍수이핑(洪水平) 교수의 〈원대 선종법맥에 대한 소고〉에도 석옥청공과 태고보우의 사승관계가 드러났다. 석옥청공의 법이 고려의 태고보우(太古普愚)에 전해졌다. 석옥청공이 법맥이 고려의 태고보우 스님에게 전하여진 후 조선조까지 그 사상이 이어졌다. 1818년 《육로산거영(六老山居咏)》에 석옥청공의 산거 24수를 다산(茶山) 정약용(丁若鏞·1762~1836)과 수룡색성(袖龍賾性·1777~?), 철경응언(掣鯨應彦·?~?), 침교법훈(枕蛟法訓·?~1813), 철선혜즙(鐵船惠楫·1791~1858) 등 다섯 사람이 차운한 시집이 나왔다. 금명보정(錦溟寶鼎·1861~1930) 선사의 《백열록(柏悅錄)》에 소개될 정도로 조선조 사

대부가에서도 석옥의 시문이 인기를 끌었다. 석옥청공이 〈태고암가〉를 보고 단박에 인가한 태고보우는 누구인가. 태고보우(1301~1382)는 속성이 홍(洪)씨이고, 처음의 이름은 보허(普虛)이고 호는 태고(太古)이다. 충목왕(忠穆王) 2년(元至正 6년, 1346)에 원에 들어갔다. 다음 해에 후저우 하무산 천호암(天湖庵)을 찾아서 석옥청공을 참방하여 자신이 지은 〈태고암가(太古庵歌)〉를 바쳤다. 서로 묻고 답하는 동안 청공은 그가 마음에 들었다. 청공은 그의 〈태고암가〉에 발문을 지었고, 아울러 가사를 부촉하면서 "의발은 오늘 것이지만 법은 영산에서부터 전해온 바이니 오늘 그대에게 다시 부촉하는 바이다"라고 말했다.

태고는 이로부터 고려에 임제종이 전해진 최초의 적손(嫡孫)이다. 귀국 후 왕사로 책봉받고, 또한 국사로 되었다. 보우는 임제선의 '자연임운(自然任運)'의 진제(眞諦)를 깨우쳤던 것이다. 그는 "일체 선악에 대해서 사량(思量)하지 말지라. 몸과 마음법을 일시에 다 놓아라"라고 하면서 화두를 참구하는 것으로써 공부하는 이의 정사(情思)와 지해(知解)를 끊도록 하여서 스스로 끊고 스스로 깨달음을 얻어야 한다고 하였다. 그는 말하

石屋珙禪師傳

清珙字石屋蘇州常熟人俗姓溫母劉氏生之夕有
異光及長依崇福永惟出家二十祝髮越三年受具
走天目見高峰和尚峰問汝為何來師曰欲求大法
峯曰大法豈易易求邪須然指香可也師曰某今日親
見和尚峯嘿嘿器之授以萬法歸一之語三年罔所得
辭他行峯曰溫有及庵宜往見之乃見及
庵問何來曰天目曰有何指示師曰萬法歸一庵
曰汝作麼生會師無語庵曰此是死句什麼害熱病
底教汝與麼生師拜求指示庵曰有佛處不得住無佛
處急走過這箇亦是死句
師不覺汗下後入室庵再理前語詰之師答上馬見
路庵何曰在此六年猶作這箇見解師發慎去途中
忽舉首見風亭豁然有省同語庵去矣是死句
也是死句庵曰汝作麼生會師曰清明時節雨初晴黃
句了也庵曰汝作麼生會師送之門騾曰已
鷲枝上分明語庵領之久乃辭去庵
後與汝同龕俄而庵遷湖之道場師再參命典藏鑰

《보속고승전》에 전하는 〈석옥공선사전〉. 이 전기에도 분명히 고려의 태고보우를 언급한 뒤 금린이 고려에 전하여 졌다고 기록하고 있다.

기를 "생각이 일어나고 생각이 멸하는 것을 일러서 생사라고 한다. 생사가 있는 때에 반드시 있는 힘을 다하여 화두를 들어야 한다. 순일(純一)하면 생각이 일어나고 멸하면 다하게 된다. 그 일어나고 멸하고 다하는 곳을 일러서 적(寂)이라 한다. 적(寂)에서 화두가 없으면 무기(無記)라 하고 적(寂)에서 화두를 불매(不昧)하면, 이러한 것을 영지(靈知)라고 한다. … 심신(心身)과 화두가 하나가 되어 서로 인연하여 의지하는 바가 없으면 마음도 멈추는 곳이 없게 된다. … 천번 만번 의심하여서 한꺼번에 뚫어야 한다." 이는 대혜종고의 선맥과도 일맥상통하는 것이다. 대중 앞에 다가선 것은 시대적 요구로 받아들인다. 그때 어떤 사람이 이런 말을 했다.

"사문은 마땅히 법을 널리 펴는 것으로 중임(重任)을 삼아야 하는데 사(師)는 한가로이 지내려 하니 무엇을 더 말하겠소."

이에 분연히 일어나 복원선찰의 주지가 되어 크게 선풍을 일으킨다.

석옥청공은 천호암에 오기 전 복원선사에서 선풍을 널리 폈다. 복원선사는 저장성 평호시에 있다. 〈평호현지〉에 복원선사에 관한 기록이 전해온다. 저장성(浙江省) 평호시(平湖市) 신태진(新埭鎭, 23都), 유적지는 세 곳이 있다. 첫째 당나라 장경(長慶, 821~824)에 23도(都)의 복원당(福源塘)에 처음 건설하였다. 송나라 때 병화(兵火)로 폐쇄되었다.

두 번째는 원나라 황경(皇慶) 원년(元年, 1312)에 장죽계(長竹溪)가 23도 당호리(當湖里)에 다시 건설하였다. 연우(延祐) 5년 무오(戊午, 1318) 석옥청공 선사의 법형제 평산처림(平山處林) 선사가 개당하고 10여 년을 머물렀다. 그때 석옥의 명성을 듣고 급히 격문을 띄워 모두에게 널리 가르쳐 줄 것을 청했다. 복원의 제2대 주지가 되었고 선사는 움직이지 않았다. 법형제 평산이 권하여 말하길 "사문은 법을 널리 알리는 것이 중요한 임무인데 한가롭게 홀로 머무르니 말해서 무엇하랴!" 복원의 주지가 되어 매우 흥성하여 학식이 높은 승려들이 구름 같이 모였다. 7년을 머물렀다(약 1333~1339 또는 1334~1340). 종풍을 크게 떨치고 천호암으로 돌아갔다. 지정 7년(1347) 태고 선사가 이곳에 이르렀으나 석옥을 만나지 못했다. 석옥이 일찍이 복원사에서 천호암으로 돌아갔기 때문이다. 명나라 영락(永樂) 20년(1422) 승려 유현(維賢)이 다시 중수하였다. 정통(正統) 12년(1447) 승려 본증(本證)이 장전(藏殿)을 중건하였다. 가정(嘉靖, 1522~1566)에 병비사서(兵備司署)로 바뀌었다.

세 번째 융경(隆慶) 2년(1568) 육서봉(陸胥峰)과 오대(五臺), 담암(湛庵), 운대부자(雲臺父子)는 23도 원주우(圓珠圩: 지금의 新埭鎭 新溪 서쪽 1里)로 옮겼다. 부도(浮圖) 7급(級)이 있는데 장석(藏石)에 새겨진 《묘법연화경(妙法蓮華經)》이 그중에 있다. 사찰의 샘물은 마르지 않는다. 사찰이 건설되기 전에는 밤에는 항상 하늘을 환히 밝히었다.

강희(康熙) 8년(1669) 승려들이 바다와 같이 중수하였다. 함풍(咸豊) 10년(1860) 병화로 훼손되었고 원대 서법의 맹주 조맹부(趙孟頫)가 쓴 '복원선사'가 새겨진 돌이 남아있다. 동치(同治) 7년(1868) 사찰의 승려들이 자금을 모집하여 수건하여 수 채의 옛 유적지를 건설하였지만 지금은 존재하지 않는다.

청산을 벗하며 살았던 석옥청공 스님은 하무산의 산세를 보고 깨달음을 노래한다.

산 이름이 하막산(霞幕山)이요, 샘 이름이 천호(天湖)에서 살 만한 곳을 가려서 정한 것은 임자년 초로 기억한다〔卜居記得壬子初〕. 산 위 흙덩이에 반석(磐石)을 얹으니 마치 물에서 나온 푸른 부용과 같구나. 다시 천호(天湖)에 샘이 있어서 선천(先天)부터 지금까지 흐르니 언제나 마르겠는가. 샘 옆에 암자를 지어 이곳에서 늙으려 하니 이곳에는 한 점 홍진(紅塵)도 없구나.

겉으로 드러난 규모는 좁은 것 같지만 중간을 취해 쓰면 넉넉하다네. 푸른 비단은 연기와 같아 황금상을 가리고, 조각한 받침대는 물에 잠겨 하늘의 길을 침범당하네〔雕盤沈水凌天衢〕. 포단의 참선 의자는 좌우로 벌려 있고 향종(香鐘)과 운판(雲板)은 아침과 낮에 울리네. 질그릇에는 상서로운 풀이 심어져 있고 돌대야의 물에는 용추(龍湫)의 부들이 자라네. 밥은 향기롭고 죽은 부드러우니 산전(山田)의 쌀이라네. 오이는 달고 나물은 매우니 집 정원에서 거둔 야채라네. 얻고 잃음과 옳고 그름을 모두 놓아 버리고 가고 앉고 눕는 것에 조금도 걸림이 없다네.

때로는 흰 불자(拂子)의 손잡이를 불잡고 때로는 검은 염주를 돌리며 때로는 기쁨에 춤을 추고 때로는 묵묵히 앉아 입을 다문 채 게으르게 조사가 서쪽에서 오신 뜻을 궁리하고 동쪽 노(魯)나라의 시서(詩書)를 말하기도 하며, 자기가 범부인지 성인인지 알지 못하거니 어찌 능히 이것이 손인지 나귀인지를 알겠는가. 객이 와도 모시고 말할 겨를이 없어, 마른 나무를 주우려고 먼저 가서 차 끓일 준비를 하네. 붉은 살구나무가 우거져 있고, 봄꽃이 피었는데 맑은 그늘이 성하고, 여름 나무가 가리는 것 같네. 바위의 계수나무는 바람 앞에서, 산 골짜기로 돌아오고 눈 속의 매화꽃은 온 수풀에 맑은 향기를 뿌리네.

세상에는 이러한 참된 즐거움이 없으니 산중에 무슨 흉한 근심이 있겠는가. 가벼운 수레와 높은 일산(日傘)을 즐기지 아니하고, 많은 무리들이 따르는 것을 즐기지도 아니하며 그렇다고 서방 극락세계를 즐기지도 아니하고 하늘 위에 정거천(淨居天)도 즐기지 아니한다네. 마음 속에는 늘 부족한 것이 없으며 눈 밑에는 모두 여유가 있다네. 밤에 부는 피리소리로 음악에 맞추어 새벽 하늘로 까마귀가 날아오른다.

물고기가 뛰어오르는 것[躍]은 새를 좋아함인가. 길은 현묘함으로 통하여 한없이 멀며 경계는 세상을 초월하여 청명하게 비었다. 글 하는 사람은 생각을 다하여 읊으려 하여도 글귀를 이루지 못하고 단청을 그리는 자는 재주를 다하여 그리려 하여도 그림을 그릴 수가 없다네. 오직 도연명만이 나를 분기시킬 수 있으니 도를 이해하기에 나 또한 내 오두막을 사랑한다네. 산중에 사는 것은 한가할 때가 없고 알아주는 이가 없이 오직 스스로 아는 것이니, 산을 돌아다니며 대나무를 찾아 찬물에 담그고 부싯돌로 불을 일으켜 아침밥을 짓는다네.

향기로운 쌀을 방아로 찧고 땔나무를 꺾어 불을 피우니 솥을 잡지 않아도 침이 먼저 나는구나. 밭이랑을 일구기 바빠 고구마 심을 틈이 없고 밭을 호미질하기 바빠서 개간지엔 다시 황기(黃芪)를 심어야 겠구나. 대낮에는 손발 쉴 틈이 없어 저녁은 아직 이른데 참선하기가 피곤해서 돌아와 발을 씻고 평상에 올라가 잠이 드니 노곤히 산에 달이 뜬 것도 알지 못하다가 숲 너머에서 한가로이 우는 새 울음에 깨어 보니 한밤의 붉은 해가 소나무 가지에 걸렸구나. 오늘도 내일도 이렇게 지내고 내년과 후년도 이렇게 지내려네.

봄엔 풀이 띄엄띄엄[離離] 나고 여름엔 나무가 무성[葳蕤]하며 가을엔 구름이 뭉실뭉실[片片]하고 겨울엔 눈이 펑펑[霏霏] 내리니 허공이 땅에 떨어지고 수미산(須彌山)이 잘게 부서지며 삼세(三世) 여래는 때묻은 옷을 벗는다네〔山名霞幕泉天湖. 卜居記得壬子初. 山頭有塊臺磐石. 宛如出水靑芙蕖. 更有天湖一泉水. 先天至今何曾枯. 就泉結屋擬終老. 田地一點紅塵無. 外面規模似狹窄. 中間取用能寬舒. 碧紗如煙隔金像. 雕盤沉水凌天衢. 蒲團禪椅列左右. 香鐘雲板鳴朝晡. 瓷甖土種吉祥草. 石盆水養龍湫蒲. 飯香粥滑山田米. 瓜甛菜嫩家園蔬. 得失是非都放. 經行坐臥無相拘. 有時把柄白塵拂. 有時持串烏木珠. 有時歡喜身舞蹈. 有時默坐觜盧都. 懶擧西來祖意. 說甚東魯詩書. 自亦不知是凡是聖. 他豈能識是牛是驢. 客來未暇陪說話. 拾枯先去燒茶爐. 紅香旖旎. 春華開敷. 淸陰繁茂. 夏木翳如. 巖桂風前喚回山谷. 梅花雪裏淸殺林逋. 人間無此眞樂. 山中有甚凶虞. 也不樂他輕輿高蓋. 也不樂他率衆匡徒. 也不樂他西方極樂. 也不樂他天上淨居. 心下常無不足. 目前觸事有餘. 夜籟合樂. 曉天昇烏. 戲魚翻躍. 好鳥相呼. 路通玄以幽遠. 境超世而淸虛. 騷人盡思吟不成句. 丹靑極巧畫不成圖. 獨有淵明可起予. 解道吾亦愛吾廬. 山中居沒閒時. 無人會惟自知. 遠山驅竹筧寒水. 擊石取火延朝炊. 香粳旋舂柴旋斫. 砂鍋未滾涎先垂. 開畲未及種紫芋. 鉏地更要栽黃箕. 白日不得手脚住. 黃昏未到神思疲. 歸來洗足上床睡. 困重不知山月移. 隔林幽鳥忽喚醒. 一團紅日懸松枝. 今日明日也如是. 來年後年還如斯. 春草離離. 夏木葳蕤. 秋雲片片. 冬雪霏霏. 虛空落地須彌碎. 三世如來脫垢衣〕.

700년이 지난 지금 석옥은 갔으나 그가 심었던 차나무는 그때 그 모습 그대로였고, 그의 삶을 볼 수 있는 자연풍광 역시 그대로였다.

태고보우 국사 행적 기록한
후저우(湖州) 만수산《후저우 도량산지》

태고보우 국사는 이 길로 천호암을 찾아
갔다.

1996년 4월 하무산(霞霧山) 답사 이후 실로 5년 만에 하무산 천호암을 다시 찾았다. 첫 번째 답사 때와는 달리 이번 답사는 저장성 후저우시 장성호텔에서 개최된 '선차문화 교류연토회'를 통해 태고보우 국사와 석옥청공 선사 법맥의 연원이 집중적으로 연구·토론된 이후의 답사여서인지 후저우 사람들의 고려승 태고보우에 대한 인식이 적극적

만수산 도량사.

이었음을 알 수 있었고 태고보우에 관한 연구가 급진전되었다는 점에서
매우 의미 있는 답사였다.

5년 만에 하무산을 찾아나선 것은 한국선차문화교류단으로 '선차문화
교류연토회'를 마친 2001년이 저물어 가는 12월 29일이었다. 후저우 시
내에서 1시간 가량 자동차로 달려 묘서향(妙西鄕)에 도착했다. 5년 전의
모습과 다름이 없었지만 천호암지에 도착하자 그 기운은 더욱 굳어져 있
었다. 천호암은 수복되었고 운림선사(雲林禪寺)로 그 명맥을 이어 가고
있었다. 참으로 석옥청공의 정신이 되살아나는 듯했다.

석옥청공 선사가 임제종의 법맥을 고려의 태고보우 선사에게 부촉한 내
력은 학계에서 수없이 밝혀 왔다. 그러나 그동안 미흡하게 알려진 석옥의
선다맥을 구분해 보면 원오극근의 다른 한 제자로 호구소륭(虎丘紹隆)계
의 후예 설암조흠(雪岩祖欽)이 있다. 설암조흠 밑에 급암종신(及菴宗信)
이 있고 그 법맥은 석옥으로 이어지는 법맥 전승으로 이어졌다. 흥미로운
것은 북송시기에 북방은 조동종이 우세한 반면 강남은 양기파가 석권하

석옥청공의 정신이 살아 있는 하무산 차밭.

다시피 했다. 그런 이유로 계속 양기파 중심으로 재편되지 않았나 싶다.

석옥은 임제의 18세손이며 태고는 19세손으로 한국 불교의 종조 내지 중흥조의 위치를 차지하고 있다는 점에서 태고는 영원한 한국 불교의 화두로 떠오른다.

선차의 고향, 후저우

중국 저장성 후저우는 원대 선종(元代 禪宗)의 중심지이지만 그동안 잊혀져 왔을 뿐만 아니라 다성으로 이름을 떨친 육우(陸羽)만을 기억하기 쉽다. 때문에 그동안 수많은 사람들이 후저우를 찾았으나 정작 한국 선불교의 맥을 잇고 있는 태고보우는 잊혀져 왔다. 2001년 4월 필자는 후저우 육우차문화연구회 관계자들을 만날 수 있었는데 그들은 다성 육우를 알리기에만 급급했다. 그 때 그들에게 이런 질문을 던졌다.

"후저우는 일본보다 오히려 한국과 밀접한 관련이 있습니다. 석옥청공

《후저우 도량산지》에 태고보우의 입전을 가리키는 도량사 방장과 필자의 모습.

을 아십니까?"라고 물으니 "기억나는 듯하다"고 성의 없게 답할 뿐이었다. 그때 그들에게 석옥청공이 고려 태고보우 국사에게 선법을 전한 사실을 아느냐고 문자 그들은 모른다며 지금부터 연구할 터이니 자료를 달라고 말했다. 한국으로 돌아가면 꼭 자료를 보내겠다고 답하고 서울로 돌아왔다. 아울러 학술회의 개최를 합의하게 되었는데 애초 원대 후저우의 차문화 재조명에 대한 연구에 선종 연구를 더하여 2001년 12월 27일 개최하기로 계획되었다.

이렇게 준비되어 온 학술회의가 드디어 2001년 12월 27일 열리게 되었다. 육우차문화연구회 동슈두오 회장은 개회사에서 "원대에 불교는 임제종의 고승 석옥청공 등이 후저우에서 불법을 펼쳤는데 고려의 태고보우 국사가 석옥청공 선사에게서 법을 이어 갔다"고 분명히 밝히면서 한·중 두 나라는 예로부터 한 집안과 같다고 말하였다.

그런데 학술회의가 끝나고 뜻밖에 다른 곳에서 태고보우 선풍의 흐름이 전개되어 갔다. 학술회의가 끝난 이튿날 한국선차문화교류단은 도량산 만수선사를 찾았는데, 후저우 사람들이 얼마나 태고 바람을 일으키고 있는지 실감하게 되었다. 그것은 1년간 준비했다는 《후저우 도량산지》 편찬이다. 도량산 만수선사를 찾은 것은 12월 28일이었다. 마침 《후저우 도량산지》 편찬을 위해 기초정리를 한 원고를 볼 수 있었는데 그때 석옥의 법맥에서 고려승 태고가 인가 받은 흔적을 분명히 볼 수 있었고 중국에서 석옥의 법맥이 절손된 사실도 찾게 되었다. 《후저우 도량산지》에는 목은 이색이 찬한 〈원증국사비〉 원증 태고보우 행장과 한국에서 출간한 《석옥청공어록》 등을 소개하고 있다. 이들 자료는 필자가 한문으로 된 《태고보우어록》을 후저우 도량사 편찬인인 루우보천(羅伯仟) 선생에게 전하면서 《후저우 도량산지》에 등장하게 되었다.

더욱이 그 동안 태고보우 국사의 중국 구법 중에서 미궁 속에 빠져 버렸던 남소산의 축원성 선사와의 관련된 이야기가 적나라하게 밝혀져 태고 연구에 도화선이 될 것 같았다. 우리가 잊고 있던 석옥청공 선사의 스승인 급암 선사가 주석한 복원선사에 관한 기록도 수록되어 있어 《후저우 도량산지》는 한국 선종사 연구에 단서를 제공케 되었다.

또한 《후저우 도량산지》는 다음과 같이 법맥을 밝히고 있다.

임제의현(臨濟義玄) → 홍화존장(興化存奬) → 남원혜옹(南院慧顒) →
풍혈연소(風穴延沼) → 수산성념(首山省念) → 석상초원(石霜楚圓) →
양기방회(楊岐方會) → 백운수단(白雲守端) → 오조법연(五祖法演) →
불과극근(佛果克勤) → 호구소륭(虎丘紹隆) → 응암담화(應庵曇華) →
밀암함걸(密庵咸傑) → 파암조선(破庵祖先) → 무준사범(無準師範) →
설암조흠(雪巖祖欽) → 급암종신(及庵宗信) → 석옥청공(石屋淸珙) →
태고보우(太古普愚)

태고보우까지 기록하고 있어 태고보우 국사의 중국 내에서의 위상을 실감케했다. 이 책은 석옥의 가풍을 '광현조등중흥불일(光現祖燈重興佛日)'이라고 밝혔다. 즉 '불광이 현묘하게 비치니 조사의 등불이 대대로 중흥되어 불일이 세상이 비친다'고 말하고 있다.

태고보우 국사의 전적 일부와 도량산 만수선사 법맥도에 석옥청공의 법맥이 고려 태고보우에게 이어졌다고 기록되어 있었다. 고려로 선법이 전개된 사실을 밝히고 있는 점에서 그들 스스로가 석옥의 법맥이 고려로 옮겨 갔음을 인정하고 있음을 알 수 있었다.

그때 우리 일행 가운데 도량사를 찾은 태고학회의 무공 스님은 태고의 선풍이 중국에서 회자되고 있는 것에 참으로 벅찬 감동을 받았다고 했다.

후저우(湖州)는 저장성(浙江省)의 남쪽 기슭에 자리 잡고 있는 성시로 당대의 다성 육우가 시승 교연 스님과의 인연에 따라 《다경》 등을 저술했던 곳이다. 육우가 물을 길어 스승 교연 스님의 찻심부름을 했던 장흥현의 금사천이 남아 있는 이곳은 차문화의 발생지로 손색이 없다.

후저우에서는 육우가 싹을 틔운 이래 당나라 중기 이후 차운동이 시작되었다. 이러한 차운동은 선문화와 절묘하게 만나면서 비로소 선차문화의 꽃을 피우게 된 것이다.

양기방회를 주목하는 까닭은 송대 이후 임제종의 양기파가 동아시아 선종을 주도하다시피 하였기 때문이다. 그 중심이 저장성의 천목산과 하무산이었다. 선다일미의 연원이 된 선종의 끽다의 역사는 조주로부터 시작되지만 선다일미라는 용어가 정식으로 제도화된 것은 송나라 때로 송대 고승 백운수단과 원오극근 선사에 의해 선다일미는 주창되기에 이른다.

그대가 석옥을 아느냐

이 글은 중국의 저명한 차학자인 커우단 선생이 〈후저우신문〉에 기고한 글로 2004년 8월 후저우에서 이루어진 필자와의 불꽃튀는 선문답을 다룬 것이다.

8월의 무더운 여름 밤 11시 〈차의 세계〉 발행인 필자가 묵고 있는 호텔로 커우단 노사가 찾아오면서 이야기는 시작되었다. 그 다음달 〈후저우신문〉에 당시 필자와 나눈 미담이 실리면서 후저우 사람들이 석옥청공에 대해 조금씩 이해하기 시작했고 석옥이 고려의 태고보우에게 선법을 전한 미담이 한 · 중 선차문화교류의 첫 번째 장을 열었다고 극찬했다. 다음은 〈후저우신문〉에 실은 커우단 선생의 글 전문이다.

한 · 중 차학자의 선문답

2004년 8월 말, 한국 〈차의 세계〉 발행인이 다음 날 귀국해야 하는 관계로 당일 밤 11시 이후에 만날 것을 약속하고 약 2시간 정도 후저우차 (湖州茶)에 대한 이야기를 했다.

이야기를 어느 정도 나눈 후 화제(話題)가 바뀌어 〈차의 세계〉 발행인

2004년 8월, 2시간에 걸쳐 선문답을 벌이고 있는 커우단(중국 저명 차 연구가) 선생과 〈차의 세계〉 발행인.

이 탄식하여 말하기를 "후저우에서 몇 사람에게 물었더니, 석옥청공(石屋清珙)에 대해 아는 사람이 적거나 또는, 전혀 모르니 정말 이상합니다. 그분의 이름은 한국의 비석이나 옛날의 중국에도 있는데, 그분이 참 후저우인이 아닌가요"라고 했다.

필자(커우단 노사)가 설명하기를 "〈후저우신문〉에 여러 번 소개되었으나, 다만 계통적 연구가 부족했지요. 그분이 암자(庵子)를 짓고 있었던 하막산(霞幕山)에는 나도 두 번 갔었고 한국인 친구들도 갔었습니다"라고 했다.

그는 갑자기 물었다. "석옥(石屋)이 심은 15그루의 차나무가 아직도 있

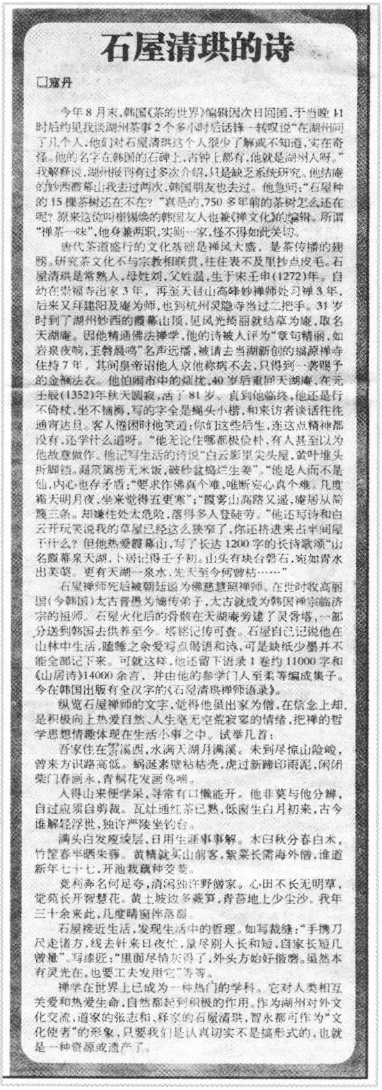

石屋清珙的诗

□寇丹

今年8月末，韩国《茶的世界》编辑因次日回国，于当晚11时后约见我谈湖州茶事2个多小时后话锋一转叹说"在湖州问了几个人，他们对石屋清珙这个人很少了解或不知道，实在奇怪。他的名字在韩国的石碑上，古钟上都有，他就是湖州人呀。"我解释说，湖州报刊有过多次介绍，只是缺乏系统研究。他结庵的妙西霞幕山我去过两次，韩国朋友也去过。他急问："石屋种的15棵茶树还在不在？"真是的，750多年前的茶树怎么还在呢？原来这位叫崔锡焕的韩国友人也兼《禅文化》的编辑。所谓"禅茶一味"，他身兼两职，实则一家，怪不得如此关切。

唐代茶道盛行的文化基础是禅风大盛，是茶传播的翅膀。研究茶文化不与宗教相联贯，往往表不及里抄点皮毛。石屋清珙是常熟人，母姓刘，父姓温，生于宋壬申(1272)年。自幼在崇福寺出家3年，再至天目山高峰妙禅师处习禅3年，后来又拜建阳及庵为师，也到杭州灵隐寺当过二把手。31岁时到了湖州妙西的霞幕山顶，见风光绮丽就结草为庵，取名天湖庵。因他精通佛法禅学，他的诗被人评为"章句精丽，如岩泉夜响，玉磬晨鸣"名声远播，被请去当湖新创的福源禅寺住持7年。其间皇帝诏他入京他称病不去，只得到一袭赐予的金襴法衣。他怕闹市中的烦扰，40岁后重回天湖庵，在元壬辰(1352)年秋天圆寂，活了81岁。直到他临终，他还是行不倚杖，坐不铺褥，写的字全是蝇头小楷，和来访者谈话往往通宵达旦。客人倦困时他笑道：你们这些后生，连这点精神都没有，还学什么道呀。"他无论住哪都极俭朴，有人甚至以为他故意做作。他记写生活的诗说"白云影里尖头屋，黄叶堆头折脚铛。漏笊篱捞无米饭，破砂盆捣烂生姜"。"他是人而不是仙，内心也存矛盾："要求作佛真个难，唯断妄心真个难。几度霜天明月夜，坐来觉得五更寒"；"霞雾山高路又遥，庵居从简幾三条。却嫌住处太危险，落得多人登陡劳。"他还写诗和白云开玩笑说我的草屋已经这么狭窄了，你还挤进来占半间屋干什么？但他热爱霞幕山，写了长达1200字的长诗歌颂"山名霞幕泉天湖，卜居记得壬子初。山头有块台磐石，宛如青水出芙蕖。更有天湖一泉水，先天至今何曾枯……"

石屋禅师死后被朝廷谥为佛慈慧照禅师。在世时收高丽国(今韩国)太古普愚为嫡传弟子，太古就成为韩国禅宗临济宗的祖师。石屋火化后的骨骸在天湖庵旁建了灵骨塔，一部分送到韩国去供养至今。塔铭记传可查。石屋自己记说他在山林中生活，瞌睡之余爱写点偈语和诗，可是缺纸少墨并不能全部记下来。可就这样，他还留下语录1卷约11000字和《山居诗》14000余首，并由他的参学门人至柔等编成集子。今在韩国出版有全汉字的《石屋清珙禅师语录》。

纵览石屋禅师的文字，觉得他虽出家为僧，在信念上却是积极向上热爱自然、人生毫无空荒寂寥的情绪，把禅的哲学思想情趣体现在生活小事之中。试举几首：

吾家住在霅溪西，水满天湖月满溪。未到尽惊山险峻，曾来方识路高低。蜗涎素壁粘枯壳，虎过新蹄印雨泥，闲闭柴门春画永，青桐花发画鸟啼。

人得山来便学呆，寻常有口懒能开。他非莫与他分辨，自过应须自剪裁。瓦灶通红茶已熟，低窗生白月初来，古今谁解轻浮世，独许严陵坐钓台。

满头白发瘦棱层，日用生涯事事解。木臼秋分舂白术，竹筐春半晒朱藤。黄精就买山前客，紫菜长需海外僧，谁道新年七十七，开池栽藕种茭菱。

竞利奔名何足夸，清闲独许野僧家。心田不长无明草，觉苑长开智慧花。黄土坡边多蕨笋，青苔地上少尘沙。我年三十余来此，几度晴窗伴落霞。

石屋接近生活，发现生活中的哲理。如写裁缝："手携刀尺走诸方，线去针来日夜忙，量尽别人长和短，自家长短几曾量"。写漆匠："里面尽情灰得了，外头方始好揩磨。虽然本有灵光在，也要工夫发用它"等等。

禅学在世界上已成为一种热门的学科。它对人类相互关爱和热爱生命，自然都起到积极的作用。作为湖州对外文化交流，道家的张志和、释家的石屋清珙，智永都可作为"文化使者"的形象，只要我们是认真切实不是搞形式的，也就是一种资源或遗产了。

2004년 8월 커우단 선생과 〈차의 세계〉 발행인이 2시간에 걸쳐 나눈 대화 내용을 커우단 선생이 저장성 〈후저우신문〉에 기고한 내용.

는지요?"

"750여 년 전에 심은 차나무가 어떻게 아직도 있겠어요…" 하고 답했다. 이 사람은 최석환(崔錫煥)이라는 한국인 친구로 〈차의 세계〉와 〈선문화(禪文化)〉 발행인을 겸하고 있으니, 소위 '다선일미(茶禪一味)'로 몸은 두 직을 겸하고 있으나 실제로는 한 집안이므로 이같이 관심이 많은 것은 이상할 것이 없다.

당대(唐代)에 다도가 성행한 문화적 기초는 선풍(禪風)이 크게 성한 것인데, 이것은 차가 전파되는 데 우익(羽翼) 구실을 했다. 차문화 연구에서 종교와 상호 관련을 짓지 않으면, 이따금 표리(表裡)가 맞지 않게 외면만 살짝 건드린 것이 된다.

석옥청공은 상숙(常熟: 장쑤성(江蘇省)에 있는 현(縣)의 이름) 사람인데, 어머니의 성은 유(劉)씨, 아버지의 성은 온(溫)씨로 송(宋)의 임신년(壬申: 도종(度宗)의 성순(咸淳) 8년, 원(元) 세조(世祖)의 원종(至元) 9년, 고려 지원(元宗) 13년: 1272)에 출생했다. 어릴 적부터 숭복사(崇福寺)에 있다가 출가(出家) 3년에 다시 천목산(天目山)에 이르러 고봉(高峰) 묘(妙) 선사에게 이르러 선(禪)을 배우기를 3년, 그 후에 다시 건양(建陽)의 급암(及庵)을 스승으로 삼았고, 또 항저우(杭州)의 영은사(靈隱寺)에 이르러 주지를 도왔다.

31세 때 후저우 묘서(妙西)의 하막산(霞幕山) 정상에 이르러 풍광(風光)의 아름다움을 보고, 풀을 엮어 암자로 삼아 천호암(天湖庵)이라고 이름했다. 그는 불법과 선학에 정통했으므로 그의 시는 "글귀가 정려(精麗)하여 바위샘이 밤에 울리고 옥돌 경쇠가 새벽에 소리나는 것과 같다"는 평을 받아 명성(名聲)이 멀리 퍼져 후저우에 새로 창건한 복원선사(福源禪寺) 주지로 초청되어 7년을 지냈다.

그간에 황제가 그에게 상경(上京)하라고 조서(詔書)를 내렸으나, 그는 병중(病中)이라 하여 가지 않고 다만 하사품인 한 벌의 금란법의(金襴法衣: 금실로 무늬를 짠 비단 법의)를 받았다. 그는 시끄러운 시중(市中)의 번잡함을 싫어하여 40세 후에 다시 천호암으로 되돌아가 원(元)나라 임진년(壬辰年: 1352년, 원 순종(元 順宗) 12년, 고려 공민왕 1년) 가을에 입적하니, 나이는 81세였다.

그는 임종이 다가와도 지팡이를 짚지 않고 자리에 요를 깔지 않았으며, 깨알 같이 작은 해자(楷字: 정자(正字))를 쓰고, 찾아 온 사람들과 이따금 밤을 새워 이야기도 했다. 온 사람이 고단하게 여길 때는 "그대들은 아직 젊은데 여기서 정신이 흐릿해지니 무슨 도를 배우겠는가" 하고 웃으며 말했다. 그는 물론 검소하게 생활하여 어떤 사람은 심지어 '고의(故意)로 조작(造作)한 것'이라고 생각했다. 그가 생활시를 쓴 것을 보면 다음과 같다.

白雲影裏尖頭屋　　흰 구름 그림자 속에 뾰족한 산마루의 집이요
黃葉堆中折脚鐺　　노란 잎 더미 속에 다리 부러진 솥이로다
漏笊籬撈無米飯　　조리에 샌 것 건져도 쌀밥알은 없고,
破沙盆搗爛生薑　　깨진 사기그릇에 찧어도 생강은 문드러지네

하무산을 조사하는 커우단 선생.

그는 사람이지, 신선은 아니어서 내심의 모순은 존재한다

要求作佛眞箇難	부처 되란 요구도 참으로 어렵고
唯斷妄心眞箇難	오직 망령된 마음을 끊는 일도 참으로 어렵도다
幾度霜天明月夜	몇 번이나 서리 내리는 하늘, 달 밝은 밤에
坐來覺得五更寒	앉아 있으면서 새벽녘 추위를 느꼈던고
霞霧山高路又遙	하무산은 높고 길 또한 멀어
庵居從簡蔑三條	암자 살이 간소하니 세 갈래 한길이란 없네
却嫌住處太危險	사는 곳 너무 험한 게 싫기도 하니
落得多人登陟勞	추락한 많은 사람들 험한 길 오르느라
	수고만 하였네.

그는 또 〈백운(白雲)〉이란 한시를 써 놓고 농으로 웃으면서 말하기를

"나의 초가집은 이미 이렇게 협착한데 그대가 도리어 나아와서 집의 반을 차지하니, 어떻게 하지"라고 했다. 그는 하막산을 매우 사랑하여 분량이 1,200자나 되는 긴 시가(詩歌)를 지었다.

　"산 이름은 하막이요, 시내 이름은 천호(天湖)이니, 여기 와서 거처를 점지함이 임자(壬子)년 봄이어라. 산마루는 솟아 있고, 반석은 평평함이 완연히 푸른 물에 연꽃 솟은 것 같아라. 다시 천호로 흐르는 한 시냇물이 예부터 지금까지 어찌 마를 일 있었으랴…"

　석옥 선사 사후에 조정에서는 '불자혜조선사(佛慈惠照禪師)'라는 시호 (諡號)를 내렸다. 재세시(在世時)에 고려의 태고보우가 적통(嫡統)을 이은 제자가 되니, 태고는 곧 한국 선종의 임제종(臨濟宗) 조사이다. 석옥은 화장 후 뼈는 천호암 인근에 영골탑(靈骨塔)을 세워 묻고, 일부는 나누어 한국으로 보냈으니 지금도 공양을 받고 있다.

　탑이나 비명이나 전기는 조사할 만하다. 석옥 자신은 기록에서, 자신이 산림 생활 중 꾸벅꾸벅 졸다가 약간의 게(偈)와 시를 적었으나, 종이도 모자라고 먹도 적어 전부를 기록할 수는 없었다 한다. 그래서 《어록(語錄)》 1권 약 11,000자와 〈산거시(山居詩)〉 약 14,000여 자를 남긴 것을 그의 문인 지유(至柔) 등이 책으로 엮었다. 지금 한국에서 출판된 것에도 순 한 문의 《석옥청공선사어록(石屋淸珙禪師語錄)》이 있다.

　석옥 선사의 문자를 일람하면, 비록 출가하여 스님이 되었으나, 신념상 적극적으로 자연과 인생을 사랑하여 조금도 공허하고 적막한 정서가 없 으며, 생활의 조그마한 일 가운데서도 선학 사상의 정취가 구체적으로 나 타나 있음을 알 수 있다. 그중 몇 수를 들어 보기로 하겠다.

吾家住在雪溪西　　　나의 집은 잡계의 서쪽에 있는데

하무산에 남아 있는 석옥 선사의 자취들.

水滿天湖月滿溪	물은 호수에 가득 차고 달빛은 계수에 가득 찼네
未到盡驚山險峻	도착하기 전에도 산이 높고 험함에 놀라고
曾來方識路高低	전에 와 보았기에 바로 길이 높으락 낮으락 함을 알았네
蝸沿素壁粘枯殼	달팽이는 흰 벽에 기어 다니다가 마른 껍질 붙여 놓고
虎過新蹄印雨泥	범은 새 발굽으로 지나가면서 비 젖은 진흙에 도장 찍었네
閑閉柴門春晝寂	한가롭게 사립문 닫은 봄날은 낮에도 적적한데
靑桐花發晝胡啼	파란 오동꽃 피고 채색 피리 소리 나네
入得山來便學呆	산에 들어와서는 곧 어리석음을 배우나니
尋常有口懶能開	심상하게 입은 있어도 게을러 입을 열랴
他非莫與他分辨	그가 잘못한 일 그와 시비 말고

自過應須自剪裁　자기 과오는 마땅히 자기가 단절해야 하노라

瓦竈通紅茶已熟　기와솥이 붉어지니 차는 벌써 끓었고

低窓生白月初來　나지막한 창문에 흰빛 비치니
　　　　　　　　　달이 처음 돌아 오도다

古今誰解輕浮世　고금에 누가 뜬 세상 가벼이 여길 줄 알리

獨許嚴陵坐釣臺　홀로 엄자릉이 낚시터에 앉아 있음을
　　　　　　　　　받아들이노라

滿頭白髮瘦稜層　머리 가득 백발이 여윈 대로 층이 져도

日用生涯事事能　한 평생 일상 생활 일에 지장 없었네

木臼秋分春白朮　추분에는 나무 절구에 백출을 찧고

竹筐春半曬朱藤　중춘에는 대바구니에 자등화를 말리네

黃精就買山前客　죽대는 곧 산 아래 사람에게서 사들이고

紫菜長需海外僧　지치는 늘 해외의 스님에게서 구하네

誰道新年七十七　누가 새해에는 칠십칠세라 하는고

開池栽藕種芰菱　못을 넓혀 연꽃도 심고 마름도 심어 보겠네

競利奔名何足誇　명리를 다투는 일이 무엇 그리 자랑이겠는가

淸閑獨許野僧家　청한하게 홀로 절에서 사노라

心田不長無名草　마음 밭에는 번뇌의 풀 자라나지 아니하고

覺苑長開智慧花　깨달음의 동산에는 길이 지혜의 꽃 피도다

黃土坡邊多蕨筍　누런 흙 언덕가에는 고사리와 죽순 많고

靑苔地上少塵沙　푸른 이끼 땅 위에는 모래, 먼지 드물도다

我年三十餘來此　내 나이 서른 남짓에 여기 온 후로

幾度晴窓映落霞　몇 번이나 개인 창변에 저녁 노을 비쳤던고.

석옥은 일상생활 중에서 철리(哲理)를 나타냈다. 재봉(裁縫)에 대해

서, "손으로 칼과 자를 가지고 여러모로 분주하니, 실이 가고 바늘이 오면서 밤낮으로 바쁘도다. 타인의 길고 짧음은 다 재는데, 자기의 길고 짧음은 몇 번이나 재었던고[手携刀尺走諸方 線去針來日夜忙 量盡別人長和短 自家長短幾曾量]"라고 했다.

또 옻칠 장인에 대해 읊으면서, "속에 있는 모든 정, 재가 되고 나서야 바깥을 바야흐로 문지르고 갈기 좋으네. 비록 본래부터 신령스런 빛깔 있다 해도, 역시 공부가 있어야 그를 발휘할 수 있나니[裏面盡情灰得了 外頭方始好揩磨 雖然本有靈光在 亦要工夫發用他]"라고 말한 것 이외에도 많은 말을 남겼다.

선학의 세계는 일종의 열기 띤 학문으로 이루어져 있다. 그것은 상호간의 관심과 생명을 사랑함으로써 자연스럽게 적극적 작용을 모두에게 환기하고 있다. 후저우의 대외 문화교류를 진작함에 도가(道家)의 장지화(張志和), 불가(佛家)의 석옥청공, 지영(智永)은 모두 문화사절의 모습이 되어 우리들에게 오로지 참답고 절실함을 요구하는 것이지, 형식적인 것을 요구하지는 않으니 이것은 일종의 자원이나 유산이 될 것이다.

석옥을 아는 자, 한국에도 있소

이 글은 앞선 글에서도 선보였던 2004년 8월 후저우의 한 호텔에서 한국의 한문학자인 지준모 선생이 지켜보는 가운데 커우단 선생과 필자가 벌인 불꽃튀는 선문답에 대해 그 자리에 동행한 언론인 공종원 선생이 그 순간을 놓칠수 없다며 당시를 회고하는 글을 보내와 싣는다.

2004년 8월 늦은 밤 중국 저장성 후저우(湖州)시 후저우대반점의 한 객실에선 난데없는 일대 법거량이 벌어졌다. 법거량의 주인공은 중국 저명 차 연구가인 커우단(寇丹) 선생과 한국의 〈차의 세계〉 발행인 최석환(崔錫煥) 사장이었다.

커우단 선생은 저장 지역에서 알아주는 80세에 이른 노 지식인이고 최 사장은 아직 50줄에도 들지 못하는 연령차가 있었지만 마치 한국과 중국 두 나라를 대표하는 지식인의 명예를 짊어지기라도 하듯 이들의 대화는 몹시도 고차적이고 날카롭기 그지없었다. 두 사람 모두 중국과 한국이라는 출신 때문에 말의 소통이 원활하진 않았지만 동행했던 한국의 한문학자 지준모(池浚模) 선생의 통역을 통해 두 사람이 뿜어낸 기백은 용호상박(龍虎相搏), 바로 그것이라 해도 과언이 아니었다.

석옥청공 선사와 태고보우 국사와 관련해 번역·연구한 불교춘추사의 출판물들.

2004년 8월 말 그날은 마침 한국의 차인들이 안후이성 구화산에서 지장왕보살 김교각 스님을 기념하는 학술대회에 참석한 뒤 다시 저장 장흥 고저산(顧渚山)에서 당대에 황제에게 올리던 자순차(紫筍茶) 차밭을 돌아보고 온 날이라서 대부분 일찍 잠자리에 들었고 최 사장과 지준모 선생이 묵고 있던 그 방만이 불을 늦게까지 밝히고 있었다. 커우단 선생의 방문이 미리 약속되어 있었기 때문이다.

11시쯤 커우단 선생 일행이 방에 찾아와 인사를 나누고 선물을 주고 받으며 여정을 이야기하는 과정에서 법거량은 시작되었다. 커우단 선생은 후저우차를 이야기하면서 약간 섭섭한 감회를 표현하였다. 후저우에는 좋은 차만 있는 것이 아니라 훌륭한 선승이 있었는데 아마 한국인들은 잘 모를 것이라는 이야기였다. 최 사장이 누구를 말하는가 하고 물으니 커우단 선생은 석옥청공(石屋淸珙)이라고 하였다. 그러면서 석옥청공이 바로 후저우 하무산(霞霧山)에 천호암(天湖菴)을 짓고 살았고 복원선사(福源禪寺)의 주지로도 있었다며 그걸 한국인들이 알 수 없을 것이라고 하였다.

그러니 〈선문화〉 잡지의 발행인이기도 한 최 사장으로선 크게 모욕을 당하는 기분이 들지 않을 수 없었다. 그래서 최 사장이 반격의 칼을 휘두른 것이다. "후저우에서 몇 사람에게 물었더니 석옥청공에 대해 아는 사람이 별로 없더군요. 그분이 후저우 사람이라면서 이곳 분들이 모른다는 것이 정말 믿기지 않습니다." 그러자 커우단 선생은 얼른 말을 막으며 〈후저우신문〉에 여러 번 그 점을 설명했지만 일반인들이 별 관심이 없는 것은 사실입니다. 앞으로 계통적으로 연구하고 선전하는 일이 필요할 것 같습니다"라고 하였다.

그렇지만 여기서 그칠 최 사장이 아니다.

"석옥청공의 법이 고려의 태고보우 스님에게 전해졌다는 점은 이미 중국 스님인 원욱 스님이 쓴 탑명(塔銘)에도 분명히 나와 있어서 한국인들은 이미 석옥 스님의 임제선 정맥이 고려로 넘어간 것을 웬만한 이들은 잘 알고 있습니다. 그걸 어찌 제가 모르겠습니까. 또 실제 저도 중국에 자주 오면서 하무산 천호암을 들른 적도 있지요. 그러면 커우단 선생께선 석옥 스님이 그곳에 직접 15그루의 차나무를 심은 것을 아시는지요?"

이쯤 되자 커우단 선생은 은근히 최 사장의 깊은 지식에 감탄을 표했다. 두 사람의 법거량이자 한·중 지식인의 논전은 여기서 끝나고 두 사람은 서로 두 나라 차문화 발전과 불교 발전에 협력하자면서 헤어졌다.

하지만 아마도 최 사장의 마음엔 적지 않게 아쉬움이 남아 있을 듯싶다. 중국 땅에서 중국의 지식인에게 기죽지 않으려고 큰소리쳤지만 정말 우리나라 스님과 불자들이, 더 나아가 일반 국민들이 석옥청공 선사의 이름을 아는 이가 얼마나 될 것이며 그로부터 임제선의 정맥을 이어받은 고려인 태고보우 스님의 위대함을 몇 사람이나 제대로 인식하고 있는지를 결코 장담할 수 없었기 때문이다.

시인이기도 한 커우단 선생은 그날의 이야기를 뒤에 〈후저우신문〉에 소개하면서 아울러 석옥청공 스님의 시도 여러 편 풀어냈다. 그만큼 석옥청공의 시는 선시로서 진리를 이야기하는 격조가 있을 뿐 아니라 검소하고 질박한 평소의 생활 모습을 그대로 드러내 보여 주는 생활 시로서도 훌륭한 것들이 많다. 그의 제자 지유(至柔)가 엮은 《복원석옥청공대사어록》에는 〈산거시(山居詩)〉 56편과 오언율시(五言律詩) 19편, 칠언절구(七言絶句) 94편 등 많은 글이 실려 있을 정도다.

그러나 우리가 주목할 것은 석옥청공 선사의 시보다도 그가 법을 전해 준 고려의 태고보우 국사의 시다. 태고보우 스님의 〈태고암가〉야말로 깨달음의 깊이와 내용을 잘 담아내고 있었기 때문이다. 그리고 이 시를 통해 스승의 인가와 전법을 가능케 했다는 점도 간과할 수 없다. 태고보우 국사는 석옥청공 탑명에 등장하는 유일한 그의 제자다. 그 점에서 이미 태고보우의 위치는 확인된다.

하지만 태고 스님이 석옥의 유일한 제자라는 점에 그치지 않고 스승이 대중에게 그 출중함을 드러내 놓고 칭찬한 제자였다. 태고 스님은 스승이 게송으로 '금린(金鱗)이 곧은 낚시에 올라온다'고 읊기까지 한 오직 한 사람의 사법 제자였던 것이다. 재미있는 것은 석옥 선사의 스승인 급암(及菴) 스님이 일찍이 대중 앞에서 석옥을 들어 말하기를 "이 자는 법해(法海) 가운데서 그물을 뚫고 나오는 금린"이라고 해 대중을 놀라게 한 바 있다는 점이다.

스승과 제자가 이처럼 똑같은 비유로 이어지고 있다는 점 또한 단순하지 않은 기연이다. 태고 스님은 바다를 건너 원나라에 들어가 1347년 후저우 하무산의 천호암으로 석옥청공 스님을 찾아뵈었다. 그는 방장실에서 이미 고향에서 지은 바 있는 〈태고암가〉를 올렸는데 석옥이 이를 매우 장하게 여겼던 것이다. 이후 두 사람의 법거량은 보름 동안 계속되었고 마침내 석옥은 태고를 인가하고 자신의 의발과 주장자를 태고에게 전해 주었던 것이다.

따라서 커우단 선생과 최석환 사장의 석옥 스님을 둘러싼 법거량은 석옥과 태고 스님의 법거량을 되새기게 하는 재미있는 사건이었다고 할 것이다.

〈한중우의해동선종중흥
태고보우헌창비〉 제막 되던 날

2005년 가을 무상과 마조로 이어지는 〈무상선사행적비〉 제막이 쓰촨성 대자사에서 거행되었다. 그로부터 3년 뒤 한·중 우의의 상징인 〈태고보우헌창기념비〉가 저장성 후저우 하무산 천호암에 세워져 선차문화계의 변화를 예고했다. 무상의 선차지법(禪茶之法)은 조주로 이어졌고, 다시 원오극근과 양기방회로 이어졌다. 그 맥을 계승한 석옥청공으로부터 고

2007년 7월 묘서진 인민정부와의 조인식을 맺는 모습.
왼쪽이 필자이고 오른쪽이 후저우 묘서진 인민정부 왕후이지앙 부진장.

2008년 후저우 하무산 정상에 세워진 〈태고보우헌창기념비〉 제막식.

려의 태고보우는 선다일미를 이어받고 고려 땅에 그 꽃을 활짝 피웠다. 2008년 12월 15일 제막식에는 묘서진 인민정부와 한국 선차계가 대거 참여, 그 무게를 더해 주었다. 이 비석은 저장성 묘서진 인민정부와 국제 선차문화연구회 그리고 월간 〈차의 세계〉, 대륜불교문화연구원, 명원문화 재단 등이 공동으로 건립해 그 의미가 더욱 남다르지 않을 수 없다.

하무산에 다시 부는 차향

고려 충목왕 3년(1347) 태고보우 국사가 뱃길을 따라 홀로 하무산 정상을 밟았다. 당시 강호의 눈 밝은 선지식인 석옥청공 선사가 천호암에 홀로 앉아 자연을 벗 삼아 살아가고 있을 때였다. 그는 놀랍게도 임제종의 18대손으로서 호구소륭(虎丘紹隆)에서 급암종신(及菴宗信)으로 이어지는 임제선법의 계승자였다. 태고보우는 당시 47세로 석옥청공과 맞닥 뜨렸다. '여러 시험 끝에 금린이 곧은 낚시에 올라온다〔三聖透網金鱗〕'라는 게송을 주었다. 그렇게 임제의 선이 고려로 전해졌다.

그로부터 662년이 지난 2008년 12월 15일 오전 10시, 필자는 하무산 정상 천호암지에서 〈한·중우의해동선종중흥태고보우헌창기념비〉 제막 현장에 서 있었다. 태고보우가 구법했을 당시에 그는 혼자였지만 이제 그의 법손 40여 명이 찾아와 조사의 행화 자취를 따라 덕을 찬탄하며 하무산 정상에 모였다. 제막식에는 한국의 국제선차문화연구회, 대륙불교문화연구원, 명원문화재단, 저장성 묘서진 인민정부와 태고종의 스님들이

대거 참여해 봉행했다. 제막식 전날 후저우의 사나운 바람결이 휘몰아쳐 그 다음날이 걱정되었는데 다행히 바람결이 곧 잔잔해지면서 대련 사이로 서광이 빛났다.

태고 화상이 삼생의 원력으로 불심종을 빛내시어 다시 오니 하무산에는 중국과 한국의 선풍을 동일한 맥으로 비추시었다〔太古三生願 光佛宗再來 霞霧照

〈태고보우헌창기념비〉 뒷면에 새긴 동참 대중 명단.

2008년 12월 15일 하무산에 세워진 〈태고보우헌창기념비〉의 앞면을 바라보는 한국의 태고법손들.

中韓禪風同一脈].

필자는 1996년 9월 9일 태고보우의 자취를 찾아 하무산을 찾던 날, 폐허가 되고 하무차만 남은 천호암지를 보고 눈물이 앞을 가려 여기에 태고보우 비석을 세울 것을 발원했다. 그로부터 12년 만에 〈태고보우헌창기념비〉를 세우기에 이르렀다. 비석 건립은 묘서진 인민정부의 '종교문화와 지방민속의 결합을 위한 하무산 개발계획'에 힘입었다. 또한 임제종의 조사인 황벽희운(黃檗希運)의 이심인심(以心印心), 심심불이(心心不異)의 가르침에 따라 심심상인(心心相印) 정신에 힘입어 이뤄졌다. 2007년 7월 조인식 이후 수차례 후저우와 묘서진(妙西鎭)을 왕래하던 1년 5개월 만에 이날 제막식은 중국을 대표하여 묘서진 인민정부 왕후이지앙(王會江) 부진장의 치사로 시작되었다.

"오늘은 특별한 날입니다. 멀리 한국에서 온 종교계, 문화계, 차계 인사들을 환영하며 하막산(옛 하무산)에서 한·중 우의 기념비 개막의식을 엄숙히 거행합니다. 14세기 고려(지금 한국) 태고보우 국사가 하막산에 와서 은거한 뒤 석옥청공으로부터 인가를 받고 고려에 임제종을 전함으로 태고보우의 적손이 되었습니다. 그로부터 649년 만인 1996년 한국의 임제종 법손들이 처음 묘서진을 찾았고, 우리는 한국 땅에서 온 손님들을 기쁘게 맞이했습니다. 그러던 중 2006년 후저우와 한국의 아름다운 인연을 기념하고 구법정신을 발양하며 쌍방의 교류를 촉진시키기 위해 최석환 선생과 후저우 차 연구가인 커우단 선생이 만났습니다. 둘은 전력을 다하고, 또 강력한 추진력으로 밀어붙여 하막산에 한·중 우의 기념비가 세워지기에 이르렀습니다. 한·중 우의의 나무가 항상 푸르고 한·중 문화교류가 계속하여 빛나기를 기원합니다."

이어 한국 측을 대표하여 국제선차문화연구회 최석환 회장의 인사말이 이어졌다. 그는 "우리는 662년 전 석옥청공에게 고려의 태고보우가 '금

린이 곧은 낚시에 올라온
다'는 시구로 태고보우
국사를 인가했던 역사적
현장인 하무산 정상의 〈
태고보우헌창기념비〉제
막 현장에 서 있습니다.
저는 1996년 하무산에
첫발을 내디딘 뒤 실로
12년 만에 〈태고보우헌창
기념비〉를 세우게 됨을
기쁘게 생각합니다. 아울
러 한·중 양국은 쌍방이
공동 노력하여 50대 50
의 공동투자로 이 비를 건
립하게 되었습니다. 이 청
명한 겨울에 묘희불국이라고 불리는 후저우 묘서진 하무산정의 푸른 호
수가 내려다 보이는 천호의 샘물처럼 태고와 석옥의 우정이 천년을 이어
져 한 송이 연꽃처럼 피어날 것을 기약합니다"라고 말하며 이날의 벅찬
감동을 말했다.

이어 태고종 총무원장인 운산 스님은 봉정사에서 "662년 전 이곳 천호
암에서 불법 전수와 한·중 우의 인연을 지닌 태고보우와 석옥청공 이 두
조사를 기리며 후손들이 헌창기념비를 봉정하오니 선종 중흥조 태고보우
국사께서 자비로써 섭수하여 주옵소서"라며 기원했다.

태고종 종정 혜초 스님의 기념비 축원법어와 무공 스님의 행장 소개, 중

〈태고보우헌창기념비〉 제막식의 이모저모.

국 묘서진 인민정부 당지서기인 우요우(吳瑤)의 축사 순으로 진행되었다. 제막 의식이 끝날 즈음 한·중 양국의 대표가 천을 잡아 당기자 비석 높이 2.5m 높이의 비석에 새겨진 '중·한우의해동선종헌창기념비'라는 글이 웅장한 자태를 드러났다. 기념비에는 불광이 동방에 비친 이래 달마의 선법이 해동으로 이어졌고, 서로 마음으로 전해지길 1000여 년, 원대의 임제의 법맥과 다선일미가 고려로 전해졌다고 밝혔다.

붉은 천이 걷히고 난 뒤 커우단 선생이 개완용 찻잔을 꺼냈다. 그리고 찻잎을 넣고 물을 부었다. 찻잔 사이로 빛이 비치더니 그 빛 사이로 뭉게뭉게 김이 피어나며 차향이 하무산에 퍼져 나갔다. 비석 앞에서 헌다의식이 진행되고 난 뒤 이날 행사는 마무리됐다.

제막식이 끝난 뒤 후저우 국제호텔 세미나실로 자리를 옮겨 오후 2시부터 학술연토회가 묘서진 인민정부와 월간 〈차의 세계〉 공동으로 개최됐다. '석옥청공과 태고보우의 선사상의 회통과 선차문화'를 주제로 한·중의 학계, 차계, 문화계 인사 등 12명이 발표했다. 한국 측은 태고보우의 원융회통 정신에 대해, 중국 측은 석옥청공과 하무산 후저우 선종에 대해 다각도로 연구한 성과를 발표했다. 발표자로 나온 후저우의 차 연구가인 포지엔사오(佛見笑)는 〈하무산 선명(禪茗)은 지금 어디인가〉라는 논제를 발표한 끝에 "제막식 때 천호의 물빛처럼 태고와 석옥의 우정이 연꽃 한 송이로 피어날 것이라는 말을 들은 기억이 납니다. 662년 전 석옥청공과 태고보우의 법연이 한 송이 청련으로 변하여 저의 마음이 기뻤습니다"라고 말했다.

학술대회의 마지막에 등장한 커우단 선생은 "50년 전에는 총으로 참석했는데 50년 뒤에는 차를 들고 다시 서울과 부산을 갔습니다. 50년 전이나 50년 이후나 무궁화꽃은 아름다웠습니다. 인류의 발전은 50년 동안 빠르게 이뤄졌습니다. 그러나 불법의

〈태고보우헌창기념비〉가 있는 한·중 우의정 대련의 '중국과 한국의 선풍이 동일한 맥으로 비추고 있다'는 글.

인연은 변한 적이 없습니다. 이것이 석옥과 태고보우의 선학연구 결과라고 말할 수 있습니다. 한·중이 손을 잡고 여기 모였습니다. 자연에 감흥하고 세계에 감흥해야 합니다. 하나의 찻잎이 여러 잎으로 모여 향기로운 차맛을 내듯 우리의 마음과 마음이 하나로 모여 세계를 향기롭게 합니다. 이것이 오늘 한·중이 하무산에 〈태고보우헌창기념비〉를 세운 뜻이기도 합니다"라고 말했다.

한·중의 아름다운 인연으로 저장성의 중심 후저우에 〈태고보우헌창기념비〉를 세웠다. 후저우는 저장성의 차 중심으로서 일찍이 신라 때 대렴이 차씨를 가져온 근원지이기도 했다. 후저우는 육우가 《다경》을 저술했고 교연, 조맹부, 석옥 등이 다선일미를 선양한 곳이다. 그곳에 〈태고보우헌창기념비〉를 세워 저장차 역사의 중심을 이끌어내게 했고, 그것이 저장차사의 한 페이지를 장식하게 되었다. 제막식이 끝날 무렵 한·중 우의정 오른편 대련의 글이 와 닿았다.

천호암 빈 조각달과 선이 의장을 주어서 떠나갔는데 안개 속의 두 나라 신도들도 함께 이루리로다〔天湖半月禪 授衣杖而去 霧潤兩國信衆共比根〕.

이 말이 한·중 우의를 천년까지 이어 오게 했다. 한·중 우의정에서 천호를 내려다보고 있으니 푸른 천호에 한 송이 청련이 피어오르는 것 같았다. 12월 15일 제막식이 끝난 뒤, 그 소식이 태고보우의 고향인 한국에 전해졌다. 태고종의 법손들이 대거 참여했다는 소식을 전해들은 조계종은 충격에 휩싸였다. 일찍이 성철 스님은 조계종의 법맥이 보조지눌이 아닌 태고보우 국사라고 주장한 바 있다. 근래 들어 조계종은 장시성 난창 우민사에 〈조계도의국사입당구법기념비〉(2008년 4월 11일)를 세운 바 있다. 조계와 태고종이 도의와 태고를 내세워 중국 땅에 흔적을 남기려는 의지는 중요한 일이었다. 그 중심에 차문화가 흐르고 있음은 '차는 곧 국음'이라고 내세우는 중국의 정책과 일맥상통한다고 볼 수 있다. 태고보우의 차향이 묘희불국에만 머물러 있지 않고 온 세상 속으로 퍼져나가는 것 같았다.

[제**4**장]
　원융불교 실천한
　　　　태고보우

〈태고암가〉 짓고
선의 세계에 노닐던 북한산 태고사

목은 이색이 찬한 〈원증국사비〉. 이 비는 북한산 태고사에 있다.

2006년 11월 중순경 저장성(浙江省) 묘서진(妙西鎭)에 자리한 하무산(霞霧山) 차밭을 바라다보니 10만 리 길을 걸어 석옥을 만났던 태고보우가 주마등처럼 지나갔다.

마치 1346년 태고보우가 석옥청공(石屋淸珙·1272~1352) 선사를 만나 불꽃 튀는 선문답을 벌였던 그때의 다선의 향기가 다시 피어오르는 것 같았다.

그런데 그 즐거움 또한 잠시, 침묵 속으로 사라졌다. 천호암(天湖庵)의 남암(南庵) 자리인 운림선사(雲林禪寺)에 도착했을 때 상황이 매우 긴박하게 돌아갔

태고보우 국사는 북한산 태고암에서 산천을 바라보며 〈태고암가〉를 지었다.

다. 석옥이 손수 가꾸었던 차밭이 위기에 처해 있었기 때문이다. 이유인
즉, 저장성 장흥현 정부가 부가가치가 높은 백차(白茶)나무로 수종개량을
하기 위해 석옥이 손수 심었던 차나무를 지난해 모두 베어버렸던 것이다.
그런데 산정에 이를 즈음 베어낸 차나무 뿌리에서 새순이 솟아오르는 것
을 볼 수 있었다. 원나라 때 석옥의 법맥이 끊어지지 않고 고려로 이어진
것처럼 차나무 원뿌리에서 새순이 솟아올라 끈질긴 생명의 존재를 각인
시켜 주는 순간이었다.

그로부터 한 달 뒤 21세기 한국 차문화 부흥을 위한 학술세미나가 서울
에서 개최되었는데 중국 차 연구가인 커우단(寇丹) 선생이 한류(韓流) 문
화의 현상에 대한 논문을 발표하기 위해 한국을 찾아왔다. 그는 그 자리
에서 "하나의 찻잎과 한 잔의 차는 각각 민족이 다르다 해도 한 맛을 품고
있다"라고 말한 뒤 그 차의 맛 속에서 인생의 진면목을 느낀다고 말했다.

또한 그는 자신이 살고 있는 후저우를 무척 강조한 뒤 원대에 고려국의
태고보우와 백운경한(白雲景閑 · 1298~1374) 두 선사가 모두 후저우

하무산으로 석옥청공 선사를 찾아가 불법을 배우고 돌아갔는데 자신이 후저우로부터 한국 땅을 밟은 것은 일종의 '역사의 연속'이라고 말했다.

학술세미나가 끝난 다음날인 2006년 12월 6일 북한산 자락에 위치한 태고사를 찾아 나섰다. 마치 650년 전 태고보우 국사가 석옥청공 선사를 찾아 구법한 것처럼 650년 후 석옥의 고향 후저우에서 온 커우단 선생과 필자가 함께 북한산에 올랐다. 이는 650년 이후에도 변함없이 석옥의 선맥이 이어진 것이라고 할 수 있겠다. 중국 차 연구가인 커우단 선생, 주민 씨 등과 함께 필자는 고려 말 임제선맥을 드높인 원증 국사 태고보우를 만났다.

〈태고암가〉의 산실, 북한산 태고사에서 태고를 만나다

2006년이 저물어 가는 12월 겨울, 북한산 태고사 답사 예정일 전날에는 바람이 거세게 휘몰아쳐 다음날의 북한산 산행이 염려되었다. 그러나

북한산 태고사를 찾은 한정섭 법사, 무공 스님, 덕암 스님, 청암 스님(좌측부터).

날이 밝자 전날과는 달리 날씨도 맑았으며 평온을 되찾아 하늘은 푸르렀다. 이른 아침부터 북한산으로 향하며 차 안에서 석옥과 태고의 인연설 등의 이야기를 주고받다가 자연스럽게 〈차의 세계〉 2006년 12월호에 실린 하무산에 있는 하무차의 생로병사 이야기로 옮겨 갔다.

먼저 커우단 선생에게 물었다.

"지난달 저는 석옥이 손수 심었던 하무산의 차나무가 파괴된 것을 보고 매우 충격을 받았고 중국의 역사의식에 깜짝 놀랐습니다."

"저도 동감입니다. 현 정부와 차농들이 이익을 좇다 보니 자연히 역사의식이 사라지는 것 같습니다."

"그런데 그 잘린 차나무에서 새순이 솟아오르는 모습을 보고 생명의 끈질긴 소생에 또 한 번 놀랐습니다. 그런 모습을 보면서 석옥청공 선사가 누누이 말했듯이 '나의 법이 고려에서 크게 꽃을 피울 것'이라는 것을 암시하는 듯합니다. 찻잎에서 무한한 생명을 느끼게 되었습니다."

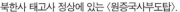

"그것이 바로 제가 늘 말했듯이 한 잎의 찻잎에 무한한 생명이 숨쉬고 있기 때문입니다. 하물며 외국인도 그런 모습을 보고 가슴 아픈데 저희들은 이루 말로 형언할 수 없을 정도로 암담합니다."

"석옥과 태고가 한 잔의 차로 맺은 인연이 하무선차로 거듭나는 이 시점에 하무차밭의 변화는 석옥의 차정신을 다시 생각하게 하는 순간입니다. 뿌리에서 솟아오르는 새순은 마치 석옥과 태고의 환영을 보는 것 같았습니다."

커우단과 이야기를 나누는 동안 어느덧 북한산 입구에 이르렀다. 우리는 입구에서 다시 1.6km의 험준한 산길을 걸어 올라가야 했다. 북한산 대동문(大同門)과 의상봉을 지나 낙엽을 밟으며 계곡을 따라 마침내 태고사에 이르렀다.

먼저 법당으로 올라가 참배한 뒤 오른쪽으로 돌아가자 목은 이색이 쓴 〈원증국사탑비(圓証國師塔碑)〉가 웅장한 모습을 드러냈다. 커우단 선생과 그 글을 읽어 내려가다가 시선이 멈췄다.

'신사년(1341) 봄 태고보우 국사가 삼각산 중흥사에 머물면서 동쪽 봉우리에 암자를 짓고 이름을 태고암이라 하였다' 라는 절구와 태고보우가 원나라로 들어가 석옥청공 선사를 만나 불법을 주고받은 사실 등이 자세히 기록된 사실을 보고 외국의 노학자는 매우 놀라워 했다. "아! 석옥청공과 태고보우의 문답이 있지 않은가?"라고 외쳤다. 그 뒤 비석을 천천히 살펴내려 갔다.

650년의 세월을 뛰어 넘어 마치 태고암과 천호암과의 약속처럼 석옥이 태고에게 준 금린이란 영혼과의 약속을 오늘에야 이루는 것 같았다.

태고사에 새로 단장한 태고의 비각을 살피다가 나는 그때 커우단 선생에게 비문 뒷면에 새겨진 태고의 문도(門徒) 가운데 판문하(判門下) 최영(崔瑩), 판삼사사(判三司事) 이성계(李成桂)를 가리켰다.

커우단 선생에게 이성계는 바로 조선왕조를 건립한 태조대왕이라고 말하자 놀라는 기색이 역력하였다. 그뒤 비석에 '이ㅇ계'로 가운데 성(成)자가 깨진 연유는 유생들이 이성계가 승려의 문도로 기록된 것을 못마땅해 해서 깨어 버렸다고 말하자 놀라워 했다.

650년 전 태고보우 국사가 후저우 땅을 밟아 석옥청공 선사를 알현한 뒤 법맥을 밟아 간 것은 참으로 놀라운 일이라면서 지금 한·중이 손을 맞잡고 여기 태고사에서 태고라는 화두를 공동연구하는 것은 일종의 역사의 연속이라고 말했다.

북한산 태고사 태고의 환영을 보는 듯

10년 전 저장성 후저우시 묘서진에 있는 하무산을 찾았을 때 후저우 사람들조차 석옥을 기억해 내지 못하였다. 그때 나는 하무산이 하우산(霞雨山)으로 바뀐 내력과 석옥 화상이 불교뿐 아니라 시문과 서예에도 조예가 깊어 원나라 화가인 조맹부(趙孟頫)와 가까운 관계라는 사실도 알게 되었다.

650년 전으로 거슬러 올라가 석옥과 태고의 영혼을 만나기 위해 하무산 천호암을 찾았을 때 원나라 말기의 흙집만 남아 있고 절은 폐허가 되어있었다. 당시 66세인 왕시아이치엔(王小犬) 노인만이 절을 지키고 있었다. 그에게서 대접받은 하무차 한 잔으로 차의 진한 맛을 느끼게 되었다. 그 한 잔의 차는 선과 차가 만나는 계기가 되기도 했다.

그로부터 10년이 지난 오늘 그곳에 운림선사가 세워졌고 중국의 석옥 청공에 대한 헌창은 날이 가면 갈수록 더해갔다.

2001년 '원대 선종과 차문화 학술연토회'를 계기로 첫 석옥청공 학술 연토회가 열려 후저우 땅에 석옥청공의 정신이 다시 살아나는 계기가 되었다.

난징대(南京大) 홍수이핑(洪水平) 교수는 〈원대 선종 법맥 소고〉에서 태고를 고려에 임제종을 전한 최초의 적손이라고 밝힌 뒤 보우는 이제 선의 자연임운(自然任運) 진제(眞諦)를 깨우쳤다고 말했다.

그런 뒤 2004년 8월 중국 차 연구가인 커우단 선생과 가진 첫 만남에서 커우단 선생과 필자 사이에 일대 설전이 벌어졌다. 그 뒤 커우단 선생은 중국과 고려 문화교류의 한 페이지를 열었던 주인공이 바로 태고보우였다고 말했다.

커우단 선생과 주민 씨의 태고사 탐방은 문화교류의 중요한 한 페이지가 되었다. 태고암에서 북한산을 바라보면서 필자는 바로 이 산이 〈태고 암가〉가 지어진 현장임을 말했다. 또한 태고가 〈태고암가〉를 보이니 석옥은 기뻐하며 서로의 뜻이 계합했다고 말했다는 이야기를 했다. 그러자 커우단 선생은 미소를 지으며 답했다. 태고암 사이로 흐르는 물소리를 듣고 "누가 이 샘물소리를 듣고 천 번 만 번 쉼 없이 돌고 도는 것임을 알겠냐"라고 노래한 태고보우의 생기와 선의(禪意)를 비로소 느낄 것 같다고 말했다.

태고암 정상에 오르니 〈태고원증국사부도탑〉이 삼각산을 휘감고 있었다. 650년의 풍상에도 흔들림 없이 오랜 세월을 내려온 사리탑에서 태고보우의 영혼의 소리, 생명의 소리가 들려오는 것 같았다.

순간 태고보우의 〈오도송〉이 귓가를 스쳐간다.

趙州古佛老　　　조주 옛 늙은이가
坐斷千聖路　　　앉아서 천성을 끊었소
吹毛覿面提　　　취모검을 얼굴에 들이댔으나
通身無孔竅　　　온몸엔 빈틈이 없네

狐兎絶潛蹤　　　여우와 토끼는 자취도 없고
翻身師子露　　　몸을 뒤집어 사자가 나타났네
打破牢關後　　　굳은 관문을 쳐부순 뒤에
淸風吹太古　　　맑은 바람이 태고에 부네.

삼세의 모든 부처가 이문에 들다

봉암사는 7세기 중엽 중국 선종의 4대조인 도신 ― 신행 ― 신범 ― 혜은으로 이어져 온 선종이 우리나라에 맨 처음 들어온 곳이다. 이곳은 남종선이 아닌 북종선 정통을 이어 왔다.

봉암사 태고선원 바로 옆에 지증 국사의 부도가 있고, 그 부도의 기단부 중앙에 공양상이 있다. 바로 이 절을 중창시킨 도헌 국사 지증(824~882)의 부도이다. 최치원의 〈사산비명〉 중 〈지증대사비명〉에 의하면 지증은 속성이 김씨로 경주 사람이었는데, 키는 8척에 기골이 장대하고 말소리가 크고 맑아 '참으로 위엄 있으면서 사납지 않은 분'이었다고 했다.

지증은 9살 때 아버지를 여의고 출가의 뜻을 어머니께 간청하자 어머니는 어리다고 허락하지 않았다. 그러나 지증은 석가모니도 왕위를 버리고 출가를 결행했음을 떠올리며 영주 부석사로 출가를 하게 된다. 출가해 고행을 온몸으로 실천하는 국사의 명성이 높아지자 경문왕이 왕궁으로 초청했다. 그러나 출가인의 책임은 명리를 떠나 중생제도에 있음을 각인하고 왕명을 거부했다. 그리고 "진흙 속에 편히 있게 하여 나를 강물에 들뜨게 하지 말라"면서 운수납자의 길을 고집했다.

봉암사를 에워싸고 있는 대머리바위. 그 아래 봉암사가 자리하고 있다.

15년 전 태고종 종정을 지낸 덕암 스님을 모시고 봉암사를 찾았을 때의 모습.

희양산 봉암사는 구산선문 중의 하나로 지증, 정진, 태고보우 국사의 비원이 서려 있는 곳이다. 산세를 살펴보면 바위돌 하나가 우뚝 솟아 희양산의 위상을 말해준다

봉암사는 신라 시대 달마선법을 전개한 아홉 산문 중의 하나로 지증 이후 선풍이 면면히 이어졌다. 근래에 청담, 성철 스님과 서암 스님 등에 의해 선풍이 이어져 왔으며, 오늘날 봉암사를 있게 한 선승으로 몇 해 전 입적한 서암 선사가 있다. 선사는 봉암사 가풍을 "백장청규를 잘 지켜 수행에 어긋남이 없도록 하는 것"이라고 했다.

고려 말 태고보우 국사는 봉암사에 주석하고 있을 때 대중들에게 다음과 같이 말씀했다.

산문에 도착하여 말씀하기를 "삼세(三世)의 모든 부처가 모두 이 문을 좇아 출입(出入)하지 않음이 없었다. 그런데 오늘 이 산승은 나가는 것인가 들어오는 것인가, 이 산승이 나가지도 들어오지도 않는 것이라면 어떤

것이 나가지도 들어오지도 않는 도리인가" 하고 주장자를 세 번 내려쳤
다.

이렇듯 보우 국사는 가는 곳마다 대중의 눈을 열어 놓았다.
희양산 봉암사는 아시는 바와 같이 신라 구산선문 중의 하나인 희양산
파로, 지증 국사 도헌이 일으킨 터전이다.

영원사지에 와서

경상남도 밀양시 활성2동에 있는 영원사지를 찾았다. 뜨거운 여름 임제 선법을 이어 가고 있는 진제 선사(해운정사 조실)를 모시고 영원사를 찾 았을 때 온통 과수원으로 변해 버린 영원사를 보고 역사의 소용돌이 속에 서 영원사 또한 역사의 수레 바퀴를 거역할 수 없음을 실감했다. 이 절을 일으킨 〈보감선사비〉와 부도만이 영원사지 한 쪽에 남아 옛 기억을 되새 기게 했다. 고려 말 태고보우 국사도 여기서 수행했다. 영원사가 역사 속 에 드러난 것은 고려 말 이제현의 〈보감국사비문〉이 전해지면서부터다. 고려 말 태고, 나옹 선사와 밀접한 관련이 있는 영원사는 보우 국사가 7년 간 주석했던 곳이다. 이 절은 나옹 선사가 회암사를 나와 영원사로 돌아 가는 도중 병이 도져 신륵사에서 열반을 맞이함으로써 돌아가지 못한 곳 이기도 하다. 그렇게 볼 때 한국 불교 선종의 중요한 분수령이 영원사로 부터 시작되었다고 해도 지나친 말이 아니며 더욱이 태고보우가 주석하 면서 한국 선종의 조정처럼 비쳐지는 곳이기도 했다.

"뛰어난 저 심종(心宗)이 바다를 건너 동쪽으로 오니, 그 종파(宗派)가 아홉인데 도의(道義) 스님이 개조(開祖)였네. 끊어지지 않고 다들 이어

태고보우 국사가 수행했던 자씨산 영원사. 그 아래가 〈보감국사부도〉이다.

해운정사 조실인 진제 선사를 모시고 자씨산 영원사를 찾았을 때 보감 국사의 귀부를 살피는 진제 선사와 스님들.

가며 대대로 철인(哲人)이 있어, 바른 것을 지키고 잘못을 고치는 것은 운문(雲門)의 첫째였고, 널리 배우고 독실하게 실천함은 인각(麟角: 진 귀하고 희소한 것)처럼 드물게 보는 현명일러라. 아름다운 감지(鑑智) 선사에게 후(候)가 그의 적사(嫡嗣)를 이었다. 그의 포부는 깊고 그의 재 주는 우뚝히 높다. 이에 아버지와 할아버지의 그 상서〔禎: 충혜왕의 휘〕를 이었네. 이미 선종(禪宗)을 주재하여 모든 방법을 다 기울이고, 겉으로 경서(經書)와 사기(史記)를 섭렵(涉獵)하여 정밀한 이치를 연구하였 네. 붓을 떨쳐 글을 지으면 '그 문장의 기세는' 가을 물이 물결치는 것 같 고, 봄 구름이 날아 달리는 것 같네. 임금이 예를 다하여 경의를 표하고 총애하여 좋은 호(號)를 내리었네. 다만 총애할 뿐 아니라 북면(北面)하 여 스승으로 섬기었네. 승려사회〔釋林〕에서 경하(慶賀)하고 의뢰하였으 나, 사(師)는 스스로 큰 체하지 아니하였네. 구름 깊은 산속에 석장(錫 杖)을 머무르나 복은 광대한 나라 안을 덮더니, 밝은 햇별이 갑자기 숨어 버리니, 임금의 마음이 이를 슬퍼하여 신으로 하여금 명을 지어 억만 년

244 석옥 · 태고 평전

의 향기로움을 선양(宣揚)하라 하셨네" 라고 말했다. 얼마나 조사선종의
가르침이 중요한지를 이제현은 간파했다.

— 이제현 찬 〈보감국사비명〉

고려 말기의 정치가이며 대학자인 익재 이제현이 찬한 〈조계종자씨산
영원사보감국사탑비명〉으로 이 절이 고려 시대에 창건된 절임을 어렴풋
이 짐작하게 할 뿐이다.

영원사는 온갖 역사의 부침과 함께 많은 수난을 겪어 왔다. 선종사찰이
었다가 5교양종이 가장 번성했을 당시에는 천태종 소유의 사찰로 바뀌었
으며, 보우 선사가 주지로 오면서는 선찰로 탈바꿈하게 된다. 보우 선사
는 주지 취임법어에서 "여기는 좋은 공왕(空王; 부처)의 땅이다. 옛날에
는 명리를 찾는 운객(雲客)의 소굴이더니 오늘은 청빈한 도인이 산다"고
말해 당시 많은 출가인들이 영원사에 안주하길 갈망한 것 같다.

《동국여지승람》에는 '영원사는 자씨산에 있고 고려 때 이제현이 비문을
지은 승보탑비가 있다' 고 했으니 조선 중기까지 보존된 것을 알 수 있다.

태고보우 국사 진영 모신
속리산 법주사

속리산은 진표 율사에 의해 한반도의 큰 산맥인 백두대간의 정기를 받아 불쑥 솟구친 영산이다. 《법주사사적기》에 따르면 '신라 진흥왕 15년 갑술(554)에 백제를 파하여 충주를 소경(小京)으로 삼고 이 해에 법주사에 장육상을 주조했다'고 한다.

진평왕이 법주사의 미륵전에 이르렀을 때 장륙금신상에 예배한 뒤 크게 일신했다. 법주사의 미륵상도 수많은 곡절을 겪어 왔다. 철불에서 시멘트로 되었다가 최근에는 청동으로 조성, 옛 모습을 되찾는 듯했다. 혜광 스님이 주지로 있을 때(1996) 법주사는 국립공원 입장료 폐지 운동을 비롯하여 진표 율사의 중창 정신을 이어받고 미륵 10선 도량으로서 거듭났다.

진표 율사가 일으킨 미륵신앙은 한반도 정남쪽 법주사에서 싹을 틔워 1천년간을 한국 불교의 대표적인 신앙으로 자리 잡고 있다. 법주사가 진표 율사의 정신을 이어 미륵 10선 계법을 설함으로써 용화정토 세계로 향하는 염원이 꺼지지 않은 불씨처럼 타오르고 있다.

그런 역사적 현장인 법주사가 선종도량으로서의 면모를 갖출 수 없었던 것은 신돈과 태고보우의 대립에서 비롯되었다.

보우가 공민왕에게 신돈에 대해 논한 적이 있다. 그때 보우는 다음과 같

태고보우 국사가 유배된 땅에 아이러니하게도 태고보우의 영정을 모시고 있다.

이 논하면서 "나라가 다스려지면 진승이 뜻을 얻게 되고 나라가 위태로워지면 사승이 때를 만나는 것입니다. 왕께서 잘 살피시어 신돈을 멀리하시면 종사(宗社)에 다행함을 얻을까 합니다"라고 하였다. 그러나 권문세가와 규합한 신돈은 보우를 축출하는 데 성공했다.

신돈이 왕사인 태고보우를 축출하고 천희(千熙·1307~1382)를 국사로 추대하였다. 보우가 선종 승려였던 데 반해 천희는 화엄종 계열의 승려였다. 보우와 신돈은 사상적으로 서로의 뜻이 맞지 않았다.

왕사에서 물러난 보우는 소설산에 들어갔다가 2년 후(1368) 봄에 전주보광사로 갔다. 신돈이 보우를 탄핵한 데는 보우가 저장성 지방으로 떠나려는 것에 분명한 이유가 있다는 것을 왕에게 고하여 보우를 벌주게 하였다. 공민왕은 신돈의 청을 들어 주어 신돈은 보우의 측근들로 하여금 거짓 자백을 받아낸 뒤 속리산으로 유배시키고 말았다. 그 뒤 공민왕은 보우에 대한 처사를 후회하고 이듬해(1369) 3월 승록(僧錄) 사원(司員) 혜기(惠琪) 등을 보내 보우의 금고를 풀고 보우의 주거처를 소설산으로 돌아오게 했다. 양촌 권근의 미원장 소설산암 〈원증국사비명〉에도 당시를 적나라하게 묘사하고 있다.

얼마 안되어 현릉이 자신의 잘못을 뉘우치고 다시 소설암으로 돌아오시기를 간청하였습니다. 신돈이 과연 반역의 죄로 죽임을 당하자 현릉은 '내가 우리 선사의 말씀을 듣지 않은 것이 한스럽다' 하고, 사람을 보내어 국사(國師)로 높이 봉하였습니다. 금상(今上; 禑王)이 즉위하여 양산사(陽山寺)에 머물기를 청하고, 또 다시 국사로 봉하였습니다.

흥미롭게도 보우가 유배된 속리산 법주사에 보우의 진영을 모신 것이 아이러니하다.

보우 스님의 진영은 두 종류가 전해져 왔으나 법주사에 모시고 있는 진영을 모본으로 전국에 유포되었다.

법주사 조사전에 봉안되어 있는 태고보우의 진영은 22분의 영정 중 하나이다. 태고보우 스님 옆에는 화봉·은곡·연담·환암·국화·영암·보은·도암·금오 스님의 영정이 모셔져 있고, 왼쪽으로는 함월·송암·과봉·처림·완봉·화암·단응·인하·석상·호암·용허·대원 스님 등의 영정이 모셔져있다.

법주사는 태고보우의 유배지로《고려사》에 '신돈의 모함으로 태고를 속리산으로 유배시켰다' 고 기록되어 있다. 유배의 땅에 보우 스님의 진영이 있다는 것은 중요한 의미를 가지고 있다고 하겠다.

학인들이 구름처럼 모인
증흥사에 와서

북한산 성내 태고사 아래에 터만 남아 있는 증흥사는 건립 연대가 불분
명하며, 1915년에 파괴되었다고 한다.

유창이 쓴《태고보우의 행장》에는 다음과 같은 기록이 있다.

'채하중과 김문귀가 스님의 풍모를 사모하여, 삼각산 증흥사로 모시니
학인들이 구름처럼 모였다. 그러나 절은 거의 쓰러져 가고 있었다. 스님

폐허로 남은 증흥사지.

중흥사의 옛 모습.

태고보우의 자취를 찾아 중흥사를 찾은 서암 큰스님과 후학들.

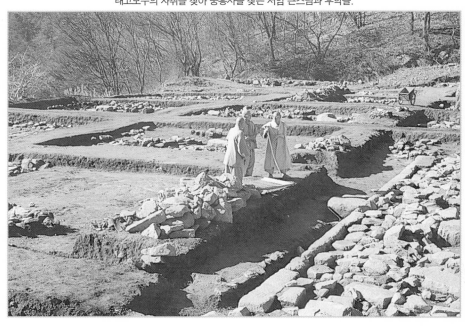

은 대중을 거느리고 위의 두 사람과 의논하여 풍부한 재목으로 절을 장엄하니, 앞에는 시내가 흐르고 뒤에는 산이 솟아 울창한 총림을 이루었다. 당을 더 개간하고 황폐한 것을 모두 다 일으키니, 이른바 스님을 중흥조(重興祖)라 한 것은 이 때문이리라.'

따라서 중흥사가 보우에 의해서 중수된 적이 있음을 알 수 있다.

이 절을 비롯한 북한산의 사찰과 암자 등이 본격적으로 증축·개수된 것은 조선 시대에 들어와서이다.

조선 숙종 39년(1713) 북한산성 축성 당시 30여 칸의 퇴락한 고찰이었으나, 북한산성의 수호를 위한 12개의 사찰 및 암자가 세워질 때 100여 칸이 증축됨으로써 136칸의 대찰을 이루었다. 특히 승병의 총사령관 격인 팔도도총섭이 거처하며 전국 승려들을 총지휘하였다.

당시 중흥사 대웅전 안에는 2존불상이 봉안되어 있었고, 대웅전 앞에는 만세루의 누각, 그리고 나한전, 동쪽엔 산신당이 있었다고 하나 지금은 모두 사라지고 없다.

1993년 '중흥사 복원추진위원회'가 발족되어 1997년 본격적인 지표조사를 실시한 바 있다. 또한 중흥사에서 태고보우 선사의 봉창회를 결성한 바 있고, 보우 스님의 헌창사업에 적극 앞장서고 있다.

대기대용의 형국 깨달음의 땅,
소설산 소설암

　산천의 지세를 두루 살펴보면 깨달음의 땅의 형국은 따로 있다. 그 땅의 모양은 태장만다라를 그대로 옮겨 놓은 것 같다. 선승들의 깨우침의 현장에서는 하나같이 하늘과 땅, 우주의 중심은 사람이라는 사실을 확연히 깨우치게 된다.

　그러나 그 깨달을 수 있는 수행 공간을 현신성불처(現身成佛處)로 이끌어 내기까지는 많은 사람의 끈질긴 구도자적 자세가 필요하다. 아무리 만다라의 땅이라고 할지라도 땅을 조화롭게 만드는 것은 사람이다. 즉, 그 사람의 개성과 땅이 맞아떨어질 때 비로소 그곳은 도를 깨친 곳[悟道處]이 될 수 있는 것이다.

원융사상 꽃핀 터전

　소설촌은 행정 구역상으로 경기도 가평군 설악면 설곡리로 《정감록》에 나오는 십승지 중의 하나였다.

　설악면은 1914년 일제가 행정구역을 개편하면서 붙인 이름이고 고려 말에는 미원현(迷原縣)으로 양근군(현 양평군)에 속했지만 1942년 이후

소설산 소설암지.

가평군으로 넘어갔다. 옛 이름 미원현의 흔적은 미원초등학교라는 이름
으로 남아 있다.
　《정감록》은 설악면의 소설촌을 이름난 승지로 꼽고 있다.

　　양근 소설촌 북쪽 40리 되는 곳에서 미원으로 들어갈 수 있으며 그곳
　은 가장 깊고 깊은 심산계곡이다.

　미수(眉叟) 허목(許穆·1595~1682)의 〈미지산기(彌智山記)〉에도 이
렇게 전한다.

　　미지산은 경성의 동쪽 1,150리에 있다. 미지산의 꼭대기에는 가섭봉
　이 있고 가섭봉 북쪽에는 미원장과 소설산이라는 암자가 있는데 그곳은
　옛날에 예맥(濊貊)의 땅이니 수춘화산(壽春花山)으로 산과 물이 가장 깊
　다.

태고보우 선사가 열반한 소설암지를 찾은 조계종 전 종정 서암 스님과 태고종 전 종정 덕암 스님. 두 스님은 태고보우 현창에 각별났다.

공민왕 1년(1352) 태고보우가 중국에서 석옥으로부터 선맥을 받고 귀국하자 공민왕은 국사로 예우하고 그가 태어난 고향 미원장을 현으로 승격시켰으며 그의 아버지 홍연을 홍양공(洪陽公)으로, 어머니 정씨를 삼한국대부인으로 봉하고 국사의 사상을 높이 흠모했다.

국사가 고려 불교사에 끼친 영향은 매우 크다. 목은 이색과 양촌 권근, 삼봉 정도전 등 조선 개국의 일등공신들이 앞을 다투어 국사의 비명을 찬한 일만 보아도 국사가 얼마나 고려 말기 이 나라 불교계에 사표가 되었는지 가늠할 수 있다. 태고가 1348년 석옥 화상으로부터 인가를 받은 뒤 본국으로 돌아와 소설촌에 머물게 된 내력은 양촌 권근이 찬한 〈미원현소설산암원증국사사리탑명〉을 보면 알 수 있다.

한 늙은 아전이 울면서 간청하기를 "제발 이곳에 머무르게 하옵소서" 하고 말하자 보우가 그냥 지나칠 수 없어 소설촌 주변을 돌아보고 승지가 될 만한 곳임을 간파했다. 밭을 일

소설암지는 지금 곳곳에서 양봉을 하며 살아가는 사람들에 의해 옛 명맥이 꺼져가고 있다.

구면서 여러 해를 사는 동안 그곳에 소설암이라는 암자를 짓고 원융불교
선양에 앞장섰다.

석옥 선사의 청규정신 이은 수행의 터전

소설산이 만다라의 땅이 된 내력은 보우 국사가 주석하면서부터 시작된
다. 소설산의 입지를 살펴보면 정면으로 용문산을 한 몸으로 맞아들이는
형국으로 처처에 부처가 아님이 없을 정도로 산세가 너무나 장엄하다. 정
도전의 〈미지산사나사원증국사석종비〉에는 이렇게 찬한다.

우뚝 솟은 용문산
유유히 흐르는 한강에
인물 하나 나시니
…

현재 소설암터는 동래 정씨 소유다. 한정섭 법사가 무덤의 상석(床石)에 새겨진 '동래정공(東萊鄭公)' 글자
를 가리키고 있다.

그 인물이 태고보우 국사이네.

소설산 정면에서 용문산을 바라보니 멀리 가섭봉이 잡힐 듯했다.
소설암은 오대산에서부터 발원한 활룡이 사방에서 모여들어 결구(結
區)하여 놓은 대기대용과 같은 터이다. 풍수적으로 소설암을 살펴보면 외
부로부터 철저히 차단되면서 내면적인 깨달음으로 이끌어가는 평지가람
형의 터이다. 이곳에 태고가 원융사상을 결집했으니 조계선종을 닦는 터
전이기도 하다.
보우가 소설암에 안주하게 된 내력은 스승 석옥청공 선사가 주석한 천
호암에서 찾을 수 있다. 천호암은 후저우시 외곽 하무산에 자리잡고 있는
데 석옥이 그곳에서 종신했던 곳으로 석옥 선사의 청빈사상을 천호암의
자연에서 찾을 수 있다. 청빈사상은 석옥의 시에서도 절절히 묘사되어 있
다.

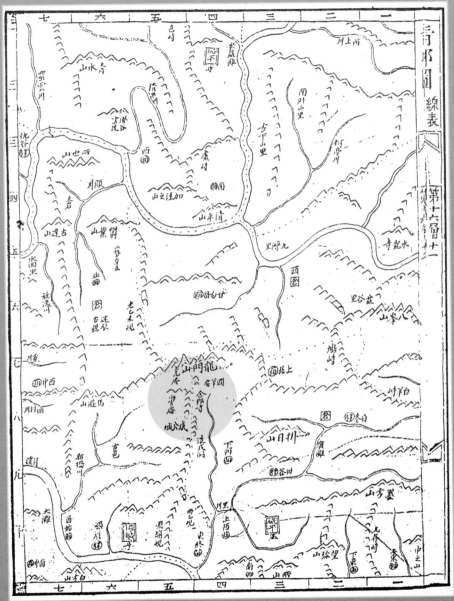

〈청구도(青丘圖)〉 16층 11(十六層十一). 용문산 아래로 윤필암과 사나사, 사나사 왼쪽 계곡에 소설암이 표시되어 있다.

암자가 하무산 꼭대기에 있어서
벼랑이 험하고 높아 사람들이 적게 온다네
땔나무를 지고 저자에 나가자니
푸른 이끼가 미끄럽고
쌀을 지고 산에 오르려니
구슬땀이 나는구나.

석옥이 종신했던 하무산은 후저우시에서도 인적이 드문 산이다. 하무산 정상 분지 속에 자리 잡은 그곳에서 석옥은 주로 땔나무 하는 일과 채소 가꾸는 일, 차밭을 경작하는 일로 수행했다. 태고는 이러한 모습을 보고 크게 감화 받아 고려로 돌아가면 스승과 같이 수행하겠다고 맹세한 뒤 귀국했다. 귀국 후 태고가 고향 마을을 지나는데 한 아전이 소설촌에 머무르길 간청하여 소설촌 소설산에 올라가 보니 자신이 임제선법을 받아 온 천호암과 너무나 흡사하여 그곳에 종신토록 안주할 것을 맹세하고 하산소로 삼았다.

권근은 보우의 사상을 흠모하여 소설암에 〈원증국사비문〉을 지어 올렸다고 전한다. 소설촌에 어릴 때부터 살았다는 박형진 노인(당시 83세, 1998년)은 소설산 〈원증국사비〉의 행방을 찾으려고 노력해 보았으나 찾을 길이 없다고 했다. 그러나 뜻밖에도 태고보우 탄신 700주년을 맞은 2001년 여름, 소설암지에서 떨어진 곳에서 양촌 권근이 찬한 비 편이 발견되며 태고 연구는 급물살을 탔다.

오늘날 소설암에는 보허샘이 있으니, 보우가 농선병행으로 수행하면서 원융불교사상을 결집했음을 알 수 있다.

보허샘이 있는 민가 한 채를 배경으로 하는 그곳은 중생의 세계이고, 소설암터로 추정되는 산 위의 우뚝 솟은 평지가람 사방 1천여 평 남짓한 터는 대기대용 형국의 깨달음의 땅이었다. 소설촌은 기전십승지지(幾甸十

勝之地)로 《정감록》에 이곳이 사람이 살기 좋은 피난처라는 이야기가 전해지면서부터 많은 사람들이 모여 들었다고 한다.

황해도 해주에서 조부 때부터 이곳에 왔었다는 김종섭 씨는 "6·25 때 용문산 전투가 매우 심했지만 이 마을은 피해를 전혀 입지 않았다"고 전했다. 실제 소설촌에서 왕방마을로 들어가니 골이 깊어서 그곳은 피난처로 적격이었다.

소설암지 앞에는 그 옛날 보우가 농선병행의 정신으로 농사를 짓고 경작했을 법한 논밭이 남아 있어 그 시절이 생생히 되살아나는 듯했다.

양촌 권근이 찬한
〈소설산암원증국사비〉 파편 발견 의미

원증 국사 태고보우 스님의 탄생 700주년을 맞아 태고보우 국사가 주석했던 소설암에서 태고보우의 비 편이 발견되어 관심을 모았다. 소설산 소설암은 태고보우 국사가 만년을 보냈던 곳으로 지금까지 양촌 권근이 찬한 비석을 소설암에 세웠을 뿐 그 비석이 발견되지 않아 태고 연구가들에게 안타까움을 전하였다.

그러다가 2001년 7월 가평군 설곡리 691번지 일대에서 우연찮게 원증 국사 사리탑 비 편이 발견되어 원증 국사 연구의 전환점이 되었다. 이번에 새롭게 발견된 비 편은 앞면 173자, 뒷면 136자의 해독 가능한 가로 1.6cm, 세로 2cm 크기의 글자가 남아있다.

〈미원현소설산암원증국사사리탑명〉에 따르면 미원현 소설암에 탑을 세워 사리를 안치하였으니 소설암은 곧 선사께서 일생을 시중하신 곳이라고 적고 있다. 비 편이 발견되자 강원대 박물관은 2002년 8월 곧바로 현지답사와 조사에 들어갔고 2003년 9월 1일부터 2004년 8월까지 1년 동안 조사연구 했다. 소설암지 지표 조사 보고서에는 다음과 같이 기록했다.

소설산 소설암지. 멀리 보이는 산에 태고보우 국사가 12대원을 세운 상원암이 있다.

소설암은 태고보우 국사가 머물고, 열반한 절임에도 불구하고 특별한 석조 유물이 남아있지 않은 상태이다. 또 지표상으로 확인되는 건물인지도 불확실하다.

여기에는 단지 석종형부도 1기와 방형의 다듬어진 석재 1점이 남아 있고, 부도탑비 편이 발견된 바 있다. 또한 민가를 중심으로 한 주변지역에서는 와편과 자기 편, 토기 편 등이 수습된다.

석종형(石鐘形) 부도(浮屠)는 민가의 오른쪽 산기슭에 세워져 있다. 부도의 크기는 최대지름 570mm, 높이 880mm이다. 아마도 주변에 지대석들도 매몰되어 있을 것으로 판단된다. 이 석종형 부도의 전체적인 모양은 원추형이고 아래쪽에는 지름 205mm, 깊이 50mm의 둥근 홈이 파여 있다. 당호판이 없고, 당호명[塔名]이 기록되어 있지 않아 그 주인공을 알 수 없다.

절터 주변의 자연 형세나 석종형 부도의 위치로 볼 때, 조그마한 암자터로 보이는데, 특히 부도와 탑비를 세우고 공양을 올리던 부도전터(탑비전지)로 추정된다.

실제로 강원도 원주의 법천사(法泉寺)도 동일한 배치를 보여주고 있다. 양주 회암사(檜岩寺)도 동일한 배치를 보여주고 있다. 그러므로 소설암의 가람 배치도 금당을 비롯한 중심 사역은 현재의 위치보다 아래쪽에 자리 잡았을 가능성도 있다고 생각된다.

한편, 이 절터가 그동안 추정만 되어 오던 소설암이라는 사실을 확인하게 만든 것은 태고보우 국사의 사리탑비의 비 편이 발견되었기 때문이다. 이 비 편은 그 동안 매몰되어 있다가 2001년도 폭우로 임시가건물의 오른쪽의 도랑에서 비 편 일부가 노출되어 발견되었다. 이에 마을에 사는 박창신 씨가 오빠인 박돌신 씨의 도움을 받아 수습하여 보관하던 중 때마침 찾아 온 사나사(舍那寺) 화암 스님 일행에게 제보하면서 알려진 것이다.

비 편은 붉은 색을 띤 화강암을 다듬고 갈아서 앞과 뒷면에 비문을 각각

새기고 있으며 좌우의 옆면에는 아무런 새김이 없다. 비 편은 심하게 파괴되었으나 좌우 측면은 남아 있어 비의 원형이나 비문을 복원하는 데 도움을 주고 있다. 그러나 위와 아래 부분은 크게 떨어져나간 모습이다. 비 편의 크기는 가로 너비가 67.5cm, 세로의 총 길이 69.5cm, 두께는 12.2cm이다.

비 편은 전체 중 약 1/4에 해당하는 것으로 추정되고, 앞면의 전문(全文)은 권근(權近)의 《양촌집(陽村集)》에서 그 내용을 확인할 수 있으며, 현재 확인할 수 있는 글자는 약 170여 자이다. 비 편의 뒷면은 조성에 참여한 인물을 중심으로 음기(陰記)가 약 140여 자 쓰여 있는데, 이것은 이번의 발견으로 처음 공개되었다. 비신(碑身)은 사위(四圍)를 음각선으로 주연(周緣)을 두르고 그 안에 비문을 새긴 형식인데, 〈미지산사나사원증국사석종명(彌智山舍那寺圓證國師石鐘銘)〉의 비문과 매우 닮아 있으며, 고려 시대에 조성된 비에서 볼 수 있는 형식의 하나이다. 이 비 편은 권근이 찬(撰)한 〈미원현소설산암원증국사사리탑명병서(迷源縣小雪山庵圓證國師舍利塔銘幷序)〉비의 비 편임을 확인할 수 있었다. 탑비의 건립 시기는 비 편에서 직접적인 근거를 찾을 수 없으나, 권근의 《양촌집》에 실려 있는 원응 존자(圓應尊者)가 자신에게 비문을 청탁하면서 보내 온 편지글의 내용과 미원현(迷源縣)이라는 표기 등의 단서로 보아 1390~1394년으로 추정된다.

그런데 주목할 점은 비 편이 발견된 곳이 본래 비가 서 있던 원위치가 아니라는 점이다. 이 비 편이 쓸려 내려온 방향으로 볼 때, 석종형 부도와 깊은 관련이 있을 가능성이 높다. 민가 앞에는 샘이 있고, 샘의 앞쪽에는 사각형의 넓적하게 다듬어진 석재가 있다. 크기는 620×620×235mm이다. 석재의 노출면에는 가운데에 길게 홈이 파여 있다. 한편 매몰된 이면에는 원형의 돋을새김이 확인되는데 연꽃무늬가 조식되어 있다고도 한다.

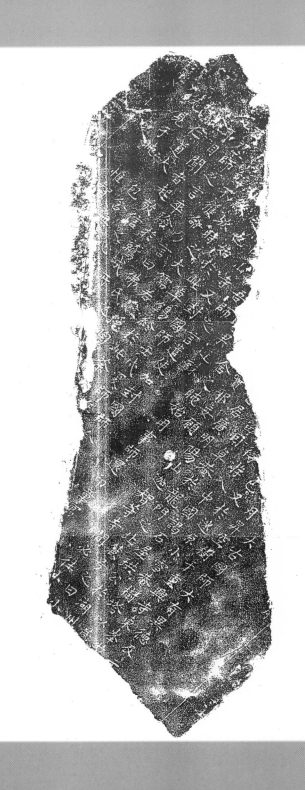

소설암지에서 발견된 양촌 권근이 찬한 〈원증국사사리탑〉 비편 전면 탁본.

석재의 크기로 볼 때, 아마도 석등의 하대석과 같은 석조유물이 뒤집힌 채 놓인 것으로 생각된다.

한편 절터의 이곳저곳에서는 고려·조선 시대의 기와 편이 산재해 있다. 기와 편은 고려 시대의 어골문(魚骨文)과 조선 시대의 수파문(水波文) 무늬가 대부분을 차지하고, 자기 편은 분청사기 편이 주종을 이루며, 극소수의 청자 편도 보인다.

태고보우 국사의 열반지인 소설산 소설암은 경기도 가평군 설악면 설곡리에 자리 잡고 있다. 이곳은 《정감록》에 등장하는 십승지 중의 하나이다. 《정감록》에는 '양근 땅에는 북쪽으로 40리 정도에 소설[陽根致北四十里有小雪]이란 부락이 있다'고 되어 있는데, 이곳이 사람이 살기 좋은 피난처라고 한다. '소설'은 오늘의 '설곡'의 옛 이름이다.

《동국여지승람》에는 보우 스님이 미원장이 있는 소설산에 은거하고 있을 때 미원장을 현으로 승격 시켜 마을 사람들은 크게 기뻐했다고 한다.

보우 스님은 무자년(1348) 봄에 중국 구법행을 마치고 본국으로 돌아와 미원장 소설암에 들어가 백장청규 정신을 실천했다. 몸소 밭을 갈면서 부모님을 봉양하면서 살았다고 한다.

현릉(공민왕)이 스승으로 맞이하려 했으나 응하지 않다가 다시 간절히 부탁하기에 부득이 입(入)했다고 비문은 전하고 있다. 아직도 그때 공민왕이 보우를 찾아왔다는 왕재(왕이 넘었던 재)가 남아 있다. 권근이 쓴 비문에 따르면 우연히 보우가 소설암을 지날 때 한 늙은이가 울면서 머물기를 간청하니 보우 스님은 곧 암자를 짓고 소설암에 은거했다고 적고 있다.

소설암지는 보우 스님이 어린 시절을 보낸 곳일 뿐만 아니라 행화의 도량이자 열반지이며 우리나라 차문화의 발원지나 다름없는 곳이다.

현재 소설암지는 동래 정씨의 소유이다. 보우 스님의 모친이 동래 정씨라는 사실을 생각해 봤을 때 매우 지중한 인연이 아닌가 싶다.

소설암지에서 필자에 의해 발견된 부도.
받침돌은 발견하지 못했다.

보우 스님이 이곳에서
열반에 든 뒤 다비를 하
자, 그날 밤 광명이 하늘
로 뻗쳤고 사리가 무려
100과가 나왔다고 전하
고 있다.

1. 〈원증국사부도〉

태고 스님의 문인들은
모두 다섯 곳에 국사의 부
도를 모셨다. 이중 태고
사·봉암사와 사나사는 현존하고 있으며, 청송의 태고암(현 홍성)과 소설
암지의 부도는 그동안 확인되지 않고 있다가 1996년 7월 필자에 의해 소
설암지 오른쪽 산등성에서 방치되어 있는 부도가 발견되었다. 부도의 좌
대는 없으나 사나사·봉암사에서 볼 수 있는 석종형 부도인 것만은 확실
했다.

2. 보허샘

마을 사람들이 '보허샘'이라고 전하는 이 샘물은 소설암터 민가 앞에
있다. 이 마을에 오랫동안 살아왔다는 박형진 씨는 이 샘을 보허샘이라고
부른다고 했다.
아무리 가뭄이 들어도 이 샘물은 마르지 않고 마을 사람들이 길어 먹었

다고 한다. 보허샘의 물맛
을 본 덕암 큰스님은 하무
산에서 맛본 물맛과 똑같
다며, 바로 이곳이 석옥청
공 선사로부터 받아온 선
차문화를 보우 선사가 꽃
피운 곳이라 했다.

3. 〈미원현소설산암
원증국사리탑명〉

태고보우 선사가 열반
에 들자 그의 문인들에 의해 열반지인 소설암에 부도와 비를 세우게 했
다.

양촌 권근이 찬한 〈원증국사사리탑명〉에는 '소설암에 탑을 세워 사리를
간직하니 소설암은 시종 대사가 일생을 마친 곳'이라고 기록하고 있다.
태고의 문인들은 국사께서 열반한 소설암에 비문을 세우길 발원하여 그
비명을 권근에게 부탁했다. 권근이 사양하자 당시 유학의 거목인 '목은
이색·도은 이숭인·삼봉 정도전 등이 앞다투어 우리 선사에 대해 글을
지어 주었는데, 유독 그대만이 사양하지 않기를 바란다' 하여 양촌이 선사
의 비명을 찬한 연유를 탑명에 밝히고 있다.

양촌 권근이 찬한 비 편이 밝혀지면서 소설암은 전면에 드러났다. 필자
에게 태고보우 국사가 숙명처럼 와 닿는다. 1996년 8월 소설암을 처음

태고보우 스님이 어린 시절을 보낸 중촌마을.

탐방한 이후 조계종과 태고종의 양 종단의 종정을 모시고 탐방했을 때의 감격은 지금도 잊을 수 없다. 그 뒤 서암 스님은 전불심인(傳佛心印) 조계 중흥(曹溪重興)이란 글을 남겨 태고보우가 한국 불교 종조라는 사실을 분명히 했다. 그 뒤 2010년 6월《석옥·태고 평전》의 마지막 여정을 소설산에서 마무리 짓고자 필자가 청하여 태고학회의 무공, 대은, 청봉, 혜준, 성덕, 혜명 스님 등 여섯 분의 태고법손과 공동으로 답사했다. 다시 찾은 소설산은 놀랍도록 변해 있었다. 처음에는 마을이 변하여 소설암을 몇 번을 헤매다가 설곡교회를 보고 단박에 그 자리가 소설암지임을 알 수 있었다. 그리고 소설암에 이르자 처음 소설암을 증언한 박형진 노인은 작고했고 아직도 폐사된 채 남아있었다. 다만 오랫동안 이 마을을 지킨 박씨 문중들이 벌집을 키우며 근근이 살고 있었다. 1990년 말 처음 부도를 발견한 그 자리에 박씨 문중들이 부도 앞에 향을 피우고 기도를 올린다고 한다. 원증 국사의 열반의 땅 소설암이 복원되지 않은 까닭은 땅의 소유주가 동래 정씨인데다가 그 동래 정씨 문중이 독실한 기독교인임에 복원을 엄두도 내지 못하고 있다고 한다. 때를 기다릴 수밖에 없는 현실이다. 소설암에 올라 미지산을 바라보니 겹겹이 싸인 구름이 걷히면서 푸른 하늘이 활짝 개었다. 그 순간 양촌 권근의 비명 맨 끝의 송이 다가왔다.

부처의 도가 커서
세상을 포용함에 끝이 없는데
다섯 종파가 우리나라에 퍼지고
높은 스님들이 계통을 이었다

더구나 우리 태고 스님은
실로 하늘이 내신 분이라
멀리 청공(淸珙)을 방문하매
그와 도가 부합되었다

신돈에게서 선견지명을 보였으니
오직 지혜가 슬기롭기 때문이라
그 도는 너무도 높아서
사람들이 쳐다볼 수 없으나

빛나는 사리는
뭇사람의 눈에 비추는 광채라
명산에 간직하여
길이 후세에 보여 주리라.

금석문을 통해 본 보우 선사의 회광

목은 이색이 찬한 〈태고사원증국사탑비명(太古寺圓證國師塔碑銘)〉.

태고보우(太古普愚 · 1301~1392)는 고려 말기 이 나라 불교계를 대표한 국사(國師)요, 왕사(王師)로 원융불교사상을 실천하여 중국에서 임제선법을 이어 와 한국 선불교의 전통을 세우는 데 상당한 영향을 끼친 인물이다. 보우 선사에 관련된 비석만도 모두 세 곳에 세워졌다.

목은 이색이 찬한 〈태고사원증국사탑비명(太古寺圓證國師塔碑銘)〉과 양촌 권근(1352~1409)이 찬한 〈미원현소설산암원증국사사리탑명(迷源縣小雪山菴圓證國師舍利塔銘)〉, 정도전이 찬한 〈미지산사나사원증국사석종명(彌智山舍那寺圓證國師石種銘)〉 등이 그것으로 조선 초

정도전이 찬한〈태고보우석종비〉.
이 비는 사나사에 있다.

최고의 문사들이 비명을
찬했다는 데 그 의미가 있
다고 하겠다.

반면 보우 선사는 적지
않은 시련을 겪게 된다.
보우는 신돈과의 대립으
로 인해 두 번의 유배길에
올랐으며 전주 보광사와
속리산 법주사에서 유배
생활을 겪었고 보우 선사
의 비석 또한 목은 이색의
비와 정도전이 찬한 비문
만 세워지고 권근이 찬한
비의 행방은 확인하기 어려웠다.

이들 금석문을 토대로 보우사상을 조망해보자.

척불(斥佛)하면서 보우 비명 찬한 정도전

이성계가 조선왕조를 개국하자 유생들은 이성계가 태고보우의 문도로
기록된 것을 보고 제왕이 고승의 제자로 되어 있던 것이 못마땅하여 정으
로 글자를 들어냈다. 북한산 태고사에는 지금도 이○계(李○桂)로 되어
있다.

정도전은 척불이론서인 《불씨잡변》을 써서 "불교는 이미 죽어 가고 있
다. 산 진리는 오직 유교뿐이다"라고 외치면서 불교를 배척하고 유교를

외쳤다.

또한 흥미로운 사실은 불교척불운동에 앞장섰던 정도전이 태고보우의 비명을 찬한 것이다. 정도전은 "우왕의 스승으로 왕사와 국사를 지냈던 보우가 열반하자 양촌 권근과 목은 이색 등이 앞을 다투어 대사의 비문을 썼다"고 비문을 찬한 이유를 말했다.

정도전이 찬했다는 보우의 비문이 태고보우 국사의 어록이나 정도전 문집 등에도 빠짐에 따라 그동안 그 출처를 찾지 못하다가 삼봉의 후손인 정광순(鄭廣淳) 씨가 관련자료를 통해 판독 불가능한 부분을 찾아냄으로써 세상에 알려지기 시작했다. 아직도 〈도전찬〉이 선명히 남아 있다.

정광순 씨는 태조 7년 8월 26일 밤 이방원 일파의 기습으로 생을 마감한 삼봉 선생이 역사적 평가를 제대로 받지 못한 것을 못내 아쉬워했다. 정 씨는 삼봉 선생이 보우 선사의 비문을 찬한 것으로 보아 불교와 극한 대립을 보인 것만은 아니라고 말하였다. 또한 정 씨는 "비참한 최후를 맞은 삼봉 선생은 억울한 누명까지 쓰고 오늘날 행장이나 묘비조차 전하지 않고 있다. 그의 가계와 출생지 등 진실이 아직까지 미궁 속에 있다"며 또한 "왜곡된 사실이 어떻게 《조선왕조실록》 같은 사서에 기록됐는지에 대한 과정 모두가 묻힌 상태다. 삼봉의 역사적인 평가는 이제부터 시작해야 할 것이다"라고 말하였다.

정도전이 찬한 〈사나사원증국사석종명(舍那寺圓證國師石種銘)〉의 중심내용을 옮겨 보자.

보우가 중국에 가서 공부하여 임제(臨濟)의 18대손(孫)인 석옥청공으로부터 법을 이어 법의와 주장자를 신표로 받았다. 공민왕(恭愍王)이 왕사의 예로 모시고 곧이어 국사를 더했으며 어머니 정(鄭) 씨를 삼한국대부인으로 봉했다. (중략)

스님은 출가 이후에도 두 차례 이 고을에 오시는 덕을 베풀었으므로 고

2010년 6월 8일 사나사를 찾은 태고법손들이 정도전이 찬한 〈태고보우석종비〉를 살피고 있다.

을 사람들이 사모하여 오래도록 잊지 못했다. 그들이 스님을 스승으로 섬
기고 사리를 모시는 까닭도 여기에 있다.

권근이 찬한 〈소설산원증국사사리탑비〉

양촌 권근은 목은 이색, 삼봉 정도전과 함께 고려 말 선초의 대표적인
학자로 존경받아 왔다. 그는 보우의 비문을 찬한 내력을 "당시의 대학자
인 목은 이색, 삼봉 정도전 같은 조선의 선비가 모두 선사에 대한 글을 지
어 주었는데 오직 나만 안 지었으니 사양하지 말라는 청에 뿌리칠 수 없
었다"라고 적고 있으며, 내 감히 여러 군자들의 반열에 참여할 수 없어 굳
이 사양하였으나 끝내 받아 주지 않기에 마침내 말하노니, "부처의 도는
깊고 은밀하며 높고 멀어서 실로 언어로 형용하기 어려운 것인데, 하물며
유자(儒者)로서 궁구하지 않은 것을 감히 망령되이 논할 수 있겠는가? 오
직 선사의 적이 석옥과 부합되고, 선사의 지혜가 취성(鷲城)에게 징험되

었으니 그 조예와 식견이 과연 고명하다 이를 만하다"고 찬탄하였다.

특히 미원현 〈소설암비〉에는 보우의 사리 안치 장소 등을 거명했는데 양평 사나사, 청송 태고암, 미원현 소설암, 중흥사 동쪽 봉우리, 문경 봉암사 등 5곳을 거명하고 있다. 그러나 현존 태고보우의 부도로 확인된 곳은 태고사 한 곳뿐이며 추정되는 곳은 모두 세 곳으로 밝혀졌다.

소설산 소설암지에 보우 선사의 부도로 추정되는 것이 소설산에 방치되고 있다. 전하기로는 조선 초기의 어느 고승의 부도라고 하는데 보우 선사의 부도인지는 확인되지 않고 있다고 한다.

그 외 석종형 부도는 사나사와 봉암사에 있으며 봉암사 안내판에는 보우와 보조지눌의 설명이 혼선을 일으킬 수 있게 적혀 있어 안타까움을 자아내게 했다.

보우 법손의 비에 비친 태고의 행적

권근은 보우의 비에 이어 보각 국사 환암혼수의 비문도 찬했는데 그 비문은 충주 청룡사지와 억정사지에 세워져 있다. 먼저 태고의 문인인 박의중이 찬한 〈대지국사비명(大智國師碑銘)〉을 살펴보자.

태고보우 선사가 일찍이 부처님의 현묘한 도를 깨치고 명산대천을 두루 표력하실 때 후저우 하무산에 가서 달마의 28대손 석옥청공 선사의 인가를 받아 동국(東國) 임제종의 시조가 되었다. 그 후 우리나라에 크게 펴고 그 종지를 떨쳤다.

목은 이색의 비를 보면 태고보우의 비에 지웅 존자 혼수가 첫 번째 상석에 등장하고 있다. 두 번째로는 원응 존자 찬영이 나온다.

흥미로운 것은 태고보우의 두 법손이 같은 지역에서 활약했다는 점이

태고의 제자 박의중이 찬한 〈대지국사
비명(大智國師碑銘)〉이 충주 억정사지
에 있다.

다. 환암혼수는 원대 나옹의 문도였는데 어떤 연유로 태고보우의 첫 번째
법손이 되었는지 알 수 없다. 문인 유창(維昌)이 쓴 《행장기》에 그 근거를
밝히고 있다.

스님의 상수(上首)제자로서 첫째, 환암(幻庵) 화상이 있으니 지금은
국사 정변지 지웅 존자(國師 正辯智 智雄 尊者)가 되었고, 다음에 고저
(古樗) 화상이 있으니, 지금은 왕사 묘변지 원응 존자(王師 妙辨智 圓應
尊者)가 되었으며 가장 오래도록 시봉하고 스님의 후사(後事)를 감독한
이로서는 철봉(哲峯) 화상 등이 있으며, 뛰어난 선승들이 많으나 번거로
울까 하여 다 쓰지 않는다.

태고비의 전개내용과 현장

보우가 입적하자 조선을 대표하는 선비들이 앞다투어 그의 행적을 찬했
다. 특히 비문의 내용을 살펴보면 중국에서 인가 받아 온 전법내용들을
소상히 살피고 있다는 점에서 당시 고려 말 선계에 얼마나 전승문제가 심
각했는지를 보여준다.
그뿐 아니라 태고의 원융불교사상은 원효의 화쟁회통사상을 이으려는
사상적 근간을 바탕으로 하고 있다.

치열한 조선 선맥의 문파 속에서 조계 법통이 나옹인가 태고인가 등을 놓고 각축전을 벌이고 있을 때 서산 — 구곡각운으로 이어지는 서산문도들에 의해 정통선맥은 태고보우로 굳어지게 되었다.

필자는 태고보우와 관련된 금석문을 살펴보면서 종래에 지나쳐 버린 역사를 전면에 이끌어 내는 계기를 마련하였다. 오늘날 임제 — 석옥 — 태고 — 환암 — 구곡각운 — 서산 — 경허로 이어지는 태고보우의 올바른 선맥의 정립은 그 어느 때보다 요구되고 있다.

[제5장]
석옥과 태고어록

석옥청공의 어록

1. 스님께서 원통(元統) 신미년(辛未年) 4월 13일 이 절에 들어오시어 산문(山門)을 가리키며 이르기를, "문호(門戶)를 활짝[豁開]¹⁾ 열어라. 문호에 당한 자가 누구인가" 하고 한 번 할(喝)하였다.

불전(佛殿)에서 이르기를, "내가 이제 당신에게 예배하는 것은 스스로 거꾸러졌다가 스스로 일어나는 것이오. 그러니 비둘기가 나무 위에서 울어도 뜻은 삼밭 속에 있지요" 하였다.

거실(據室)에서 주장자²⁾를 들어 이르기를, "위를 좇아 여러 부처와 조사와 천하의 늙은 화상들이 다 쑥대 티끌을 물밑에 드날리고 버들꽃이 불속에서 타는구나. 그러나 복원³⁾은 또 어떻게 할 것인가" 하고 주장자를 치면서 한 번 할하였다.

---

1) 아무렇게나 두다.
2) 승려가 지니고 다니는 지팡이. 선(禪)의 극의(極意)를 상징하기도 함.
3) 석옥청공.

2. 상당해서 이르기를, "만일 이 일을 말한다면 농사꾼이 밭을 가는 것과 같아서 밭을 깊이 갈고 시절에 맞추어 심으면 수확(收穫)은 반드시 풍성해져 관(官)에 바치고도 자기를 봉양하는 데 여유가 있으니〔綽綽〕, 여유가 있는 것은 정근(精勤)에 힘쓰는 것 말고는 다른 게 없다. 밭을 깊이 갈지 않고 시절에 맞추어 씨를 뿌리지 아니하면 수확은 반드시 줄어들어 관에 바치고 자기를 봉양하는 데 부족할 것이니 이 또한 다른 게 없다. 게으름과 피곤함이 있을 뿐이다. 그런데도 자신의 게으름을 꾸짖지 않고, 거두는 것이 모자라는데도 도리어 다른 사람이 정근하여 수확 많은 것을 질투하는구나. 이 같은 사람을 불쌍한〔憐憫〕 사람이라 할 것이다. 복원의 말뜻은 어디에 있겠는가. 풀을 베는 것을 또는 뱀을 놀라게 하는 것을 생각지 않고 얻었네."

3. 상당하여 이르기를, "달이 바다의 동쪽에서 나오니, 금물결이 넓어 묘묘(渺渺)하다. 둥글고 또 둥글어 이지러지지 아니하고, 밝고 또 밝아 좋다. 그러나 흰 토끼옹〔翁〕에게 부탁하노니, 항아(嫦娥: 달의 다른 이름. 편집자 註)에게 말해 채색 거두는 데 너무 늦지 말고, 빛 감추는 것은 빨리 하시오. 검은 구름이 사면에서 밀려와 하늘의 광채가 도무지 쓸모없이 되도록 기다리지 마시오. 이 세상에는 오직 도인(道人)의 마음이 있어, 천만 겁(千萬劫)을 지나 지금에 이르도록 항상 휘황하다〔皎皎〕"하였다.

4. 겨울철 소참에서 이르기를, "동산(洞山) 선사는 과실 탁자를 거두어 물리쳤으니 취하고 버림을 잊지 못함이요, 옥천(玉泉) 선사는 삼베 자락을 씻지 아니하였으니 고집을 끊기 어렵다. 그런데 이러한 시절에 복원사에서는 그중 같지 아니함이 있다. 매화가 외로운 표(標)로 피나 예전대로 은근한 향기가 떠다니니 찬 그림자에 실과 바늘이 더한다. 또는 아름다운 경치를 만나 봄을 맞아서 등롱(燈籠)으로 모자를 싸고, 물 밑에서 피리

[笙]를 불며 노주(露柱)⁴⁾가 적삼을 입고 구름 속에서 춤을 춘다. 이러한 도리를 너희들이 다 아느냐. 105일은 이것이 청명(淸明)이요, 청명은 또 한식(寒食) 뒤에 있다."

5. 상당하여 말하기를, "한마음이 나지 않으면 만법(萬法)에 허물이 생기지 않는다. 허물도 없고 법도 없어서 생기지도 않고 마음먹지도 않는 이러한 바가 도(道)다. 산승(山僧)이 암자에 있을 때 오직 살고 있는 경계(境界)⁵⁾를 보면, 문은 천 개의 봉우리를 대하고 있지만 마음은 한가로이 한 곳에 있다. 아침에는 흰 구름이 흘러가는 것[冉冉]을 보고, 저녁에는 흐르는 물의 잔잔함을 들으며 다리가 부러진 솥 안에 콩잎[藜藿]을 삶고, 움집에 앉아 떨어진 납의(衲衣)를 꿰매 입어도 자재(自在)하여 얽매임이 없다. 보리수[裟羅樹] 나무 그림자가 하늘 호수[天湖]에 떨어지고 치자꽃[薝蔔] 향기가 댓돌[臺石]에 떠 있으니 시비(是非)가 미치지 않으며 명리(名利)가 아득히 잊혀진다. 그런데 사원[院]에 살 때 사원의 경계(境界)를 보니, 문은 호시(湖市)와 닿아 있고 땅은 해주(海州)에 접해 있다. 일찍 일어나 잠을 깨고, 오는 이를 맞고 가는 이를 전송하며, 급박할 즈음[顚危]이 되어서야 물건[規模]을 정리하고 적막한 가운데 납자(衲子)가 모여들면 어부들의 노래와 목동들의 피리 소리가 길게 울려 퍼진다. 산과 개울은 어쩌다 보게 되며, 세상 먼지[紅塵]가 들끓는[滾滾] 사이에 하루가 금새 지나간다." 또 이르기를, "호사(湖寺)에 사는 것과 암자에 사는 것이 같은가 다른가?" 하고 한참 있다가 이르기를, "산이 구름을 두르지 아니한 것이 없고, 물은 모두 달을 머금고 있다" 하였다.

---

4) 선원의 경내에 있는 석제(石製) 또는 목제(木製)의 기둥. 등롱(燈籠)과 함께 생명 없는 존재를 가리키는 대어(代語)로서 사용되는 경우가 많다.
5) 수행으로 도달한 결과의 마음 상태.

6. 다시 들어 말하기를, "마곡(麻谷) 선사가 장경(章敬) 선사에게 와서 선상(禪床)을 한 바퀴 돌고 석장을 들어 한 번 내려치고는 우뚝 서자 장경 선사가 '옳고 옳도다!' 하였다. 마곡 선사가 또 남전 선사에게 가서 선상을 한 바퀴 돌고 석장을 한 번 내려치고 우뚝 서자 남전 선사가 '옳지 않도다! 옳지 않도다!' 하였다. 마곡 선사가 이르기를, '장경 선사는 옳다고 하였는데 화상께서는 무엇 때문에 옳지 않다고 하십니까?' 하자 남전 선사가 이르기를, '장경 선사가 옳다고 말하였는데 내가 옳다고 하지 않은 것은 바람의 힘으로 그리 된 것이니, 마침내 무너질 것이다' 하였다. 이에 복원이 문득 한 게송하니, 사람과 하늘에게 널리 이르건대, 자로 재고 저울로 무게를 달면 짧고 길고 가볍고 무거움이 분명하게 밝혀져야 하는데 모두 이 두 팔로 세상 사람들의 눈을 가리기가 어렵구나〔都盧[6] 祇是 一雙手 難掩世間人眼睛〕" 하였다.

7. 대중에게 보이며 이르기를, "우리 부처님 세존께는 4가지의 청정하고 밝은 가르침이 있었으니 이른바 마음을 굳게 지켜 계(戒)로 삼고, 계로 정(定)을 내고, 정으로 혜(慧)를 내는 것이다. 무엇을 마음을 굳게 지킨다 하고 무엇을 계라고 이르는가. 만일 모든 세계의 육도(六道)[7]의 중생들이 그 마음이 음란하지 아니하면 곧 나고 죽음이 서로 연이어 따르지 아니할 것이다" 하고 또 이르기를, "만일 음욕을 끊지 아니하고 선정을 닦는 자는 마치 모래를 익혀 밥을 만들려는 것과 같으니 백천 겁(百千劫)을 지내도 다만 달구어진 모래로 있을 뿐이다. 어찌하여 그런가. 이것은 밥의 근본

---

6) 도로(都盧)란 온통, 전부의 뜻으로 흔히 선가에서는 하나도 남은 것이 없다고 할 때 사용한다.

7) 중생이 업인(業因)에 따라 윤회하는 길을 여섯 가지로 나눈 것. 지옥도 · 아귀도 · 축생도 · 아수라도 · 인간도 · 천상도가 그것이다.

이 아니고 모래로 이루어졌기 때문이다. 그대가 음욕의 몸으로 부처의 묘과(妙果)를 구하면 설사 미묘한 깨달음을 얻었다 하더라도 이것이 다 음욕의 근본이니 근본이 음욕이기에 삼악도[8]에서 윤회(輪廻)하며 절대로 나올 기약이 없다" 하고 또 말하기를, "만일 살생을 끊지 아니하고 선정을 닦는 자는 비유하자면 어떤 사람이 스스로 귀를 막고 높은 소리로 크게 떠들면서 남이 듣지 못하기를 구하는 격이니, 이러한 것들은 숨기려 하면 더욱 드러나는 것이다. 청정한 비구들은 갈림길을 갈 적에 살아 있는 풀도 밟지 않는 법인데 하물며 손으로 뽑는 것을 어찌 큰 자비라고 이르겠으며, 모든 중생들의 피와 고기를 섭취하여 먹는 것을 충당하는 자를 어찌 부처의 제자[釋子]라고 이르겠는가" 하고 또 이르기를, "만일 도적질을 끊지 아니하고 선정을 닦는 것은, 비유하자면 어떤 사람이 물이 새는 수도관[水灌]으로 통을 채우려고 하는 것과 같아서 설사 딱할 만큼의 시간이 지나도 채워지지 못할 것이다. 그러니 모든 비구들이 옷과 발우가 조금이라도 남았다면 저축하지 말고 걸식하고 남은 것은 굶주린 중생에게 베풀어야 한다" 라고 또 이르기를, "만일 모든 세계의 육도(六道) 중생들이 설사 몸과 마음에 살생과 도적질과 음욕이 없어서 삼행(三行)이 이미 원만하더라도 크게 거짓말을 한다면 삼마지(三摩地)[9]가 청정함을 얻지 못할 것이니 마치 똥을 조각하여 박달나무[檀] 형상을 만들어 놓고 향기가 나기를 구하고자 하는 것과 같으니, 이것이 있을 곳이 아니다. 음욕과 살생, 또 도적질과 거짓말이 이미 녹아 없어졌으면 계율과 선정과 지혜의 공부가 자연히 청정해져서 마치 큰 허공에 구름이 흩어지듯 하고 큰 바다에 물결이 맑아짐과 같을 것이니 이러한 단계에 이르러야 바야흐로 참선을 하고 바야흐로 도를 배울 것이다.

---

8) 또는 삼악취(三惡趣). 지옥·아귀·축생.
9) 정(定)의 일명. 마음을 한곳에 머물게 하여 흩어지지 않게 하는 것.

그대가 말한 참선은 무엇을 참구(參究)하는 것이며 도는 또 무엇을 배우는 것인가. 상대(上代) 이래 많은 모양이 있지만 내가 입이 수고로운 것을 개의치 아니하고 대략 두어 단을 들어 말하겠다.

2조 혜가가 처음 소림사에 가서 달마에게 참례(參禮)하였을 적에 팔을 끊고 눈 위에 서서 울면서 법을 구하니 달마가 말하기를, "모든 부처가 최초에 도를 구할 적에 법을 위하여 몸을 잊었다. 그런데 네가 어제 팔을 끊었으니 구할 만하니라." 2조 혜가가 말하기를, "모든 부처의 법인(法印)을 들을 수 있습니까?" 달마가 말하기를, "모든 부처의 법인은 다른 것을 쫓아가 얻는 것이 아니니라." 2조 혜가가 말하기를, "내 마음이 편안하지 못합니다. 스승님께서 편안하게 해주십시오." 달마가 말하기를, "그 마음을 가져오게. 그대를 편안하게 하여 주겠네." 2조 혜가가 말하기를, "마음을 아무리 찾아 봐도 찾을 수 없습니다." 달마가 말하기를, "그대의 마음을 편하게 하였네." 2조 혜가가 여기서 깨달았으니 이것이 법을 위하여 몸을 잊으며 참선을 하고 도를 배우는 첫째 방법이다.

대매상(大梅常) 선사가 마조(馬祖) 선사에게 참문(參問)하기를 "어떤 것이 부처입니까?" 하고 물으니 마조 선사가 "마음이 곧 부처이지" 하였다. 이에 대매상 선사가 알아듣고 바로 대매산에 들어가서 암자를 짓고 공부하였다.

그 뒤에 마조 선사가 이 소문을 듣고 스님을 시켜 대매상에게 가서 묻게 하기를, "화상은 이곳에서 어떠한 도리를 보았기에 이 산에 삽니까?" 대매상이 말하기를, "마조 선사께서 나에게 마음이 곧 부처라고 하셨기에 내가 이 산에서 마음이 곧 부처임을 공부합니다" 했다. 그 스님이 "마조 선사께서 요사이는 달리 말합니다" 했다.

이에 대매상이 "무어라고 달리 말합니까?" 하고 묻자 그 스님은 "마조 선사가 지금은 마음도 아니요, 부처도 아니라고 말합니다" 했다. 대매상은 "이 늙은이가 이랬다 저랬다 사람을 어지럽게 하여 마칠 날이 없구려.

마음도 아니요 부처도 아니라는 말은 그 마조 늙은이 마음대로 떠드는 것이고, 나는 오직 마음이 곧 부처임을 공부하겠소" 하였다.

그 스님이 돌아와서 마조 선사에게 보고하니 마조 선사는 "매자(昧子)가 익었구나" 하였으니 이것은 문득 정해진 믿음으로서 의혹이 없는 마음이니 참선하여 도를 배우는 두 번째 방법이다.

임제 선사가 처음 황벽 선사의 회상에 있을 적에 행업(行業)이 순일(純一)하였다. 수좌가 이를 보고 임제에게 "상좌는 이곳에 있은 지 얼마나 됩니까?" 하자 임제가 "3년입니다" 하였다.

그 수좌가 말하기를, "3년이 되었으니 일찍이 참문(參問)한 적이 있습니까?" 임제가 말하기를, "아직 참문하지 못하였으니 무엇을 어떻게 부를지 모르겠소" 그 수좌가 말하기를, "그대는 어찌하여 가서 어느 것이 부처님 법의 확실한 큰 뜻이냐고 묻지 않습니까?" 하니 임제가 문득 황벽 선사에게 가서 그렇게 물었는데 묻는 소리가 끝나기도 전에 황벽 선사가 갑자기 때렸다.

이와 같이 하기를 세 차례나 하여 세 번 맞았다. 임제가 그 수좌에게 말하기를 "내가 다행히 그대의 자비에 힘입어서 부처님 법의 큰 뜻을 세 번이나 물었지만 물을 때마다 맞았습니다. 이는 마장의 인연[障緣]이 두터워서 깊은 뜻을 이해하지 못한 탓이니 이제 그만 하직하고 가겠습니다" 하니 그 수좌가 "그대가 갈 때에는 방장(方丈)에게 하직하고 가시오" 하고 그 수좌가 먼저 방장에 가서 말하기를, "먼저 부처님의 법을 물었던 후생(後生)이 이와 같이 여법(如法)[10]하였으니 만일 와서 하직할 때에는 방편으로 그를 인도하십시오. 그는 뒷날 한 그루의 큰 나무가 되어 천하의 사람들에게 그늘의 서늘함을 줄 사람입니다" 하였다.

임제가 황벽 선사의 처소에 가서 하직하니 황벽 선사가 말하기를, "그대는 다른 곳에 가지 말고 고안탄(高安灘) 위에 있는 대우(大愚) 선사의 처소로 가라" 하였다. 임제가 대우 선사의 처소에 이르니 대우 선사가 묻기를, "어느 곳에서 왔는가?" 임제가 말하기를, "황벽 선사의 처소에서 왔습니다" 하였다. 대우 선사가 말하기를, "황벽 선사가 그대에게 무슨 말이 있었는가?" 임제가 이르기를, "제가 세 번이나 부처님의 적적(的的)한 큰 뜻을 물었다가 세 번이나 때림을 당하였습니다. 저에게 잘못이 있는지 없는지 알지 못하겠습니다" 하였다. 대우 선사가 "황벽 그 늙은이가 그렇게 친절하였구나. 그대를 위하여 곤욕을 주었음에도 그대는 여기서 잘못이 있는지 없는지를 묻는구나!" 하자 임제가 대우 선사의 말 아래서 크게 깨달아서 이르기를, "원래 황벽 선사의 부처님 법에는 여러 가지가 없구나" 하였다. 대우 선사가 임제의 가슴을 밀치면서 말하기를, "이 똥독에 빠진 귀신아! 아까 와서는 잘못이 있는지 없는지를 말하더니 지금 와서는 황벽 선사의 불법이 여러 가지가 없다고 말하니, 그대가 무슨 도리를 보았는지 어서 빨리 말하라" 하니 임제가 대우 선사의 갈빗대 아래를 세 번 주먹질하였다.

대우 선사가 말하기를, "그대의 스승은 황벽 선사이지 내가 아니다" 하매 임제가 대우 선사에게 하직하고 다시 황벽 선사에게 돌아왔다. 황벽 선사가 임제가 오는 것을 보고 "오며 가며 무슨 깨달음의 기회가 있었는가?" 하자 임제가 "다만 친절하심을 감사합니다" 하였다. 황벽 선사가 묻기를, "어느 곳에 갔다 왔는가?" 하니 임제가 말하기를, "어제 자비하신 뜻을 힘입어 대우 선사의 처소에 갔다 옵니다" 하니 황벽 선사가 말하기를, "대우가 무슨 말을 하였던가?" 하였다. 임제가 겪었던 이야기를 하니 황벽 선사가 "어떻게 받아들였는가? 대우 그 놈이 오면 한 방 먹이겠다" 하니 임제는 "기다릴 이유가 뭐가 있습니까? 여기서 바로 맞아야지요" 하고 주먹이 나왔다. 황벽 선사가 "이 지랄할 놈아! 여기 와서 호랑이의 수

---

10) 불법에 계합(契合)함. 또는 부처님이나 조사가 정한 규율대로 움직이는 것.

염을 건드렸구나!" 하니 임제가 문득 할을 하였다. 황벽 선사가 이르기를, "시자야! 이 지랄하는 놈을 승당(僧堂)으로 데려가거라" 하였다.

이것은 곧 묵은 인연이 깊고 바르며 큰 근기(根機)가 있는 것이니 참선하여 도를 배우는 자의 세 번째의 방법이라 하겠다.

장경릉(長慶稜) 선사가 깨닫지 못했을 때 '나귀의 일이 가지 않아서 말의 일이 돌아온다〔看箇驢事未去馬事到來〕'는 화두를 들고 설봉(雪峰) 선사와 현사(玄沙) 선사의 사이를 30년을 왕래하며 앉아서 포단(蒲團)을 해지게 만든 것이 7개나 되었다. 어느 날 발을 걷다가 활연(豁然)히 크게 깨달아서 문득 게송하기를, '도라는 것이 크게 어그러지고 크게 어그러졌다. 발〔簾〕을 말아 올리니 천하가 보이네. 어떤 이가 나에게 무슨 종(宗)이냐고 물으면 불자(拂子)를 들고 그의 입을 치겠다' 하였다.

이것은 문득 긍정하지 못하여, 조차(造次)에 승당(承當)하는 것이어서 반드시 크게 쉬고 크게 쉬는 전지(田地)에 이르고자 하는 것으로 참선하여 도를 배우는 자의 네 번째의 방법이다.

앙산(仰山) 선사가 백장(百丈) 선사의 회상에 있을 적에 하나를 물으면 10가지를 대답하며 입을 다투니〔吧吧〕 백장 선사가 말하기를 "그대가 요다음에 사람을 만날 것이다" 하였다.

그 뒤 앙산이 위산(潙山) 선사의 처소에 이르니 위산 선사가 묻기를, "들으니 그대가 백장 선사의 처소에 있을 적에 하나를 물으면 열 가지를 대답하였다 하니 그러한가?" 앙산이 말하기를, "불감(不敢)합니다" 위산 선사가 "불법의 향상하는 한 글귀를 어떻다고 하겠는가?" 앙산이 의의(擬議)하여 입을 열려 하니 위산 선사가 문득 할을 하여서 이와 같이 위산이 3번 물었고 앙산이 세 번 의의하여 대답하려다가 세 번이나 할을 당하였다. 앙산 선사가 머리를 숙이고 눈물을 흘리며 "선사(先師)께서 저에게 다시 사람을 만날 것이라 하셨는데 오늘에야 사람을 만났습니다" 하고 드디어 발심(發心)하여 소〔牛〕를 맡아보기를 3년 동안 하였다.

어느 날 위산 선사가 보니 앙산이 나무 아래에서 좌선을 하고 있었다. 위산 선사가 주장자로 앙산의 등을 한 번 내리치니 앙산이 돌아보았다. 위산 선사가 "적자(寂子)여! 도를 얻었는가?" 하자 앙산이 "비록 도는 얻지 못하였으나 그렇다고 딴 사람의 입을 빌리지는 않겠습니다" 이에 위산 선사가 "적자여! 알았다" 하였다. 이는 문득 지해(知解)[11]를 버린 진실이니 참선하여 도를 배우는 다섯째의 방법이다.

보녕용(保寧勇) 선사가 처음 천태교(天台敎)에 들어갔다가 옷을 갈아입고 설두현(雪竇顯) 선사를 찾아보았다. 설두현 선사가 보녕용을 큰 법을 담당할 자로 여겨서 한 번 보고 꾸짖기를, "앙상(央庠) 좌주여!" 하였더니 보녕용이 분함을 내서 산을 내려오다가 설두산을 보고 예배하며 말하기를, "내가 일생 행각하며 참선하는 길에 설두산을 지나지 아니하면 맹세코 고향에 돌아가지 않겠다" 하며 늑담[潭]에 가서 해가 다 가도록 의심하는 마음이 풀리지 않았다. 뒤에 양기(楊岐) 선사를 만나서 마음의 땅을 밝혔고 양기 선사가 죽은 뒤에 다시 백운단(白雲端) 선사에게 가서 현묘하고 심오함[玄奧]을 끝까지 연구하였다. 이는 결정된 뜻을 갖추어서 변하는[退轉] 마음이 없는 것이니 참선하여 도를 배우는 여섯 번째의 방법이다.

운봉열(雲峰悅) 선사가 대우지(大愚芝) 선사의 문하에 있을 적에 어느 날 대우지 선사가 대주에게 "대가들이 서로 모여서 줄기 있는 부초를 먹으니 부초를 하나 부는 것도 지옥에 들어가는 것이 화살과 같다" 하였다. 운봉열이 이를 듣고 놀라서 문득 방장에 올라가 열어 보기를 청하니 대우지 선사가 "법륜(法輪)을 굴리지도 않았는데 식륜(食輪)이 먼저 구르는구나. 후생들은 색과 힘이 건장한데 어찌하여 대중을 위하여 걸식(乞食)하지 아니하는가? 나는 배고픔을 참을 겨를이 없으니 어느 겨를에 그대들을

---

11) 지견해회(知見解會)의 준말. 사량분별.

위하여 선을 말하겠는가" 하니 운봉열이 감히 그 뜻을 어기지 못하였다.

대우지 선사가 취암(翠巖)으로 옮긴 얼마 뒤 운봉열이 찾아와서 다시 취암을 지나며 열어 보이기를 구하니 대우지 선사가 말하기를, "부처의 법은 물러 터지는 것이 두렵지 않다만 이제 바로 눈 오고 추울 때니 가히 대중을 위하여 숯을 빌어 와야 하겠소." 운봉열이 또 명을 받들어 숯을 빌려 돌아왔다. 그래서 다시 방장에 올라가 청익(淸益)하니 대우지 선사가 "당사(堂司)의 책임으로 사람이 모자라니 이제 그대에게 번거롭게 맡긴다" 하였다. 운봉열이 명을 받으면서도 대우지 선사가 마음을 버리지 못함을 한탄하였다.

어느 날 메고 가던 통의 밑이 빠져서 운봉열이 통에서 떨어졌다가 활연히 크게 깨달아서 대우지 선사의 쓰는 곳을 보았기에 급히 방장으로 가니 대우지 선사가 그의 오는 것을 보고 웃으면서 "기쁘도다, 유나(維那)여! 큰 일을 마치었소" 하고 말했다. 운봉열이 한마디도 하지 못하고 예배하고 물러갔다.

이는 대중을 위하여 촌음(寸陰)도 버리지 않고 온 힘으로 참선하여 도를 배우는 것의 일곱 번째 방법이다.

다시 여덟 번째의 방법이 있으니 이는 미진(微塵)의 부처님이 한길로 열반에 드는 문이어서 과거의 모든 부처가 이 문을 이미 성취하였으며 현재의 모든 보살이 이제 각각 원명(圓明)에 들어가고 미래의 수학하는 사람은 마땅히 이와 같은 법을 의지해야 한다" 하며 주장자를 한 번 내리치고 법좌에서 내려왔다.

선다시로 본 석옥의 살림살이

1.

吾家住在雪溪西	우리 집은 삽계(雪溪) 서쪽에 있어
水滿天湖月滿溪	물이 천호(天湖)에 차고 달이 시내에 찬다네
未到盡驚山險峻	와 보지 않으면 산이 험하고
	높다고 다들 놀라지만
曾來方識路高低	한 번 와 보면 비로소 길의 높고 낮음을 알겠네
蝸延素壁粘枯殼	달팽이가 침 뱉은 흰 벽에는 마른 껍질을 붙였고
虎過新蹄印雨泥	범이 지나간 새로운 발자국은
	비에 젖은 진흙 위에 찍혔네
閒閉柴門春晝永	한가히 사립문을 닫으면 긴 봄의 오후
青桐花發晝胡啼	오동나무엔 꽃이 피고 가마우지는 우거지고.

2.

菴住霞峰最上頭	암자가 하무산(霞霧山) 꼭대기에 있어서
巖崖巄嶮少人遊	벼랑이 험하고 높아 사람들이 적게 온다네
擔柴出市青苔滑	땔나무를 지고 저자에 나가자니

푸른 이끼가 미끄럽고

負米登山白汗流　쌀을 지고 산에 오르려니 구슬땀이 나는구나

口體無厭宜節儉　입과 몸에 싫어함이 없으니

마땅히 절약 검소하며

光陰有限莫貪求　세월에 끝이 있으니 욕심 내어 구하지 말게나

老僧不是閑忉怛　이 늙은 중은 한가히 근심하고 슬퍼하지 않으니

只要諸人放下休　다만 사람들에게 내려놓고 쉬기를 바란다네.

3.

白髮禪翁久住菴　백발의 참선하는 늙은이가 암자에 오래 있으니

衲衣風捲破襤毸　누더기가 바람에 들춰져서 떨어진 옷이 보이네

溪邊掃葉供爐竈　시냇가 나뭇잎을 쓸어 모아

부엌 아궁이에 채우고

霜後苦茆覆橘柑　서리가 내린 뒤 씀바귀와 띠는

귤나무와 감나무를 덮으니

本有天眞非造化　본래부터 천진(天眞)은 있는 것이지

억지로 만든 것이 아니며

現成公案不須參　이제 공안(公案)을 이루니

새삼스레 참구(參究)하지는 않는다네

豁開戶牖當軒坐　문을 활짝 열고 난간에 앉아

盡日看山不下簾　종일토록 산을 보며 주렴(珠簾)을 내리지 않네.

4.

入此門來學此宗　이 문 안에 들어와서 이 종(宗)을 배우니

切須仔細慇推窮　간절히 바람을 자세하게 살펴보소

淸虛體寂理猶在　맑고 비어 체가 고요하니 이치가 이에 있고

忖度心忘境自空　헤아리는 마음을 쉬니 경계가 스스로 비었소
樹挂殘雲成片白　나무는 남은 구름을 걸어 흰 조각을 이루었고
山銜落日半邊紅　산은 저녁놀을 품어 반쪽은 붉구나
是風動耶是幡動　바람이 움직이는가, 깃발이 움직이는가
不是幡兮不是風　깃발이 움직이는 것도 아니고 바람도 아니라네.

5.

我本禪宗不會禪　나는 본래 선종(禪宗)이나 참선을 알지 못하고
甘休林下度餘年　즐겨 수풀 아래에 쉬면서 나머지 해를 지내겠네
鶉衣百結通身←　가사[衣]가 백 군데나 떨어졌으나
　　　　　　　　온몸에 걸치고
竹蓑三條裹土纏　대껍질 세 개로 배를 채우네
山色溪光明祖意　산 빛과 개울 빛이 조사의 뜻을 밝히고
鳥啼花笑悟機緣　새 소리와 꽃의 울음이 기연(機緣)을 깨우치네
有時獨上臺磐石　어느 때에 홀로 반석의 대에 오르니
午夜無雲月一天　한밤중에 구름은 없고 달이 하늘 가운데 있네.

6.

一钁足生涯　괭이 하나에 삶이 만족스러우니
居山道者家　산에 사는 도인의 집일세
有功惟種竹　공이 있는 것은 오직 대나무를 심은 것이요
無暇莫栽華　겨를이 없다면 꽃을 심지 말게나
水碓夜舂米　물방아로 밤에 쌀을 찧고
竹籠春焙茶　대광주리의 봄은 차를 말리네
人間在何處　사람 사는 세계가 어디에 있는가
隱隱見桑麻　은은하게 뽕나무와 삼이 보이네.

7.

結草便爲菴	풀을 이어 암자를 짓고서
年年用覆苫	해마다 들풀로 감싸네
紙窓松葉暗	종이 창문에는 솔잎이 가리어 어둡고
竹屋蘚華粘	대나무 집은 이끼 꽃이 덮었네
麥飯惟饒火	보리밥을 지으려고 불을 때고
藜羹不點鹽	아욱국에는 소금을 치지 않네
生涯隨分過	삶이 분수대로 지나가니
誰管世人嫌	뉘라서 세상 사람들의 혐의를 받들까.

8.

好山千萬疊	좋은 산이 천만 겹인데
屋占最古層	절이 가장 높은 층에 있네
減塑三尊佛	단청이 벗겨진 것은 삼존불(三尊佛)이요
長明一椀燈	오래도록 밝은 것은 한 완자(椀子)의 등불일세
鐘鼓寒夜月	종은 추운 밤, 달을 치고
茶煮石池氷	차(茶)는 연못의 얼음물로 달이네
客問西來意	객이 와서 서쪽에서 온 뜻을 물으면
惟言我不能	나는 알지 못한다고 하리라.

9.

粥去飯來何日了	죽을 먹고 밥을 먹는 것을 언제나 마칠까
日生月落幾時休	해가 돋고 달이 지는 것은 언제나 그칠까
都來與我無干涉	모두 나에게 와서 간섭하지 않으니
空起許多閒念頭	공연히 수많은 생각을 일으키네.

10.

白雲影裏尖頭屋	흰 구름 그림자 속엔 움집이요
黃葉堆頭折脚鐺	누런 잎 무더기에 쌓인 곳에 다리 부러진 솥일세
漏笆籬撩無米飯	비 새는 울타리를 고치니 쌀밥이 없고
破砂盆擣爛生薑	깨진 냄비에는 생강을 익히네.

태고보우 국사 어록

1. 희양산(曦暘山) 봉암선사(鳳巖禪寺)에 주지로 취임하면서 한 설법

산문(山門)에 이르러 말씀하셨다.

"삼세의 모든 부처님이 이 문을 좇아 출입하지 않음이 없으셨다. 말해 보라. 오늘 이 산승은 나오는 것이냐, 들어가는 것이냐. 이 노승은 나오지도 않고 들어가지도 않는다. 무엇이 나오지도 않고 들어가지도 않는 도리인가?"

주장자로 세 번 내려치셨다.

2. 가지산(迦智山) 보림선사(寶林禪寺)에 주지로 취임하면서 한 법어

산문(山門)에 이르러 말씀하셨다.

"석가 늙은이가 '나는 이 법문을 국왕과 대신에게 부촉하노라' 하셨으니, 이는 진실한 말씀이다. 오늘 이 태고(太古) 노승(老僧)이 여러 일행과 함께 희양산 밑에서 가지산까지 왔으니, 그 중간의 거리는 천여리요, 길에 오른 지는 열나흘 만이다. 남쪽을 향해 걸어올 때, 언제나 길에는 어려움이 없었고, 여기 이르러 원통(圓通)의 넓은 문이 활짝 열렸으니, 이것은 오로지 국왕과 대신이 보호하고 도와주시는 은혜를 입는 것이다. 대중들이여, 오기는 왔지만 앞으로 어떻게 해 나가야 이같은 무거운 은혜를 갚겠는가."

그리고는 주장자로 한 번 내려치고는 "시냇물 소리는 아주 친절한데, 산색은 또 희미하구나" 하시고, 또 두 번 내려치셨다.

불전(佛殿)에서 말씀하셨다.

"조주(趙州)라는 늙은이[古佛]는 '나는 부처라는 말을 좋아하지 않는다' 하였다. 그러나 나는 그렇지 않아 좋아하지 않는다는 그것조차 좋아하지 않는다. 옛날에는 내가 바로 너더니 오늘에는 네가 바로 나구나."

그리고는 향을 사르고 예배하셨다.

방장실(方丈室)에서 말씀하셨다.

"범부를 녹이고 성인을 단련하려고 하늘의 풀무를 부나니, 말해 보라. 오늘 누가 이 칼날을 당할 것인가. 앗!"

3. 대중에게 보이는 훈화(訓話)

법좌에 오르시어 거량(擧揚)하기를 '어떤 중이 조주에게 "개도 부처의 성품[佛性]이 있습니까, 없습니까?" 하고 물으니, 조주가 대답하기를 "무(無)"라 하였다.'

이 '무'라는 글자는 마치 한 알의 환단(還丹)이 쇠에 대이면 금이 되듯 하여서 조금만 '무'자를 들어도 삼세(三世)의 모든 부처들의 면목(面目)이 뚜렷이 뛰쳐 나오게 된다.

그대들은 이 도리를 긍정(肯定)하는가 마는가. 만일 긍정하여 보지 않는다면 이 큰 의심 속에 몸과 마음을 온통 내놓아라. 마치 천길만길의 낭떠러지에서 떨어질 때처럼 아무 계교나 다른 생각이 없으며, 또 죽은 사람과 같아서 이렇게 한다 저렇게 한다는 생각을 버리고 단 하나 '무' 자만을 들어서 하루 종일 온갖 행위〔十二時四威儀〕 가운데 다만 화두만을 생명의 뿌리〔命根〕로 삼아서 항상 매(昧)하지 않도록 하고 때때로 점검(點檢)하여 살펴야 한다. 화두를 들어서 눈앞에 두기를 마치 닭이 알을 품을 제 따뜻한 기운이 늘 계속되듯이 하고 고양이가 쥐를 잡을 제 몸과 마음을 움직이지 않고 눈을 잠시도 팔지 않듯 하면 몸과 마음이 있는지 없는지 조차 알지 못하고 마음과 눈과 화두가 한 덩어리가 되리라.

다만 이렇게 성성역역(惺惺歷歷)하고 역역성성하여 은밀(隱密)히 참상(參詳)하기를, 마치 어린 애가 어머니를 생각하듯 하고 배고픈 이가 먹을 것을 생각하듯 하며 목마른 이가 마실 것을 생각하듯 하여서 그만 두려야 둘 수 없고 생각에 더 생각한다면 이것이 어찌 일부러 지은 마음이겠는가. 이렇듯 진실하게 공력을 들이면 힘을 더는 곳〔省力處〕에 이를 것이니 이것이 바로 힘을 얻는 곳〔得力處〕이다. 화두가 저절로 순일하게 익어서 한 덩어리가 되면 몸과 마음이 텅 비어서 응연(凝然)히 움직이지 않고 마음이 더 갈 데가 없어진다.

여기가 바로 당인(當人)뿐이니 당인이 만일 다른 생각을 낸다면 결단코 그림자에 홀림을 당할 것이니 천번, 만번 털끝만치라도 딴 생각을 내지 말고 바로 "저것이 어떠한 면목(面目)인가"를 돌이켜 보아야 한다. 또는 조주 스님이 "무"를 말씀한 뜻이 무엇인가를 살펴서 이 한 말씀에 무명(無明)을 쳐 없애면, 마치 사람이 물을 마시어 차고 더운 것을 스스로 아는 것과 같으리라. 그러나 만일 이것이 투철하지 못하면 다시 더 정신을 차려서 오직 화두만을 꾸준히 가지어 간단(間斷)이 없어야 한다. 의심이 있고 없음을 따지지 말고 맛이 있고 없음을 가릴 것 없이 곧 이 큰 의심 밑에 화두만을 들어서 단 하나로 매하지 말고 다닐 때에도 이러하고 앉을 때에도 이러하며 죽을 먹고 밥을 먹을 때에도 이러하고 사람을 대하여 이야기할 때에도 이러하며 온갖 하는 짓의 고요하고 움직이는 경계에서 모두 한결같으면 곧 성취되지 않음이 없으리라.

  그대들이여 네 가지 은혜〔四恩〕가 깊고 두터운 줄을 아는가, 사대(四大)로 이루어진 더러운 육신은 생각생각에 쇠해지고 썩어가는 줄을 아는가, 그대의 목숨이 숨 한 번 들이쉬고 내 쉬는 사이에 있는 줄을 아는가 부처와 조사가 세상에 출현하였음을 만났는가, 살아 있을 때에 가장 높은 종승(宗乘)을 듣는가, 이 높은 종승을 듣고 희유(希有)한 마음을 내었는가, 승당(僧堂) 안에서 쓸데없는 말을 조심하고서, 조사들의 어록(語錄)을 보는가, 승당을 함부로 떠나지 않고 절제(節制)를 지키는가, 다니고, 머물고, 앉고, 누울 즈음에 늘 화두를 점검하여서 하루 종일 간단함이 없는가, 죽을 먹고 밥을 먹을 때에도 화두를 점검하는가, 사람을 대하여 이야기를 나눌 때에도 화두를 매하지 않는가, 엎치락뒤치락 조급할 때에도 화두를 가지는가, 승당에 앉을 때에 이웃사람들과 귓속말을 소곤대지 않는가, 때로는 사람들과 어울려 부질 없는 수작으로 옳고 그름을 선동하지 않는가, 남의 허물을 보지 않고 남의 잘못을 말하지 않는가, 때때로 힘을 더 써서 진보(進步)하게 되는가, 보고 듣고 깨달아 알 때에 화두가 또렷하여 매하지 않고 한 마음이 되는가, 좋은 시절을 만날 적에 자기를 돌이켜 보는가, 자기의 면목(面目)을 어떻게 하여야 조주 스님을 붙잡게 되는가, 조주 스님의 '무'라고 말씀한 뜻이 어떤 것인가. 이 생에서 부처의 혜명(慧命)을 잇게 되는가, 윗 자리와 중간 자리와 아랫 자리의 차서(次序)가 서로 공경하는가, 일어나고 앉음이 편의(便宜)할 때에 지옥(地獄)의 괴로움을 생각하여 보는가.

  이것들은 모두 참선하는 사람들이 날마다 생활하는 가운데서 점검하는 도리이다. 진실하게 참선하는 이는 반드시 이렇게 공부해야 할 것이다. 물음에 따라 이러한 조목(條目)들을 낱낱이 말하여 보았거니와 말을 내릴 수 없는 곳에 더욱 유심하여서 내쳐 지나치지 않도록 하여야 한다.

4. 봉은선사 입원(入院)

지정 16년 병신(공민왕 5년) 3월 6일에 현릉(공민왕)이 원나라 황제를 위하여 스님을 봉은선사(奉恩禪寺)의 주지로 입원(入院)하게 하고 특별히 황제를 축수하는 법회를 열어 상당(上堂) 삼문(三門)을 가리키면서 말씀하기를 "큰 도는 문이 없으니 모든 사람이 어느 곳을 향하여 들어오겠는가! 원통(圓通)의 넓은 문이 8자로 열렸구나."

불전(佛殿)에서 말씀하기를 "2천년 전에는 내가 당신이었는데 2천년 뒤에는 당신이 내가 될 것을 하마터면 누설(漏泄)할 뻔 하였소" 하고 세 번 절하였다.

태조전(太祖殿)에서 말씀하기를 "여기는 쓸데 없는 귀신들의 소굴이었는데 오늘 문득 대지(大地)를 진동하는 우렛소리에 그것들이 어디로 쫓겨 갔는지 알 수 없구나" 하고 주장자를 한 번 내려치면서 말씀하기를 "저 물가에 사람이 흩어져 간 뒤엔 갈매기들이 주인인 것처럼 노는구나." 거실에서 주장자를 집어 들고 한 번 내려치면서 말씀하기를 "여기는 부처가 와도 쳐부수고 조사가 와도 쳐부순다" 하고 또 한 번 내려 쳤다.

문하시중(門下侍中) 이상국 제현(李相國 齊賢)이 소(疏)를 지어 스님께 바쳤다. 스님께서 소를 받아 대중에게 보이면서 말씀하기를 "대중이여 우리 국왕께서 바른 법을 보호하여 나라를 보호하고 인민을 보호하며 '중예(衆藝)를 잘 아는 삼매(三昧)'에 들어 있음을 아는가 모르는가, 알지못하면 유나(維那)를 시켜 대중을 위하여 들어내 보이겠다" 하니 유나가 소를 펴서 읽었다.

스님께서 만수가사(滿繡袈裟)를 집어들면서 말씀하기를 "이 만수가사는 우리 어지신 임금께서 지극한 성심으로서 지혜의 칼을 휘둘러 마름질 하였고 모든 성의를 다하여 만들어 주셨다. 의리의 하늘〔義天〕에는 다섯 가지 구름이 가로 비꼈으니 별들이 찬란히 빛나고 지혜의 바다〔智海〕에는 일곱 가지 보배가 세로 둘렀으니 물결이 넓고 말쑥하구나 적성(赤城)에는 상서로운 기운이 서렸고 옥액(玉掖)에는 향 연기가 자욱한데 진기하나 새 짐승들이 우리 임금의 억만년 좋은 상서를 바치고 상서스러운 꽃과 풀들은 우리 왕후의 영원한 봄을 장식하는구나. 이 '만수가사'는 노사나 부처님[盧舍那佛]의 진어(珍御)의 의복도 아니며 석가부처님의 폐구(弊坵)의 옷도 아니다. 그렇다면 어떠한 사람의 신분이 입을 것인가"하고 곧 가사를 입고서 말씀하기를 "사강락(謝康樂)인 듯 경탄(驚歎)하는 것은 시흥(詩興)이 이 옷에서 풍겨 오기 때문일세. 앞엔 숲 골짜기인 듯 저문 빛이 어리고 소매 위에는 구름 안 오네. 그러나 오기 때문일세. 앞에는 숲 골짜기인 듯 저문 빛이 어리고 소매 위에는 구름 안개마냥 저녁 비가 걷쳤네 돌!"

다시 가사를 집어 들면서 말씀하기를 "이 만수가사는 옛부터 부처와 조사들이 전하여 준 것으로서 가장 높은 복전(福田)이오. 가장 큰 해탈(解脫)의 옷이다. 우리 본사(本師) 석가 화상이 마하가섭(摩訶迦葉)에게 전하여 준 뒤 대대(代代)로 서로 전하여 33조(祖) 대감 존자(大鑑尊者)에까지 이르러서는 분쟁(分爭)이 있음으로 하여 중지되었던 것인데 오늘 다시 어떻게 되어서 왕궁으로 좇아 나와서 이 산승(山僧)의 손에 들어왔는가. 사람들이 말한 대로구나"라며 "들불[野火]에도 다 타지 않고서 봄바람이 불 때 다시 소생한다"고 대중을 불러 말씀하기를 "대중아, 나를 따라 정중하게 받아 입자"하고 스님이 대중과 함께 1시에 입고서 한 끝을 들어 일으키며 대중을 불러 말씀하기를 "이를 보는가 마는가 이는 여기 있는 대중이 나와 함께 입었을 뿐 아니라 온 십방(十方) 세계 허공과 땅과 삼라만상(森羅萬像)과 성인과 범부와 정식이 있는 것[有情]과 정식이 없는[無情] 것의 온갖 물건들이 1시에 함께 입었노라 돌!"

법좌를 가리키면서 말씀하기를 "백천의 부처와 조사들이 여기를 향하여 큰 냄새를 피워서 사바(娑婆)세계에 가득 찼기에 오늘 산승이 네 큰 바닷물을 기울여 깨끗이 씻어 버리게 되었구나. 그러니 대중아 너무 수다를 떤다고 탓하지 말아라." 법좌에 올라서 향을 집어 들면서 말씀하기를 "이 향은 뿌리를 대천세계(大千世界)에 박고 잎이 백억 수미산을 덮었구나. 받들어 원나라 황제의 만세 만세 만세를 축수하노라. 원하는 바는 은덕이 만방(萬邦)에 입혀서 순(舜)임금 시대처럼 태평이 길이 넘치고 은혜가 사해(四海)에 두루하여서, 요(堯)임금 시대처럼 무위(無爲)의 교화를 이루어 주소서. 이 향은 성인도 여기를 좇아 나오고 범부도 여기를 좇아 나온다. 받들어 황후 전하의 하늘과 더불어 오래 수하기를 축수하노라 원하는 바는 날마다 해마다 상천(上天)의 은혜를 받들고 세세생생(世世生生)에 항상 부처님의 성후(聖后)가 되어 주소서. 이 향은 성스럽고 신비하여서 가운데에 모든 덕의 위력(威力)을 지녔고 밝으면서 묘하여서 박으로 온갖 신령들이 두려워하는 위엄을 나타낸다. 받들어 황태자의 천추만세를 축수하노라 원하는 바는 날마다 효성의 도리를 다하여 위로는 천은(天恩)을 보답하고 때때로 덕으로 다스리는 계획을 힘써서 아래로는 민생(民生)의 괴로움을 건져 주소서. 이 향은 높고 넓어서 만법(萬法)의 왕이 되고 또렷하고 밝아서 육범(六凡)의 주인이 된다. 받들어 우리나라 임금의 만수무강(萬壽無疆)하기를 축수하노라 원하는 바는 지혜가 백일(白日)보다도 더 빛나게 발명되고 수명은 진공(眞空)처럼 영원하여 늙지 마소서.

이 향은 아주 고요하고 밝아서 모든 덕용(德用)을 지녔고 크게 신령하고 통해 참다운 상서를 나타낸다. 받들어 숙옹공주(肅雍公主)의 천추만세를 축수하노라. 원하는 바는 수명이 산처럼 높아서 봉자용손(鳳子龍孫)들이 더욱 번창하고 복은 땅마냥 두터워서 금지옥엽(金枝玉葉)이 길이 무성하소서. 이 향은 모든 덕을 거느리어 몸이 되었고 모든 어두움을 밝히어 눈이 되었다. 받들어 문예왕후(文叡王后)의 천추만세를 축수하노라. 원하는 바 충성의 크기가 주왕(周王)의 슬기로운 어머니와 같고 복과 지혜의 원만하기가 인도 성인[竺聖]의 자비한 어머니 같으소서. 이 향은 백 천 가지 삼매의 근원이요, 한량없는 묘의(妙義)의 체성(體性)이다. 불교에서 사용하면 육도만행(六度萬行)이 되고 유교에서 사용하면 삼강오상(三綱五常)이 된다. 받들어 어향사(御香使) 금강길(金剛吉)과 본국의 여러 대신 백관(百官)들의 수명과 녹봉[壽祿]이 더 커지고 복의 인연[福祿]이 마음대로 되기를 축수하노라. 원하는 바는 생생의 길이 제왕의 충신이 되어서 안으로 왕도(王道)를 안정시키고 세세에 항상 불조(佛祖)의 좋은 벗이 되어서 밖으로 법문을 보호하여 주소서."

이 향은 부처와 부처가 주고 받고 조사와 조사가 서로 전하는 것이다. 이를 공경하고 중히 여기면 값이 사바세계에서 제일가고 비방하여 헐뜯으면 한 푼의 값어치도 없게 된다. 지정정해년(至正丁亥·충목왕 2년)에 원나라 영녕사 법당에서 황제의 특명을 받들어 힘껏 거량하여서 인천(人天)으로 하여금 함께 증명이 되고 갑자기 건너뛰어 부동지(不動智) 부처님의 국토를 향하려 하였다. 그러나 인연과 시절이 그렇지 못하기에 소설산에 들어와서 날마다 천석(泉石)으로 더불어 지내면서 적막(寂寞) 위에서 아직 보도 듣도 못한 인천의 대중을 위하여 새삼스레 드러내어 향로 속에 피워 남방의 큰 종사(宗師)인 석옥 큰스님께 공양 올리어 법의 젖[法乳]을 베풀어 준 은덕에 보답하려 한다.

이 일을 옳다고 말하는 이는 마치 금(金)을 누렇다 하는 격이고 옳지 않다고 하는 이는 기린의 뿔이 한 개라 하는 격이니 아무렇게 상량하는 대로 맡기노라 하고 법좌에 앉으셨다.

행수(行首)가 백퇴하면서 말하기를 "이 법회의 용상(龍象) 대중이여 마땅히 제일의(第一義)를 관찰합시다." 스님께서는 제강(提綱)하기를 "향상(向上)의 한 길은 모든 성인도 전하여 주지 못하는 것이다. 그렇다면 전하여 주지 못하는 것은 그 무엇인가. 여기에서 만일 털끝만치라도 빗나가면 곧 만리(萬里)나 어긋날 것이다. 그러므로 이것을 질문하는 이에게도 30방망이를 줄 것이요, 질문을 못하는 이에게도 30방망이를 줄 것이니라.” 묻고 답한 것은 적지 않는다. 석가 늙은이가 말씀하기를 “모든 부처의 보리(菩提)는 온갖 문자와 언설을 멀리 떠난 것이라” 하였다.

더구나 우리 최상의 종승(宗乘) 가운데의 일을 어찌 언설을 가지고 작용(作用)하겠는가. 작용한다는 것은 정혼(精魂)을 희롱하는 것이오. 언설이란 찌꺼기〔糟粕〕에 지나지 안는다.

그러기에 참으로 거량(擧揚)하려면 3세의 모든 부처가 입을 벽(壁) 위에 걸어 놓게 되고 역대(歷代)의 조사들도 몸을 풀〔草〕 속에 숨기게 될 것이다. 임제(臨濟)는 문에 들어오는 이마다 할(喝)을 하였고 덕산(德山)은 문에 들어오는 이마다 방망이를 썼지만 이 무슨 어린애 장난인가.

산승은 일찍이 이러한 줄을 알았기에 오직 맨손만 가지고 천하를 돌아다니면서 스승을 찾아 도를 물었으나 마치 머리 위에 머리를 더 두려는 거소가 같아서 부질없이 남의 의심만 샀다. 냉정히 살펴보니 부끄럽기 그지 없다. 그러므로 본국에 돌아와서는 몸을 산속에 숨어 살고 세상 사람들과 어울려 함부로 불법(佛法)을 팔거나 조사의 풍도(風度)를 파묻지 않으려 하여서 다만 이렇게 한가하고 거리낌 없는 데서 소요(逍遙)하면서 한 평생을 쾌활(快活)하게 지내려 하였다.

그런데 헛된 이름이 새어 나가서 오늘날 외람되게 국왕의 거듭 청함을 받고 이 자리에 앉게 되니 운한(雲漢)을 대함에 어찌할 수가 없어 이렇게 입을 열어 떠들게 된 것이다.

여러분들은 “오늘 선지식(善知識)이 세상에 출현하였으니 한바탕 멋진 웃음거리가 될 것이다”라고 말하겠으나 산승에게는 이렇게 말하는 것이 잠꼬대 밖에는 아니 된다. 대중들은 어찌해서 눈을 뜨고 잠을 자는가 하고 주장자를 한 번 내려치면서 말씀하기를 만화(萬化)의 근본이요, 만물(萬物)의 어머니여서 은덕이 항하사(恒河沙)에 미치고 도량(度量)이 온 법계(法界)를 포섭하여 성인 가운데 성인인 원나라 황제와 현인(賢人) 가운데 현인인 본국의 임금님이 경사스럽게 한 데에 만났으니 은혜가 만대

(萬代)에까지 유전하겠다. 항상 도덕을 생각함이 마치 달이 큰 허공에 비추는 듯하고 항상 어진 정사를 베풀기가 마치 태양이 한낮에 솟은 듯 하구나. 바로 이러한 시절에 황금 화로에는 향 연기가 아늑히 감돌고 백옥 궁정에는 옥루(玉漏)도 느릿하게 흐르니 태고가 더 무슨 법을 가지고 축수하며 찬양하겠는가" 하고 다시 주장자를 내려치면서 말씀하기를 "도로가 태평하니 천자의 명령을 전할 것이 없게 되고 시설이 청명하니 태평가(太平歌)조차 부를 일이 없구나" 서사(叙謝)는 기록하지 않는다. 옛날 양(梁)나라 무제(武帝)가 달마(達摩) 조사를 예(禮)로써 맞이하면서 묻기를 "어떤 것이 성제제일의(聖諦第一義)입니까" 조사가 대답하기를 "확연(廓然)하여 성이랄 것이 따로 없소" 무제가 다시 묻기를 "나를 대한 이는 누구입니까" 조사가 대답하기를 "모르겠습니다" 하였다.

대중들아, 이것이 동방에서 맨 처음으로 선지(禪旨)를 드날린 표본이다. 오늘날 우리 국왕께서 이 산승을 청하여 종승(宗乘)을 거량하고 위로는 황제와 황후와 황태자를 위하여 축수하고 중간으로는 인천의 대중들을 위하고 아래로는 신하와 백성들을 위하여 큰 법보시(法布施)를 베풀게 하였다. 그런데 나는 이제 한 글자도 말하지 아니하였고 대왕께서는 한 글자도 들은 것이 없다. 그러니 이것이 양나라 무제와 달마 조사가 문답(問答)한 도리와 같다 하겠는가 다르다 하겠는가. 여기서 만일 가려내는 이가 있으면 그에게 눈 하나〔一隻眼〕를 인정하여 줄 것이오. 만일 가려내는 이가 없으면 이 노래 한 곡조를 들어 보라.

　태고의 음악은 참으로 친절하다오
　어여뿔사 꽃잎 지는 늦은 봄철에
　그대에게 한잔 술을 더 권하노니
　저 서쪽 양관(陽關)을 나가면 친구가 없으리.

태고보우의 참선명(參禪銘)

日月似電光	세월은 번개 같으니
光陰良可惜	시간이 참으로 아깝다
生死在呼吸	삶과 죽음, 호흡 사이에 있어
難以保朝夕	아침 저녁을 보장하기 어렵다
行住坐臥間	거닐거나 섰거나 앉거나 눕거나
寸景莫虛擲	한치의 세월도 헛되이 보내지 말고
勇猛加勇猛	용맹에 용맹 더하기를
如我本師釋	우리 큰 스승 석가처럼 하라
精進復精進	정진하고 또 정진하되
心地等惺寂	마음 바탕이 밝고 고요하게 하고
深信佛祖意	불조의 뜻을 깊이 믿어
須要辨端的	분명한 판단에 이르도록 하라
心卽天眞佛	마음이 곧 천진(天眞)의 부처이니
何勞向外覓	왜 수고로이 밖을 향해 찾는가
放下萬事看	온갖 일 되는 대로 버려 놓으면

路窮如鐵壁	길이 막달아 철벽 같으리
妄念都滅盡	망령된 생각 모두 없애라 하여
盡處還抹邰	없어진 그곳마저 지워 버리면
身心如托空	몸과 마음 허공에 기댄 듯
寂然光達赫	홀연히 빛이 사무쳐 밝으리라
本來面目誰	본래의 면목이 그 무엇인지
纔擧箭沒石	그 자리 들자마자 화살이 돌도 뚫는다
疑團百雜碎	의심덩이를 산산히 부숴 버리면
一物盖天碧	한 물건이 푸른 하늘을 덮으리라
莫與無智説	지혜 없는 사람과 말하지도 말고
亦莫生悦懌	기쁘다는 생각을 내지 말라
須訪見宗師	반드시 종사를 찾아뵙고는
呈機復請益	기미를 드러내 다시 법문을 청하라
然後名繼祖	그런 뒤에야 조사의 이름 이어
家風不偏僻	가풍이 편벽되지 않으리라
困來展脚眠	피곤하거든 발 뻗고 자고
飢來信口喫	배 고프면 입맛대로 먹으라
人問是何宗	누가 무슨 종파냐고 물거든
棒喝如雨滴	비 쏟아지듯 방(棒)과 할(喝)을 하라.

[제6장]

부 록

행장(行狀)

문인(門人) 유창(維昌) 撰

고려국의 국사(國師)이며 대조계(大曹溪)의 사조(嗣祖)로서 부처님의 심인(心印)을 전하시어 행(行)과 해(解)가 묘엄(妙嚴)하고 자비와 지혜가 원융(圓融)하여 왕화(王化)를 찬리하고 종교(宗敎)를 부양(扶揚)하며 큰 원으로 널리 제도하시는 일국의 큰 종사이신 마하실다라(摩訶悉多羅) 이웅 존자(利雄尊者), 시호(諡號) 원증(圓證) 국사의 행장.

현겁(賢劫) 제4존(第四尊) 대각능인(大覺能仁)의 57대손이시며 인천(人天)의 스승이며 고려의 두 왕조(공민왕과 우왕)의 국사이신 이웅 존자(利雄尊者)의 휘(諱)는 보우(普愚)요, 원래 이름은 보허(普虛)이며, 호는 태고(太古)다. 성은 홍(洪)씨로서 홍주(洪州) 사람이다. 아버지(考)의 휘는 연(延)으로서 대대로 양근(楊根; 현재 경기도 남양주군)에 살았는데, 스님의 아버지를 높인다는 뜻에서 '개부의동삼사 상주국문하시중 판리병부사 홍양공(開府儀同三司上柱國門下侍中判吏兵部事洪陽公)'이라는 벼슬을 받았고, 어머니(妣)는 성이 정(鄭)씨로서 '삼한국대부인(三韓國大夫人)'이라는 칭호를 받았다.

부인은 해가 품에 드는 꿈을 꾸고 임신하여 대덕(大德) 5년 신축

(1301) 9월 21일에 스님을 낳았다.

스님은 어려서부터 매우 총명하고 기골이 준수하여 상(相)을 보는 이들은 법왕아(法王兒)라고 하였다.

13세에 회암사(檜岩寺) 광지(廣智) 선사에게 출가하여 머리를 깎고, 얼마 안 되어서 가지산(迦智山) 총림으로 가서 수행하셨다. 19세에는 만법귀일(萬法歸一) 화두를 참구하였으나 대중들은 아무도 그 사실을 몰랐다. 구속을 싫어하는 성격인데다 말소리는 우렁찼기 때문에 도반들이 스님을 싫어하고 버렸으나 태연자약하셨다.

26세에는 화엄선(華嚴選)에 합격하고 경전을 두루 연구하여 그 깊은 뜻을 알았다. 그러나 하루는 "이것도 방편(筌蹄; 목적을 이루기 위한 수단)일 뿐이다. 옛날의 대장부들은 높은 뜻을 세워 치밀하게 공부하지 않았던가. 어찌 나만 대장부가 못 되겠는가"라고 탄식하시고는 모든 인연을 끊고 뜻한 바를 향해 힘써 정진하였으므로 공부가 날로 나아갔다. 그리하여 천력(天曆) 3년 경오(1330) 봄에 용문산(龍門山) 상원암(上院庵)에 들어가 관음보살께 예배하고 열두 가지 큰 서원을 세웠는데, 지극한 정성은 허파를 걸러 나왔고 눈물이 줄줄 흘렀다. 그 뒤로는 칼 같이 날카로운 지혜를 갖게 되었다.

원통(元統)으로 연호가 바뀐 계유(1333) 가을에는 성서(城西)의 감로사(甘露寺) 승당에 계시면서 분심을 내어 한탄하되 "성질이 나약하고 게을러 불법 대사를 성취하지 못할 바에는 차라리 고행(苦行)하다가 죽느니만 못하다" 하시고, 다시 결심하고는 단정히 앉으셨다. 그런 지 이레 되는 날 저녁에, 어렴풋한 잠 속에 푸른 옷을 입은 두 아이가 나타나, 하나는 병을 들고 하나는 잔을 받들어 더운 물을 조금 따라 권하기에 받아 마셨는데 그것은 단맛이 감돌았다. 그리하여 갑자기 깨친 바 있어 게송 여덟 구절을 지으셨는데 '부처와 조사, 산하(山河)까지도 입이 없이 모두 삼켜버렸네' 하는 것이 그 마지막 구절이다.

一亦不得處	하나도 얻을 것 없는 곳에서
踏破家中石	집 안의 돌을 밟아 깨뜨렸네
回看沒破跡	돌아보면 깨뜨린 자취도 없고
看者亦已寂	보는 자도 이미 고요하여라
了了圓陀陀	분명하여 둥글둥글하며
玄玄光爍爍	현묘하여 빛이 찬란한데
佛祖與山河	불조와 산하까지도
無口悉吞郤	입 없이도 모두 삼켜 버렸네.

　지원(至元) 정축(1337) 가을에 불각사(佛胐寺)에 계시면서 독방에서
《원각경(圓覺經)》을 읽다가 '모두가 다 사라져 버리면 그것을 부동(不動)
이라 한다' 는 데까지 읽고 모든 알음알이가 떨어져 게송을 지으셨다.

靜也千般現	고요해도 천가지로 나타나고
動也一物無	움직여도 한 물건 없네
無無是什麼	없다 없다 하는 이것이 무엇인가
霜後菊花稠	서리 온 뒤에는 국화가 무성하리.

　그 뒤에 홀연히 조주(趙州)의 '무(無)' 자 화두를 들었으나, 입에 삼킬
수 없기가 쇠뭉치를 씹는 것 같았다. 그 쇠뭉치 속에서 계속 정진해 가다
가 그 해 10월에 채중암(蔡中菴)이 그의 집 북쪽에 있는 전단원은 신령하
고 기이한 기운을 간직하였으므로 도를 닦을 만한 곳이라고 하면서 겨울
안거를 청하였다. 그리하여 스님은 거기서 자나깨나 한결같은〔寤寐一如〕
경지에 이르렀으나, '무' 자 화두에 대한 의심은 깨뜨릴 수가 없어 완전히
죽은 사람과 같았다. 그러다가 무인(1338) 정월 7일 오경(五更)에 활연
히 크게 깨쳐 게송을 지으시니, '굳은 관문을 쳐부순 뒤에 맑은 바람이 태

고에 부네'라고 한 것이 마지막 구절이다.

趙州古佛老	조주 옛 늙은이가
坐斷千聖路	앉아서 천성(千聖)을 끊었소
吹毛覿面提	취모검을 얼굴에 들이댔으나
通身無孔竅	온몸엔 빈틈이 없네

狐兔絶潛蹤	여우와 토끼는 자취도 없고
翻身師子露	몸을 뒤집어 사자가 나타났네
打破牢關後	굳은 관문을 쳐부순 뒤에
淸風吹太古	맑은 바람이 태고에 부네.

그리고 우연히 중암을 만나 몇 마디 하자 중암은 감격하면서 "불법의 영험입니다" 하였다. 그리고 중암은 물었다.

"어디서 조주 스님을 보았습니까?"

"물결 앞이요, 물의 뒤이니라."

스님은 다시 게송을 읊으셨다.

古澗寒泉水	옛 시내의 찬 샘물을
一口飮卽吐	한 입 마셨다가 곧 토하니
却流波波上	저 흐르는 물결 위에
趙州眉目露	조주의 면목이 드러났네.

그리고 중암은 계속해 여러 가지를 묻다가 갑자기 "설산(雪山)에서 소 먹이는 일은 어떻습니까"라고 물었다. 스님은 곧 다음 여덟 글귀로 해답하셨는데 '습득(拾得)은 하하하 웃고, 한산(寒山)은 큰 입 벌리네' 하는

것이 그 마지막 구절이다.

肥膩葉葉軟	비니 풀이 잎마다 부드러워
一嚼辨甘苦	한 번 씹으면 단지 쓴지 안다네
盛夏雪猶凝	한여름에도 눈이 얼고
寒冬春不老	추운 겨울에도 봄은 가시지 않네
要傾則便傾	엎어지려면 엎어지고
要倒則便倒	거꾸러지려면 거꾸러지네
拾得笑呵呵	습득(拾得)은 하하하 웃고
寒山張大口	한산(寒山)은 큰 입 벌리네.

그리고 서로 이야기하다가 스님은 인사하고 돌아갔다. 스님은 인연 닿는 대로 산수 사이에 놀면서 〈운산(雲山)〉, 〈청춘(青春)〉이라는 시 두 수를 지으셨다.

3월에 양근(楊根)의 초당으로 돌아와 어버이를 모시고 계셨다. 일찍이 1,700공안을 참구하다가 '암두밀계처(巖頭密啓處)'에서 막혀 지나가지 못하였다. 한참 묵묵히 있다가 갑자기 그 뜻을 깨치고는 냉소를 머금고 한마디 하였다.

"암두 스님이 활을 잘 쏘기는 하지만 이슬에 옷 젖는 줄은 몰랐구나" 그리고 또 "말후구(末後句)를 아는 이가 천하에 몇 사람이나 있는가"라고 하셨다. 20년 동안 고심했던 것이 여기서 끝났으니, 그때 스님의 나이는 38세였다.

기묘년(1339) 봄에 부모를 하직하고 소요산(逍遙山) 백운암(白雲菴)으로 가시어, 한가하고 자유로이 자연의 이치를 즐기면서 〈백운가(白雲歌)〉 한 편을 지으셨다. 무극(無極)이라고 하는 중국 스님이 있었다. 바다를 건너왔는데, 뛰어난 재주와 능숙한 논변으로 많은 선지식들을 다 간파한 사람이었다. 하루는 마침 스승과 이야기하다가 숙연히 마음으로 승복하고 말하였다.

"내가 본 바는 이것뿐입니다. 어찌 다른 뜻에서 있겠습니까. 남조(南朝)는 임제(臨濟)의 정통종맥이 끊어지지 않고 있습니다. 거기 가서 인가를 받으십시오. 아무 아무도 창도사(唱導師)라 하고, 아무 아무는 본분의 작가(作家)라 하여 아무 산에 있으면서 사람을 기다린 지 오래입니다. 그 작가란 이른바 임제의 직계요, 설암(雪巖)의 적손(嫡孫)으로서 석옥청공(石屋淸珙) 등 몇 사람입니다." 스님은 이 말을 듣고 기뻐하며 다음 해 지정 원년 신사(1341)에 남방으로 가려 하셨다.

그때 채후하중(蔡侯河中)과 김후문귀(金侯文貴)가 스님의 풍도(風度)를 사모하여, 삼각산(三角山) 중흥사(重興寺)로 모시니 학인들이 구름처럼 모였다. 그러나 절은 거의 쓰러져 가고 있었다.

스님은 대중을 거느리고 위의 두 사람과 의논하여 풍부한 재목으로 절을 장엄하니, 앞에는 시내가 흐르고 뒤에는 산이 솟아 울창한 총림을 이루었다. 땅을 더 개간하고 황폐한 것을 모두 다 일으키니, 이른바 스님을 '중신조(重新祖)'라 한 것은 이 때문이리라.

거기서 조금 동쪽으로 소나무 언덕에 터를 잡아 암자를 짓고 '태고암'이라 현판을 붙이니, 경내가 뛰어나게 산뜻하였다. 긴 노래를 부르면 차가운 그 곡조가 매우 아름답고 고상하여 아는 이가 적었고, 때때로 솔바람이 스스로 화답할 뿐이었다. 이렇게 하여 거기서 5년을 지내셨다.

병술년(1346) 봄에 연도(燕都)에 들어가 대관사(大觀寺)에 머무르셨는데, 도가 높다는 소문이 천자에게까지 들렸다. 그해 겨울 11월 24일은 태자의 생일인데, 천자는 스승을 청해 반야경(般若經)을 강설하게 하였다.

정해년(1347) 4월에 축원성(竺源盛) 선사가 남소(南巢)에 있다는 말을 듣고 찾아갔으나 선사는 이미 세상을 떠난 뒤였다. 그 문인 홍아종(弘我

宗)·월동백(月東白) 등이 축원성 선사의 세 마디 법어〔三轉語〕를 가지고
스님에게 물었다.

즉 첫째는, "출가하여 도를 공부하는 것은 다만 성품을 보기 위해서인
데, 그 성품은 어디 있는가?" 둘째는, "3천리 밖에서는 필시 그릇된 말을
할 수 있겠지만 마주보면서도 왜 모르는가?" 셋째는, 두 손을 펴 보이면
서 "이것은 진리를 나타내는 제2의 표현(第二句)이니 제1의 표현(第一
句)을 내게 보여라" 하면서 하어(下語)[1]를 청하였다. 스님은 바로 보는 듯
곁눈질하고 곁눈질하는 듯 바로 대하여, 다음 한 게송으로 세 관문을 꿰
뚫었다.

坐斷古佛路	고불(古佛)의 길을 가지 않고
大開獅子吼	사자후와 같은 법문 크게 외친다기에
還他老南紹	이 남소(南巢)를 찾아왔더니
手脚俱不露	솜씨를 전혀 드러내지 않네
不露也明如日	드러내지 않으나 해 같이 밝고
不隱也黑似漆	숨기지 않으나 옻칠 같이 검은데,
我來適西歸	내가 오자 마침 서쪽으로 돌아갔나니
餘毒苦如蜜	남은 독기가 꿀처럼 쓰구나.

두 사람은 함께 나와 인사하고 말하였다.

"이 땅의 납자가 몇천만 명이나 되지만 이 세 가지 관문에 이르러서는
모두 어찌하지 못하였는데, 장로께서 비로소 우리 노화상(老和尙)과 서로

---

1) 고칙(古則)공안(公案) 등에 대하여 자기의 의견을 드러내는 말.

통하였습니다. 이곳에 머무시기를 바랍니다."

스님은 사양하면서 말하였다.

"내가 먼 길을 찾아온 것은 어떤 사람을 보려 한 것입니다. 그 사람은 지금 어디에 있습니까?"

두 사람은 말하였다.

"스승(先師)께서 언젠가 '강호(江湖)의 눈[眼]은 오직 석옥(石屋)에게 있다' 하였습니다."

그해 7월에 스님은 옷깃을 떨치고 후저우 하무산 천호암(天湖庵)으로 가서 석옥 화상을 찾아뵈었다. 노을 속에 도인의 풍채는 기운이 늠름하였다. 스님은 위의를 갖추고 그 앞에 우뚝 섰고, 석옥 화상은 눈을 뜨고 바라보았다. 스님도 눈을 뜨고 마주 바라보다가 절하고 물러났다. 이튿날 다시 방장실에 나아가 깨달은 바를 말하고 〈태고암가(太古庵歌)〉를 올렸다. 석옥 화상은 매우 장하게 여기고 우선 시험하여 물었다.

"그대는 이미 그런 경지를 지났지마는 다시 조사의 관문이 있는데 알겠소?"

"어떤 관문이 있습니까?"

"그대가 깨달은 바를 보니 공부가 바르고 지견(知見)이 분명하오. 그러나 그것을 모두 놓아 버리시오. 그렇게 하지 않으면 그것이 이장(理障)이 되어 바른 지견을 방해할 것이오."

"놓아 버린 지 오래입니다."

"그렇다면 쉬시오."

다음날 스님은 또 위의를 갖추고 나아갔다. 석옥 화상은 "부처님과 조사들이 전한 것은 오직 한마음이요, 딴 법이 없소" 하고는 마조(馬祖) 스님이 한 스님을 시켜 대매법상(大梅法常) 선사에게 물은 인연[2]을 들어 이렇게 말하였다.

"조그만 빛이라도 있으면 그것을 진실이라 생각하는 이는, 빛의 그림자에 살길을 찾는 이들이오. 그러므로 옛날 조사들은 이런 사람의 병을 보고 어찌 할 수 없어 멀쩡한 데다 관문을 만들어 놓고 결박이라 한 것이오. 그러나 진실로 투철한 사람에게는 그것은 다 쓸데없는 물건이오. 그런데 그대는 어떻게 혼자서 그처럼 분명하게 갈림길을 가려내었소?"

스님이 말하였다.

"부처님과 조사님이 가르치신 방편이 구비해 있었기 때문입니다."

"진실로 그렇고, 일찍이 바른 인연[正因]을 심지 않았던들 삿된 그물을 벗어나지 못했을 것이오. 노승은 비록 이 깊은 산에 있지만 조사의 문을 열어 놓고 그 아손(兒孫)을 기다린 지 오래였소."

"선지식이란 여러 겁을 지나도 만나기 어렵습니다. 결코 곁을 떠나지 않겠습니다."

그리고는 모르는 사이에 큰절을 하니 석옥 화상이 말하였다.

"노승은 그대와 함께 이 고요함을 즐기고 싶소마는 다음날 갈 길이 막힐까 염려되오. 그러나 법은 만나기 어려운 것이니 반달만 머물면서 이야기하다가 돌아가시오."

---

2) 대매법상(大梅法常 · 752~839) 스님이 마조 스님을 찾아뵙고 물었다.
"무엇이 부처입니까?"
"마음이 바로 부처다."
법상 스님은 그 자리에서 깨닫고 그때부터 대매산에 머물렀다. 마조 스님은 법상 스님이 산에 머문다는 소문을 듣고 한 스님을 시켜 찾아가 묻게 하였다.
"스님께선 마조 스님을 뵙고 무엇을 얻었기에 갑자기 이 산에 머무십니까?"
"마조 스님께서 '나에게 마음이 부처' 하였다네. 그래서 여기에 머물지."
"마조 스님 법문은 요즈음 또 달라졌습니다."
"어떻게 달라졌는가?"
"요즈음은 '마음도 아니고 부처도 아니다' 라고 하십니다."
"이 늙은이가 끝도 없이 사람을 헷갈리게 하는구나. 너는 네 맘대로 비심비불(非心非佛) 해라. 나는 오직 즉심즉불(卽心卽佛)일 뿐이다."
그 스님이 돌아와 마조 스님께 말씀드렸더니 마조 스님은 "매실(梅實)이 익었구나" 하였다.

그러나 그 법담을 다 상고할 수는 없고, 새겨 상고할 만한 것은 모두 기록해 두었다. 스님이 돌아오려 할 때에 석옥 화상은 다시 물었다.

"어떤 것이 일상생활에서 함양해야 할 일이며, 어떤 것이 향상(向上)의 수단(巴鼻)인가?"

스님은 병의 물을 쏟듯 대답하고 더 나아가 물었다.

"이 밖에 또 다른 도리가 있습니까?"

석옥 화상은 깜짝 놀라면서 말하였다.

"노승도 그랬고 3세의 부처님과 조사들도 그러했소. 장로에게 혹 다른 도리가 있다면 왜 말하지 않겠소."

스님은 절하며 "예로부터 부자간에도 전하지 않는 묘한 도리가 있기 때문에 그런 것입니다. 제자가 어찌 감히 화상의 큰 은혜를 저버리겠습니까"하고는 머리를 조아리고 합장하였다. 석옥 화상은 "하하하" 하고 크게 웃으며, "장로여, 그대의 360여 뼈마디와 8만 4천 털구멍이 오늘 모두 열렸소. 그리하여 노승이 70여 년 동안 공부한 것을 모두 그대가 빼앗아 가는구려" 하고, 또 "노승은 오늘 300근의 짐을 모두 그대가 빼앗아 가는구려" 하고, 또 "노승은 오늘 300근의 짐을 모두 내려 놓고 그대에게 대신 짊어지우고, 나는 이제 다리를 뻗고 잘 수 있게 되었소" 하였다. 스님도 하룻밤을 머무셨다. 석옥 화상은 〈태고암가〉의 발문을 써주면서 물었다.

"우두(牛頭) 스님이 사조(四祖)를 만나기 전에는 무엇 때문에 온갖 새들이 꽃을 입에 물고 왔던가?"

"부귀하면 사람들이 다 우러러보기 때문입니다."

"사조를 만난 뒤에는 무엇 때문에 입에 꽃을 문 새들을 찾아볼 수 없었던가?"

"가난하면 아들도 멀어지기 때문입니다."

"공겁(空劫) 이전에도 태고(太古)가 있었던가, 없었던가?"

"허공이 태고 가운데서 생겼습니다."

석옥 화상은 미소를 지으며 "불법이 동방으로 가는구나" 하고 다시 가사를 주어 신(信)을 표하며 말하였다.

"이 가사는 오늘 전하지만 법은 영산(靈山)으로부터 지금까지 내려온 것이오. 이제 그대에게 전해 주니 잘 보호하여 가져서 끊어지지 않게 하시오."

또 주장자를 집어 들면서 부탁하기를, "이것은 노승이 평생 지니던 것이오. 오늘 그대에게 주니 그대는 이것으로 길잡이를 삼으시오."

스님은 절하고 받은 뒤에 물었다.

"지금에 대해서는 묻지 않겠습니다만 마지막[末後]에는 어찌하리까?"

"스승보다 지혜로운 사람은 천년을 가도 만나기 어려울 것이오. 만일 그런 사람을 만나거든 그에게 전해주시오. 무엇보다도 귀한 것은 지금까지 내려온 불조의 명맥을 끊이지 않게 하는 것이오."

스님은 절하고 하직한 뒤에도 못잊어 하는 빛이 있었다. 석옥 화상은 수십 걸음 밖에까지 따라나와 다시 스님을 불렀다.

"장로여, 우리 집에는 본래 이별이란 것이 없으니 이별이라 생각하지 마시오. 이별이니 이별이 아니니 하고 생각하면 옳지 못하오. 부디 노력하시오."

스님은 "예, 예" 하고 물러나왔다.

8월 3일에 후저우를 떠나 10월 16일에 연도(燕都)에 닿으니, 정신은 대방(大方)에 놀고 이름은 중원(中原)에 퍼졌다. 때에 영녕사(永寧寺) 장로 여철강(如鐵矼)과 공덕주(功德主)인 원사(院使) 곽목적립(郭木的立)은 스님을 본사(本寺; 영녕사)에 거처하도록 하였다. 그 뒤에 남북 양성(兩城)의 여러 절 장로들이 여기저기 글을 올려 두루 알렸고, 우승상(右丞相) 타아치(柚兒赤)와 선정원사(宣政院使) 활활사팔(闊闊思八) 등이 천자에게 아뢰었다.

마침 태자의 생일을 맞아 자정원사(資政院使) 강금강길(姜金剛吉)이 천자의 향(香)을 받들고, 태의원사(太醫院使) 곽목적립(郭木的立)·선정원동지(宣政院同知) 열라독(列剌禿)·자정원동지(資政院同知) 정주겹설(定住怯薜)·관인(官人) 답라해(答剌海) 등은 삼가 성지(聖旨)를 받들어 묵고 있던 영녕사 주지로 개당케 하였다. 제사(帝師)와 정궁황후(正宮皇后)·이궁황후(二宮皇后)와 태자는 모두 향과 선물을 내렸다. 스님은 이궁황후가 바친 금란가사를 입고 우뢰 소리를 크게 떨쳤다.

현릉(玄陵; 공민왕)은 그때 세자로 있었는데 더욱 감탄한 뒤에, "소자(小子)가 만일 새로 고려의 왕이 되면 스님을 나의 스승으로 모시겠습니다" 하였다.

무자년(1348) 봄에 스님은 본국으로 돌아와 중흥사에 머무시면서 여름 안거를 지내고, 자취를 숨기기 위해 미원장(迷原莊)을 지나는데, 선대(善大)라는 늙은 아전이 꿇어앉아 울면서 만류하였다. 그리하여 스님은 그와 함께 흐르는 물을 따라 용문산(龍門山) 북쪽 기슭에 이르렀다. 푸른 숲은 깊고도 빼어났으며 꽃다운 노을은 은은하였다. 터를 잡아 암자를 짓고 소설(小雪)이라 이름하고는, 세상과 인연을 끊고 거기서 종신토록 살겠다 하며 〈산중자락가(山中自樂歌)〉 한 편을 지으셨다.

임진년(1352) 봄에 현릉이 대호군(大護軍) 손습(孫襲)을 보내 불렀으나 가지 않으셨는데 다시 손습을 보내 굳이 청하므로 마지못해 나오셨다. 현릉은 궁중에 맞이하여 설법을 청하였다. 맑은 법음이 마음에 흘러들자 왕은 기쁜 얼굴로 "경룡사(敬龍寺)에 머무십시오" 하므로 스님은 명을 따랐다.

현릉은 "장하다. 미원장의 아전은 스승의 귀하심을 알아보고 공경히 받들었구나" 하며, 그 장(莊)을 현(縣)으로 고치고 어진 이에게 명령하여 맡아 다스리게 하였다.

그때 서울의 남녀들은 스님의 법음을 들으려고 모두 달려와 예배하였고, 스님은 거기서 한여름을 머무셨다. 스님은 나라에 변란(變亂)이 있을 줄 알고 경룡사를 떠나 소설산에 들어가셨는데, 과연 얼마 뒤에 조일신(趙日新)의 변란이 일어났다.

병신년(1356) 2월에 왕은 문하평리(門下評理) 한가귀(韓可貴)를 보내 스님을 청하였으나 스님의 뜻은 더욱 굳었다. 다시 판전교(判典校) 이정(李愈)을 보내 청하였으므로 스님은 더 사양할 수가 없었다. 그 해 3월 6일에 유사(有司)에게 명령하여 온갖 보배로 사자좌를 장엄하고 스님을 청하여 봉은사(奉恩寺)에서 개당하니 선교의 스님네들이 모두 모였다.

현릉은 태후(太后)를 모시고 권속을 거느리고 친히 왕림하여, 만수가사(滿繡袈裟)와 금실로 수놓은 좌구〔金縷泥師壇〕·수정염주(水精念珠)·침향불자(沈香拂子) 및 그 밖의 온갖 옷과 도구 등을 바쳤다. 스님은 사자좌에 올라가 크게 사자후를 여셨다. 왕은 손수 보시하셨다. 이보다 먼저 이 소문이 천자에게까지 들어가 여러 가지 빛깔의 단필(段疋)가사 300벌을 내리셨는데, 이날 스님네〔福田〕에게 나누어주니 법회는 유례없는 성황을 이루었다.

현릉이 금자대장경(金字大藏經)을 원하였으므로 스님은 그 뜻을 돕기 위하여 왕에게서 받은 금을 개인 재산으로 쌓아 두지 않고 그 경비로 쓰셨다. 그 뒤에 산중으로 돌아갈 뜻이 있어서 왕에게 글을 올려 돌아가기를 청하였다. 현릉은 "나는 일찍부터 화상의 도풍(道風)을 사모하였소. 스승은 내 뜻을 저버리지 마시오. 스승이 머무르지 않으면 도를 등지게 될 것입니다" 하고, 4월 24일에 왕사(王師)로 봉하였는데, 오래 가물다가 이날 비가 내렸다. 현릉은 기뻐하며 '왕사의 비'라 하고, 한림(翰林)들은 모두 축하하는 글을 바쳤으나 스님은 그 경사의 덕을 임금에게 돌리셨다.

며칠 뒤에 왕의 명령으로 광명사(廣明寺)에 원융부(圓融府)를 세우고, 거기에 관리를 두니 장관은 정삼품(正三品)이었으며, 금옥으로 된 그릇에다가 온갖 생활용구를 모두 갖추었다. 그리고 고향인 홍주(洪州)를 목(牧)으로 승격시키니, 그 도덕을 표창하는 지극한 마음에서였다. 그러나 스님의 마음은 담담하여 그것을 뜬구름처럼 생각하셨다. 현릉은 스님을 맞이하여 청하였다.

"세속의 이치가 법왕(法王)의 거울을 더럽힐까 두렵소. 그러나 근기에 따라 친절히 응해 주는 것이 성자(聖者)의 할 일일 것이오. 물을 일이 있소?"

"명대로 따르겠습니다."

현릉이 물었다.

"나라를 다스리는 데는 어떻게 해야 하오?"

"왕의 거룩하고 인자한 그 마음이 바로 모든 교화의 근본이자 다스림의 근원이니, 돌이켜 마음을 한번 비추어 보소서. 그리고 시절의 폐단과 운수의 변화를 살피지 않아서는 안 될 것입니다. 옛날 태조께서 삼국을 통일하여 한 나라를 만들어 후손을 복되게 한 것은 진실로 불법의 힘이었습니다. 그러므로 500의 선찰(禪刹)을 세워 조사의 도를 넓히고 드날리매, 용과 하늘이 도왔고 불조가 보호하였습니다.

어떤 이는 말하기를 '이 서울은 삼양(三陽)의 땅인데 선(禪)은 하나의 근본이 된다. 그것이 양(陽)의 덕을 배합하면 9가 삼양의 수가 되기 때문에 구조(九祖)의 도로써 도울 수 있다. 구산(九山)의 참학(學)들이 각각 무리를 지어 규칙적으로 모여 복을 넓히는 명당(明堂)자리에 모두 모여 큰 뜻을 널리 펴면, 하늘에서 상서가 내리고 땅에서 복이 생기리라' 하였는데, 뒤에 그 말처럼 번성해졌습니다.

그러나 지금 구산의 선객들은 각각 그 문중을 등에 업고 피차의 우열을 따지며 심히 싸우다가, 요즈음에는 더욱 도문(道門)으로써 창과 방패를 쥐고 울타리를 만드니, 그로 말미암아 화합을 해치고 정도를 깨뜨립니다. 아아, 선(禪)이란 원래 한 문이건만 사람들이 많은 문을 만들었으니, 저 부처님의 평등하여 '나'가 없다는 도리와 여러 조사님들의 격식을 벗어나 맑게 드날리는 가풍과 선왕(先王)의 법을 보호하고 나라를 편하게 하려는 뜻을 어디서 찾겠습니까. 이것이 이른바 시대의 폐단이라는 것입니다.

또 9는 노양(老陽)이요, 1은 초양(初陽)이라 하는데, 늙으면 쇠하는 것은 당연한 이치입니다. 또 도읍을 세울 때부터 구산으로 내려온 지가 오래되었으니, 이제 처음으로 돌아가 신양(新陽)을 만든다면 좀 나을 것입니다. 이것이 운수의 변화라는 것입니다.

이때를 당하여 일문(一門)으로 통합하여 저 구산[3]을 인아(人我)의 산으로 만들지 않는다면, 산도 명예롭고 도도 있어서 모두 한 부처의 마음에서 나와 물과 젖이 섞이듯 한가지로 평등하게 될 것입니다. 이에 백장대지(百丈大智) 선사의 선원청규(禪苑淸規)[4]로써 푹 젖도록 훈도하여 평상시의 위의는 엄숙하고 진실하며, 부지런히 법을 묻고 때를 맞추어 종(鍾)과 목어(木魚)를 치면서, 조사의 가풍을 다시 일으키고 오교(五敎)[5]가 각각 그 법을 널리 펴게 해야 합니다. 이렇게 계속해서 복을 받들게 하면 국운은 뻗어나고 불일(佛日)은 밝아질 것이니, 어찌 빛나지 않겠습니까.

그러하옵고 일찍이 왕기(王氣)를 관찰하오니 이 도읍에 있지 않아 처음 전성하던 때로 돌아가기는 어려울 것입니다. 만일 남쪽 한양(漢陽)으로 옮겨 앞에서 말씀드린 대로 행하오면, 자연히 교화는 천하에 빛나고 은혜는 만중생에게 입혀질 것입니다."

현릉은 "매우 훌륭한 말씀입니다" 하고 좌우에 명령하여 그대로 행하게

---

3) 신라 말, 고려 초에 고승들이 중국에서 선법(禪法)을 받아와 종풍을 크게 일으킨 9개의 산문(山門). ① 실상산문(實相山門), ② 가지산문(迦智山門), ③ 사굴산문(闍崛山門), ④ 동리산문(桐裡山門), ⑤ 성주산문(聖住山門), ⑥ 사자산문(師子山門), ⑦ 희양산문(曦陽山門), ⑧ 봉림산문(鳳林山門), ⑨ 수미산문(須彌山門).

4) 백장대지 선사가 선원을 하나의 독립된 사원으로 별립시키면서 그 조직과 제도를 규정한 것. 법당·승당·방장의 제도가 골격이 된다.

5) ① 열반종(涅槃宗), ② 남산종(南山宗), ③ 화엄종(華嚴宗), ④ 법상종(法相宗), ⑤ 법성종(法性宗) 등 신라 때 경교(經敎)를 연구하는 다섯 종파. 이설(異說)이 있음.

하였다. 그러나 불행히도 간사한 말이 방해를 놓아 스님의 뜻은 이루어지지 않았으므로 승도들은 그저 답답해 할 뿐이었다.

스님께서 불교를 받쳐 주고 왕의 통치를 도운 일이 명실상부하게 이러하였다. 정유년(1357) 2월에 스님은 귀신같이 기미를 알아채고 게송을 지어 왕사의 직을 사퇴하기를 청하셨다. 왕의 마음은 더욱 간절했으나 스승은 몸을 빼서 소설산으로 들어가셨다. 현릉은 스님의 뜻을 알고 법복과 인장을 스님에게 보냈다.

그때에 고담(古潭) 적조현명(寂照玄明) 선사라는 저장(浙江) 사람이 있었다. 미원장의 은성사(隱聖寺)에 객승으로 있다가 〈태고암가〉를 보고는 공경하고 찬탄한 뒤에 소설산으로 찾아갔다. 그때 마침 스님은 다리에 병을 앓고 계셨다. 고담은 그것을 자세히 바라보다가 말하였다.

"스님, 혹시 과로가 아닐까요?"

"그렇소."

"안심하십시오."

스님은 "그러겠다" 하고 시자에게 금란가사와 주장자를 가져와라 하여 그에게 주면서, "여우거든 때려주고 사자거든 길러라" 하셨다. 고담은 꿇어앉아 가사를 받아 입고 주장자를 들고는 힘차게 일어서서 '악' 하고 할(喝)을 한 번 하면서 동시에 때릴 형세를 지었다. 스님은 "원래 그런가" 하시니, 고담은 절하고 물러갔는데 조금 있다가 스님은 병이 나았다.

무술년(1358)에 현릉이 성을 수축하라고 명하였다. 이는 스님이 글을 올려 비밀히 홍적(紅賊)의 난리가 있을 것을 고하였기 때문이다.

기해년(1359) 가을에는 포상(苞桑)[6]의 형상을 관찰한 뒤에, 미지산(彌智山)에 들어가 미리 초당(草堂)을 지어 두고는 사람들에게 "피난할 준비를 하라"고 일러주셨다.

---

6) 뽕나무 뿌리. 근본이 확고한 것을 말한다.

신축년(1361) 11월에 홍건적이 서울을 함락시켰으니, 앞에서 말한 예언이 맞았다. 현릉은 안동(安東)으로 피난 가고, 스님은 먼저 지어 두었던 초당에 계셨는데, 그곳 사람들이 피난해 와서 그 덕을 많이 입었다.

임인년(1362) 봄에 적이 패해 물러갔다. 그 해 가을에 왕은 청주(淸州)에 있으면서 사신을 보냈으므로 스님은 양산사(陽山寺; 현재 희양산 봉암사)에 머무시게 되었다. 스님은 대중을 거느리고 밤낮으로 애써 옛것은 다 헐어내고 새로 중수하니, 밭과 농막이 복구되고 목어와 북이 울게 되었다.

계묘년(1363) 정월에 왕은 서울로 돌아와, 성균관 제주(成均館 祭酒) 한천(韓)을 보냈으므로 스님은 가지사(迦智寺; 현재 가지산 보림사)로 옮겨 종풍을 크게 떨쳤다.

그때 신돈이 승려의 행색을 빌어 왕의 사랑을 받고 아첨하며 어진 이들을 모함하였다. 스님은 나라의 위태로움을 생각하고 개탄하며, 글을 올려 신돈에 대해 이렇게 논하셨다.

"나라가 다스려지면 진승(眞僧)이 제 뜻을 펴고, 나라가 위태로워지면 사승(邪僧)이 때를 만납니다. 왕께서 살펴셔서 그를 멀리 하시면 국가에 큰 다행이겠습니다."

그러나 그 뒤에 신돈은 재상의 이름을 빌어 조정의 신하를 함부로 죽였다. 스님은 일이 다 되었다 생각하고 말하지 않으시다가, 병오년(1366) 겨울에 신돈의 독한 마음을 아시고 인장을 돌려 왕사의 지위를 하직하고 도솔산(兜率山)에 들어갔다가 구름처럼 노닐면서 전주 보광사(普光寺)로 가서 머무셨다.

무신년(1368) 여름에 신돈은 말을 퍼뜨려 스님을 죽이려 하였는데, 그 음모와 간사한 꾀로 못할 짓이 없었다. 너무 절박하게 말했기 때문에 현릉은 할 수 없이 그 말을 따랐다. 신돈은 제 마음대로 스님을 속리산(俗離山)에 가두었다. 스님은 나무껍질을 먹으면서도 그것에 편안해 하여 조금도 원망하는 빛이 없으셨다. 어느 날 저녁에는 선정에서 일어나 "죽게 되었구나, 신돈이 가련하구나" 하셨다.

기유년(1369) 3월에 현릉이 후회하고 승록사원(僧錄司員) 혜기(惠琪)를 보내 스님을 청하여 소설산으로 돌아오게 하였다.

홍무(洪武) 4년 신해(1371) 7월에 신돈이 분수 밖의 일을 넘겨보므로 현릉은 그를 베어 죽이면서 "내 스승이 어찌 거짓말을 했겠는가" 하였다. 그리고는 예부상서(禮部尙書) 홍상재(洪尙載)와 내시(內侍) 이부[李]에게 명하여 예를 갖추어 스님을 국사(國師)로 높여 봉하고 법호를 내렸다. 그리고 다시 스승의 모향(母鄕)으로서 본래 익화현(益和縣)이던 양근(楊根)을 군(郡)으로 승격시켰다. 그리하여 영원사(瑩原寺)에 머무시기를 청하였으나 스님은 병을 핑계로 사양하셨다. 그러나 칙명이 있었으므로 절일을 7년 동안 멀리서 맡아 보셨다.

무오년(1378) 겨울에 지금 임금(우왕)의 명을 받들어, 비로소 그 절에 가시어 1년 동안 머무시다가 돌아오셨다.

신유년(1381) 겨울에 양산사(陽山寺)로 옮기셨는데, 부임하시던 날에 우왕은 스님을 다시 국사로 봉하였으니, 그것은 선군(先君)을 생각해서였다.

임술년(1382) 여름에 스님은 "돌아가자, 돌아가자" 하시고, 곧 소설산으로 돌아가시니 대중은 어찌할 줄을 몰랐다. 이 해 연못에는 연꽃이 마르고 소나무 여덟 그루 중에서 네 그루가 말랐다. 겨울 12월 17일에 가벼운 병을 보이시더니, 23일에는 문인들을 불러 "내일 유시(酉時)에는 내가 떠날 것이니, 지군(知郡; 군수)을 청하여 인장을 봉하도록 하라" 하셨다.

그때 이양생(李陽生)이 양근군수로 있었는데, 스님은 그에게 왕께 올리는 유언과 또 대신들에게 세상을 하직하는 글 여섯 통을 유언으로 남겼다. 이튿날 새벽에 목욕한 뒤 옷을 갈아입고, 때가 되자 단정히 앉아 게송으로 말하셨다.

人生命若水泡空	사람의 목숨은 물거품처럼 허무한 것이어서
八十餘年春夢中	80여 년이 봄날 꿈속 같았네
臨終如今放皮袋	죽음에 다다라 이제 가죽푸대 버리노니
一輪紅日下西峰	수레바퀴 붉은 해가 서산으로 넘어가네.

이 게송을 마치고 세상을 떠나시니 세수는 82세요, 법랍(法臘)은 69세
였다.

부고가 왕에게 전해지니 왕은 내시 전농부정(典農副正) 전저(田泪)를
시켜 향을 보내고 부의를 예답게 하였다. 방장실 앞에서 다비하였는데,
그날 밤에는 광명이 하늘에 뻗쳤고 사리가 무수히 나왔으며, 정수리에서
나온 사리들은 별처럼 빛났다. 때는 계해년(1383) 1월 12일이었다. 친히
전저가 그 사리 100과를 나라에 바치니, 왕은 더욱 공경하고 존중하여 원
증(圓證)이라 시호를 내렸다. 중흥사 동쪽 봉우리에 탑을 세워 이름을 보
월승공(寶月昇空)이라 하고 영골(靈骨)을 넣어 두었다.

스님의 문도와 장로들은 모두 "우리 스승은 떠나셨지만 사리가 세상에
있으니 어찌 근심하겠는가" 하고, 대중과 함께 힘과 마음을 다해 돌을 다
듬어 종(鍾)을 만들고 사리를 넣어 네 곳에 간직하니, 그곳은 양산사(陽
山寺)·사나사(舍那寺)·청송사(靑松寺)·태고암(太古庵)이었다.

또 소설산에 탑을 세우고 거기에 이렇게 썼다.

스승은 평소에 절 짓기를 좋아하여 사람들을 살게 한 곳이 십여 군데이
다. 지리(地理)를 늘리고 줄임은 선천적인 지혜(生知)에서 나왔고, 자비
로 대중을 일깨워 주심은 천성(天性)에서 나온 것이다. 그러나 정법을 시
행함에 있어서는 문풍(門風)이 높고 엄하여 학인들이 발붙이기 어려웠
고, 이름이 높고 덕이 큰 사람들만이 주로 귀의하였다.

그중에서도 상수(上首)제자로서 첫째 환암(幻庵) 화상이 있으니, 지금

은 국사 정변지 지웅 존자(國師 正辯智 智雄 尊者)가 되었고, 다음에 고저(古樗) 화상이 있으니, 지금은 왕사 묘변지 원응 존자(王師 妙辯智 圓應 尊者)가 되었으며, 가장 오래도록 시봉하고 스님의 후사(後事)를 감독한 이로서는 철봉(哲峯) 화상 등이 있으며, 뛰어난 선승들이 많으나 번거로울까 하여 다 쓰지 않는다.

내[維昌]가 가만히 생각하니 스님의 인품은 마치 동쪽에서 뜬 해가 천하를 비추다가 골짜기로 들어가는 것과 같다. 왜냐하면, 저 하늘의 해가 높기는 높고 밝기는 밝지마는 태어나실 때에는 꿈에 들어왔고 머무시던 곳은 희양(曦陽)이라 하였으며 마치실 때에는 서산을 넘어간다 하였으니, 참으로 신기하구나. 이 무슨 상서인가.

이는 지혜의 해[智日]가 밝았다 어두워졌음을 증험한 것이며, 신기한 빛을 비추고 사리를 나타낸 것은 보월(寶月)이 하늘에 높이 솟은 것을 징험케 한 것이구나. 또한 '원증(圓證)'이란 시호는 하늘이 준 것인가, 사람이 준 것인가. 아아, 진실로 그러하도다.

또 스스로 생각하건대 스님은 한 나라의 스승으로서 나 개인의 스승이 아니다. 나는 속에 든 것도 없고 붓을 들매 글재주도 없으니, 변변찮은 글을 빌어 그 높고 큰 덕을 적는다는 것은 실로 황송한 일이다. 그러나 외람되어 높은 문에 올라 병필(秉筆; 예문관의 관리)이라는 직책에 있으니, 글이 나쁘다고 사양할 수 없겠거늘 하물며 거기에는 의리가 있지 않은가. 사양해도 받아들여지지 않겠기에 그 만분의 일이라도 주워 모아 행장을 만들어 보시는 이에게 이바지하려는 것이다.

홍무(洪武) 16년 계해(1383) 10월 일에 삼가 씀.

高麗國國師 大曹溪嗣祖 傳佛心印 行解妙嚴 悲智圓融 贊理王化 扶宗樹
教 大願普濟 一國大宗師 摩訶悉多羅利雄尊者 謚圓證 行狀

門人 維昌 撰

賢劫第四尊大覺能仁五十七代孫人天師者 曰三韓兩朝國師利雄尊者 諱普
愚 始名普虛 號太古 姓洪 洪州人 考諱延 世家楊根 以師貴 贈開府儀同三
司上柱國門下侍中判吏兵部事洪陽公 妣鄭氏 贈三韓國大夫人 夫人夢 日輪
貫懷 因而有娠 以大德五年辛丑九月二十一日生師 師幼而穎悟 氣骨神俊
相者謂之法王兒 年甫十三 投檜巖廣智禪師薙髮 未幾訪道於迦智下叢林 十
九參萬法歸一話 衆莫知焉 性倜儻 語谷應 同梵忌之 旋棄去 倡佯自若 二十
六歲 寅緣入華嚴選 既中 探索經義 窺其壺奧 一日嘆曰 此亦筌蹄耳 古之大
丈夫 其所立卓爾 豈鹵莽爲哉 予獨不夫乎 卽斬斷衆緣 苦硬淸約 工夫日進
天曆三年庚午春 入龍門山上院庵 禮觀音 發十二大願 竭誠瀝肺 泣涕 然 自
後伶利現 前如一口劍 元統改元癸酉秋 寅城西甘露寺僧堂 慨然奮曰 氣質屢
懦 大事未辦 不如死於苦行 改頭方畢 乃端坐七日 至夕假寐 有靑衣二童
或攜瓶 或擎杯 細斟白湯以勸 師接飮則甘味 既而忽然有省 作頌八句 佛祖
與山河 無口悉吞郤 其末句也 (一亦不得處 踏破家中石 回看沒破跡 看者亦
已寂 了了圓陁陁 玄玄光爍爍 佛祖與山河 無口悉吞郤) 至元丁丑秋 在佛
脚寺 獨占一室 看圓覺經 至一切盡滅 名爲不動 所知剝落 (靜也千般現 動
也一物無 無無是什麼 霜後菊花稠) 後忽擧趙州無字話 下口不得 如嚼鐵團
鷥向鐵團處挨去 冬十月 蔡中庵以第北栴檀園 爲儲靈蓄異 可以助道之地
請結冬 師於是 到寤寐一如之境 尙猶無字上 破疑不得 如大死人焉 至戊寅
正月七日五更 豁然大悟 當下有頌 打破牢關後 淸風吹太古 其結句也 (趙州
古佛老 坐斷千聖路 吹毛覿面提 通身無孔竅 狐兔絶潛蹤 翻身師子露 打破
牢關後 淸風吹太古) 忽與中庵相見 下數語 庵泣謝曰 佛法驗矣 庵問 向甚

處見趙州 師云 波前水後 申之以偈曰 古澗寒泉水 一口飲卽吐 却流波波上
趙州眉目露 是後 咨詢不已 卒然問曰 雪山牧牛事如何 師接聲答八句 拾得
笑呵呵 寒山張大口 其落句也 (肥膩葉葉軟 一嚼辨甘苦 盛夏雪猶凝 寒冬春
不老 要傾則便傾 要倒則便倒 拾得笑呵呵 寒山張大口) 相與話別 長揖而去
任緣山水間 有雲山靑春二吟 三月還楊根草堂 侍親也 嘗看千七百則公案 至
巖頭密啓處 過不得 良久 忽然捉敗 冷笑一聲云 巖頭雖善射 不覺露濕衣
(又云 會得末後句 天下有幾人) 其二十年苦心 於是乃歇 師年三十八矣 己
卯春 辭庭闈 徃逍遙山白雲庵 高閑疎野 自樂天常 作白雲歌一篇 有唐僧無
極 航海而至 宏才博辯 勘破諸方 一日與師偶話 肅然心服曰 某甲 所見止此
耳 烏可企也 南朝有臨濟正脉不斷 可徃印可 其某與某爲唱導師 其某與某
爲本分作家 在某山 待其人久矣 其所謂作家者 蓋指臨濟直下雪巖嫡孫石屋
琪等數人也 師聞而悅之 越至正元年辛巳 欲徃南也 時蔡侯河中‧金侯文
貴 欽師風槩 邀致于三角山重興寺 玄學雲臻 而寺幾陀然 師乃率籲厥衆 謀
諸二公 豐其材 壯其屋 襟磎帶嶽 鬱爲叢林 土田增闢 百廢俱興 謂師爲重新
祖者是邪 是己 小東而占松巒 結蘭若 扁曰太古 瀟洒邁越 發爲長歌 冷冷然
雅調彌高 知音益寡 有時松聲 自和而已 如是者霜將五矣 丙戌春 入燕都 寓
大觀寺 道譽聞于天子 冬十一月二十四日太子令辰 天子請演般若 丁亥四月
聞竺源盛禪師 在南巢 徃則逝矣 其門人弘我宗月東白 將盛三轉語 度師
(其一曰 出家學道 只圖見性 且道 性在什麼處 其一曰 三千里外定譌訛 對
面因甚不相識 其一 展兩手云 此是第二句 還我第一句來) 請下語 師若接而
眒 若眒而應 一偈透三關 (曰 坐斷古佛路 大開獅子吼 還他老南巢 手脚俱
不露 不露也明如日 不隱也黑似漆 我來適西歸 餘毒苦如蜜) 二人齊出禮謝
曰 此方衲子幾千萬箇 到此三關 摠不奈何 長老始與老和尙相見也 願許小留
師辭 且曰 吾涉遠道 要見其人 人在何處 二人曰 先師嘗言 江湖眼目 只在
石屋 時方七月 師拂衣向湖州霞霧山 到天湖庵 果見所謂石屋和尙 煙霞道貌
峻峻如也 師具威儀卓然於前 屋開眼視之 師亦開眼對之 設禮而退 明日詣

方丈 通所證 且獻太古庵歌 屋奇之 姑試之曰 子既經如是境界 更有祖關 知
否 曰 何關之有 屋曰 據汝所得 工夫正而知見白矣 然 宜一一放下 若不爾
也 斯爲理障 碍正知見矣 師曰 放下久矣 屋云 且歇去 又明日 具儀而前 屋
云 佛佛祖祖 唯傳一心 更無別法 遂擧馬祖令僧問大梅常因緣云 纔有些子
光明 以爲實者 墮在光影裏 作活計矣 故從上諸祖 見此人病 無其奈何 於淸
平境上 設關去縛耳 若眞正徹去 盡是閑家具也 且子於無人之境 奚辨得跋
路 若是其明乎 師云 佛祖垂示方便 具在故也 屋云 良哉 非宿植正因 亦未
免罹邪網矣 老僧 雖在窮山 常設祖門 待儞兒孫久矣 師云 善知識者 浩劫難
逢 誓不離左右矣 不覺拜手 屋云 老僧亦要與儞同甘寂寥 恐他日無去路 於
法値難 不如留半月 相與打話 而歸之得也 然 其道話 未之得考 其存而可考
者 宜具錄之 師之歸也 屋申之以問 云何是日用涵養事 云何是向上巴鼻 師
答瓶瀉趣而前曰 未審 此外還更有事否 屋愕然曰 老僧亦如是 三世佛祖亦如
是 長老脫別有道理 烏得無說 師作禮云 古有父子不傳之妙故爾耳 弟子何敢
辜負和尚大恩 頓首叉手 屋呵呵大笑云 長老 汝之三百六十骨節 八萬四千毛
孔 今日盡打開了 老僧亦七十餘年 做作家事 喫儞奪了也 又曰 老僧今日 既
已放下三百斤擔子 遞儞擔了 且展脚睡矣 師亦留一留 屋跋所獻歌以授 乃
問 牛頭未見四祖時 因甚百鳥銜花 曰 富貴人皆仰 曰 見後因甚百鳥銜花覓
不得 曰 淸貧子亦疎 屋又問 空劫已前 有太古耶 無太古耶 曰 空生太古中
屋微笑云 佛法東矣 遂以袈裟表信曰 衣雖今日 法自靈山 流傳至今 今付於
汝 汝善護持 毋令斷絶 拈拄杖囑云 是老僧平生用不盡的 今日付儞儞將這
箇 善爲途路 師拜受 啓云 即今不問 未後如何 屋云 智過於師 千載難逢 若
遇箇者 即當分付 只貴從上佛祖命脉不斷耳 師拜辭 而尚有眷眷之色 屋施
從數十步 喚云 長老 我家中本無別離 莫作別離看好 若作別不別便不是 晑
哉晑哉師唯唯而退 八月哉生而發湖 十月旣望而抵燕 神遊大方 名播中原
時永寧寺長老如鐵䦺 功德主院使郭木的立 請館本寺 南北兩城諸刹長老等
齋疏遍告 右丞相朶兒赤 宣政院使闊闊思八 奏聞天子 適丁太子令辰 資政

院使姜金剛吉 奉御香 太醫院使郭木的立 宣政院同知 列剌禿 資政院同知定
住怯薛 官人答剌海等 欽奉聖旨 開堂于所館之寺 帝師・正宮皇后・二宮皇
后・太子皆降香幣 師披二宮皇后所獻金襴 大振雷音 時玄陵爲世子 嘉嘆久
之曰 小子若新政於高麗 則當師吾師矣 戊子春 師東還掛錫重興寺 夏制滿
欲韜光 道過迷原莊 有老吏善大其名者 跪泣遮留 師與吏 尋流到龍門山北
麓 有青林深秀 菲烟掩映 乃相山結茅 額之曰小雪 與世邈然 若將終身焉 有
山中自樂歌一篇 壬辰春 玄陵遣大護軍孫襲 徵之 師不應 尋再遣 襲强而後
起 玄陵邀宮中 請譚玄淸音 流入瓔聰 天顔有慶曰 願屈德於敬龍寺 師應命
玄陵若曰 德哉 迷原莊吏 知師貴 奉之惟謹 乃革莊爲縣 命賢司平 于時京城
士女 飡師法音 奔走禮拜 旣徂一夏 師知國之有機變 辭退入小雪山 俄日新
亂作 丙申二月 遣門下評理韓可貴 請師 師臥益堅 申命判典校李挺 師不屛
雲蹤 三月初六日 勅有司 以衆寶嚴師子座 請開堂于奉恩寺 禪教俱集 玄陵
奉太后 率天眷以臨 獻滿繡袈裟・金縷泥師壇・水精念珠・沈香拂子 及餘
服用 師陞座 大開師子吼 御手行嚫 先是 聞于天子 賜雜色段定袈裟三百事
是日頒俵福田 象筵之盛 古所未有 玄陵願金字大藏 師助宸襟 以所嚫金 爲
經財 不歸私貯 望雲有巖叢之志 上書乞歸 玄陵曰 寡人宿慕和尙道風 願毋
奪寡人之志 師不留則倍道矣 四月二十四日 封爲王師 是日 久旱而雨 玄陵
大悅曰 王師雨 翰林皆獻賀章 師不有 歸之上 不數日 有敕 立府於廣明寺
曰圓融 置僚屬 長官正三品 以金玉器之 百用俱備 是時 洪州登爲牧 蓋旌尊
德之至也 然師之恬淡於我如浮雲 玄陵邀請曰 世俗之諦 恐塵法王之鑑 然隨
機曲應 是聖者之能事 姑有所問 師曰 惟命之從 玄陵曰 爲國何如 師曰 只
這睿聖仁慈之心 是萬化之本 出治之原 請廻光一鑑 而又時之弊 數之變 尤
不可不察 昔祖聖 會三歸一 垂裕後昆者 賴佛法之力也 是故 開半千禪刹 弘
揚祖道 龍天祐之 祖佛加之 或曰 本京是三陽之地 禪爲一本 配陽之德 而九
爲三陽數故 以九祖之道 可以神之 若夫九山參學 各作其隊 規會演福明堂之
地 敷暢厥猷 則天祥降 地珤生矣 爾後如其言 尙矣 雖然 今也 九山禪流 各

負其門 以爲彼劣我優 鬩鬪滋甚 近者益之以道門 持矛盾作藩籬 繇是 傷和
敗正 噫 禪是一門 而人自鬩多門 烏在其本師平等無我之道 列祖格外淸敫
之風 先王護法安邦之意也 此時之弊也 而九爲老陽 一爲初陽 老而衰也 理
之常而又立都之時 九山之來旣久 不如反其初 爲新陽之爲愈也 此數之變也
當是時也 若統爲一門 九山不爲我人之山 山名道存 同出一佛之心 水乳相和
一檗齊平於是乎俾百丈大智禪師禪苑淸規 熏陶流潤 其日用威儀精嚴眞淨
參請以勤 鍾魚以時 重興祖風 而五敎各以其法弘之 以奉福萬歲 聖祚延而佛
日明矣 豈不暢哉 然而嘗觀王氣不在此都 以復古初全盛之時 難矣哉 若南
遷漢陽 行向所陳之言 自然化孚六合 澤被萬靈矣 玄陵曰 大哉言乎 勅戒左
右 從而行之 不幸論詖間作 師之志未滿 唯緇林鬱鬱耳 其扶宗敎贊王化 之
名之實如是 丁酉二月 師知幾如神 作偈乞骸 宸衷益懇 師抽身入小雪山 玄
陵知師志 送法服印章于師所 時有古潭寂照玄明禪師 浙人也 客迷原隱聖寺
看太古歌 頂戴而加嘆 參訪小雪 師方重腿 古潭熟視曰 師豈不是勞瘵也 師
曰是 潭曰 請放下勿慮 師曰諾 乃命侍者 過金襴禪棒來 付之曰 野狐兒便打
殺 師子兒則長養 潭跪受 披衣拈棒 鵠立 喝一喝 齊聲作打勢 師曰 天然有
哉 潭禮拜而退 已而師疾愈 戊戌春 玄陵勅修城郭 師上書密告紅賊之記 己
亥秋 師觀苞桑之象 入彌智山 預搆草堂 曉諭凡民曰 可作逃難之具也 辛丑
十一月 賊陷京 應前所記 玄陵駕幸安東 師在嘗所結搆 土人賴以避亂 壬寅
春 賊敗 是年秋 行在在淸州 遣使 下錫陽山 師莅衆 蚤夜吃吃 皆輆舊而重
新 田莊復舊 魚皷鳴焉 癸卯正月 大駕還京 遣成均祭酒韓蕆 移迦智寺 大闡
宗風 時辛旽 假僧儀 寵幸詔諛 賢良重足 師慨然思危 上書論旽曰 國之治
眞僧得其志 國之危 邪僧逢其時 願上察之遠之 宗社幸甚 後旽冒據阿衡 殲
朝臣 師以邃事不言 逮丙午冬 知旽蠱毒 還印章辭位 入兜率山 雲遊至全州
普光寺 寓錫 戊申夏 旽流言 欲置師死地 陰謀詭計 無所不至 其言甚急 玄
陵不得已從之 旽用事 錮于俗離山 師木食 怡然無怨色 一夕起定曰 死矣夫
辛旽可憐愍者 己酉三月 玄陵悔之 遣僧錄司員惠琪 請還小雪 洪武四年辛亥

七月 辛旽覬覦非分 玄陵誅之日 我師豈妄語哉 命禮部尚書洪尚載 內侍李
樽 備禮進封國師 加法號 而楊根師之母鄉 本益和縣 陞之以郡焉 於是 請住
瑩原寺 師以疾辭 有旨 遙領寺事者七年 戊午冬 被今上命 始至寺 居一年而
還 辛酉冬 移陽山寺 入院之日 上再封國師 先君之思也 壬戌夏 師曰 歸歟
歸歟 卽還小雪 衆罔測 是年 池蓮枯 八松四株槁 冬十二月十七日 示微疾
二十三日 召門人曰 明日酉時 吾當去矣 可請知郡封印 時李陽生 守楊根 師
口占遺奏 幷與宰樞辭世狀 凡六通 翌日昧爽 沐浴更衣 時至 端坐說偈曰 人
生命若水泡空 八十餘年春夢中 臨終如今放皮袋 一輪紅日下西峰 聲盡而逝
壽八十二 臘六十九 訃聞于上 上命內侍典農副正田沮 降香致賻以禮 闍維
于方丈之前 其夜 光明爍天 舍利無算 或擧顱骨 昱如星羅 癸亥正月十二日
也 田沮進百粒于內 上益敬重 命攸司 諡曰圓證 樹塔于重興寺之東峰 曰寶
月昇空 以厝靈骨 門人長老者 歛曰 吾師雖逝 舍利在世 烏忍草草 與其衆
勞筋苦骨 慘目傷心 伐石爲鍾 藏舍利者凡四所 曰陽山 曰舍那 曰靑松 曰太
古庵 而又塔于小雪山云 師平時 喜營庵 利人數者幾一十所 增損地理 出自
生知 慈悲警衆 發於天性 然其正令也 門風高峻 學者難湊 惟鴻名碩德 多歸
之 其推爲上首輩者 曰幻庵和尙 今爲國師正辯智智雄尊者 曰古樗和尙 今爲
王師妙辯智圓應尊者 其服膺悠久 督身後大事者 曰哲峰和尙 优优禪傑 恐煩
不書 維昌竊伏惟 師之爲人 有如扶桑昢日 照于六合 入于蒙谷然 曰何謂也
彼天之日 高則高矣 明則明矣 其生也入夢 其住也曰曦陽 其終也下西峯 奇
歟异哉 是何瑞也 智日之晦明 可以徵也 至若標以神光 表以舍利者 其必曰
寶月昇空之驗也歟 其諡圓證 是天與之歟 人與之歟 嗚呼誠哉 又自惟 師是
一國之師 非吾所私 而維昌 胷中慧闕 筆下談鈍 藉其不腆之文 以記巍蕩之
德 實可叩覥 然濫登高門 職在秉筆 無辭以辭 而況義之所在 讓非所容 掇
其萬一爲行狀 以備采覽焉

洪武十六年癸亥十月 日 謹狀

〈복원석옥청공선사탑비명〉
(福源石屋淸珙禪師塔碑銘)

전 사명연수선사 사문 원욱 지음(前 四明延壽禪寺 沙門 元旭 讚)

사(師)의 법명(法名)은 청공(淸珙)이요, 자는 석옥(石屋)이니 쑤저우(蘇州) 상숙(常熟) 사람으로서 속성(俗姓)은 온(溫)씨이고 모(母)는 유(劉)씨이다.

사(師)가 탄생하던 날 저녁에 신이(神異)한 광명(光明)이 있었으니, 때는 송(宋)나라 함순(咸淳) 8년〔壬申〕이었다. 사(師)가 장성(長成)함에 쑤저우 홍교(興敎) 숭복사(崇福寺)의 영유(永惟) 스님을 의지하여 출가하였고, 20세에 머리를 깎고 중이 되었으며 3년 뒤에 구족계(具足戒)를 받았다.

어느 날 장(杖)과 입(笠)을 갖춘 스님이 사의 문 앞을 지나가기에 사(師)가 "어디로 가느냐?"라고 물었다. 그 승이 대답하기를, "내가 지금 천목산(天目山)에 올라가 고봉(高峰) 화상을 뵈오려 합니다. 그대도 같이 가는 것이 어떻습니까?" 하였다. 사(師)가 기쁘게 여겨 같이 천목산(天目山)으로 가서 고봉 화상을 뵈었다. 고봉 화상이 물었다.

"그대는 어찌하여 여기에 왔느냐?"

"큰 법을 구하고자 왔습니다."

"큰 법을 어찌 쉽게 구하려 하느냐? 향(香)이나 피움이 어떻겠는가?"

"제가 오늘 화상을 직접 뵈었습니다. 큰 법을 어찌 숨겨두십니까?"

고봉 화상은 그를 은근히 법기(法器)로 여겨 '만법귀일(萬法歸一)'의 화두를 주었다. 고봉 화상 회상(會上)에서 복근(服勤)하는 3년 동안 큰 일을 밝게 알지 못하였기에 문득 고봉 화상의 처소를 하직하고 다른 곳으로 가려고 하자 고봉 화상이 말하였다.

"온(溫)에는 활로[驢]가 있다. 회주(淮州)에 급암(及菴)이 있으니 한 번 찾아가 봄이 좋겠다."

그 말에 따라 사(師)가 건양(建陽)의 서봉(西峰)에 이르러 급암 스님을 만나 봤다. 급암 스님이 사(師)에게 물었다.

"어느 곳에서 왔는가?"

"천목산의 고봉 화상 처소에서 왔습니다."

"고봉 화상이 무엇을 가리켜 보였는가?"

"만법귀일의 화두였습니다."

"그것을 그대는 무엇이라고 알았는가?"

사(師)가 대답을 못하였다. 급암 스님이 말하였다.

"이것은 죽은 글귀이다. 어찌하여 그렇게 해로운 열병(熱病)을 그대에게 주었던가."

이에 사(師)가 절을 올리고 다시 가르침을 구하였다.

"부처가 있는 곳에도 주(住)하지 말고, 부처가 없는 곳에도 급히 달려지나가라는 뜻을 그대는 어떻게 보는가?"

사(師)가 대답을 하였으나 맞지 않았다. 급암 스님이 말하기를,

"이 말도 역시 죽은 글귀이다."

이에 사(師)가 땀을 비오듯 흘렸다.

그 뒤에 급암 스님의 장실(丈室)에 들어갔을 적에 급암 스님이 다시 전(前)의 화두를 들어 물으니 사(師)가 대답하였다.

"말에 오르니 길이 보입니다."

하니 급암 스님이 꾸짖었다.

"그대가 이 회상(會上)에 6년 동안 있었으면서도 아직 그따위 견해(見解)뿐인가."

하니 사(師)가 이에 분(憤)한 마음이 나서 급암 화상을 떠나가다가 길가던 중에 문득 머리를 들어 풍정(風亭)을 보고 활연히 깨달음을 얻어 다시 급암 회상에 돌아와 말하였다.

"부처가 있는 곳에 주하지 말라는 것이 죽은 글귀이고, 부처가 없는 곳을 급히 달려 지나가라는 것도 죽은 글귀였습니다. 저는 오늘에야 활구(活句)를 알았습니다."

"그대는 이를 어떻게 알았는가?"

"청명(淸明)의 시절(時節)에 비가 처음 개었을 제 누런 꾀꼬리가 가지위에서 이를 분명하게 말하고 있소."

급암 스님이 이를 인정하였다. 사(師)가 그 회상(會上)에 오래 있다가 하직하고 갈 적에 급암 스님이 산문까지 나와 전송하면서 부촉하였다.

"이 다음에 너는 나와 감실(龕室)을 함께 할 것이니라."

얼마 아니되어 급암 스님이 후저우(湖州)의 도량(道場)으로 옮겨 살 적에 사(師)가 재차 참석하여 고장(庫藏)의 열쇠를 맡게 되었다.

급암 스님이 일찍이 대중에게 말하기를 "이 자는 법해(法海) 가운데서 그물을 뚫고 나오는 금린(金鱗)이다" 하니 모든 대중들이 경탄하면서 대하였다.

그 뒤에 사(師)는 영은(靈隱)의 열당(悅堂) 은공(誾公)의 회상(會上)에서 제2좌에 있다가 드디어 회의 참석을 마치고는 하무산(霞霧山)에 올라가서 암자를 지어 살며 천호암(天湖菴)이라고 이름하니 도덕(道德)이 세간과 출세간계에 퍼져 문 앞에는 신이 가득 찼고 복일(伏日)이나 납일(臘日)의 필수(必須)하는 물건을 구하지 않아도 저절로 이르렀지만 무릇 땔나무 하는 일과 채소 가꾸는 일은 스스로 하여서 옛 큰스님들의 풍도(風

度)가 있었으며 참선하는 틈틈이 산거(山居)의 시(詩) 짓기를 좋아하여 소장하는 자가 많았다.

사(師)는 이 하무산(霞霧山)에서 종신(終身)하며 살려는 뜻이 있었는데 조금 있다가 가화(嘉禾) 호수(湖水)에 달하여 새로 복원선사(福源禪寺)를 짓고서 살았다. 사(師)의 명성이 광교부(廣敎府)에 널리 들렸기 때문에 격문(檄文)을 보내 간절하게 청하여서 제2대 주지를 삼으려 하였으나 사(師)는 굳게 사양하여 일어나 가지 아니하니 어떤 자가 권하기를, "사문(沙門)인 자는 마땅히 법(法)을 널리 펴는 것으로 중임(重任)을 삼아야 하는데 사(師)는 한가롭게 살아 홀로 자기만 편히 지내려 하니 무엇을 더 말하겠소."

사(師)가 이에 번연(然)히 일어나서 복원선찰(福源禪刹)의 주지가 돼 크게 로비(鑪鞴)를 열어 공부하는 분들을 단련시켰다. 그러기에 말하는 자들이 사(師)를 일러 "참으로 급암 스님의 가풍(家風)을 일으킨 분이라" 하였다.

복원선찰(福源禪刹)에 있기 7년 만에 늙었음을 이유로 은퇴하여 다시 천호암으로 돌아왔다.

지정연간(至正年間)에 조정에서 사(師)의 명성을 듣고 향과 폐백(幣帛)을 사여(賜與)하여 신이(神異)를 정표(旌表)하였으며 황후(皇后)도 금란가사(金襴袈裟)를 사여(賜與)하였으니 사람들이 모두 영광(榮光)스러운 일이라고 말하지만 사(師)는 담연(淡然)하였다.

지정(至正) 임진년(壬辰年) 가을 7월 21일에 미질(微疾)을 보였으며 이틀을 지난 밤중에 대중에게 영결(永訣)을 하게 되었다. 그때 문도(門徒)가 청하였다.

"화상의 후사(後事)는 어떻게 하겠습니까?"

사(師)가 붓을 들어 게송을 썼다.

푸른 산이 썩은 시체를 착(着)하지 아니하니

죽은 뒤에 어찌 땅을 파서 매장하겠는가

돌아보건대 나는 삼매(三昧)의 불이 없으니

앞을 비추고 뒤를 끊는 것은 한 무더기의 땔나무뿐이지.

하고 붓을 놓고서 서거(逝去)하였다. 화장하니 그 수를 셀 수 없을 만큼
의 오색(五色)이 찬연한 사리가 나왔다.

그 문도들이 그의 영골사리(靈骨舍利)를 거두어 모아 천호암의 언덕에
탑을 세우고 급암 스님의 탑과 배치(配置)하였으니 '감실을 같이 한다는
말'을 잊지 않은 사(師)의 뜻이었다. 세수 81세이고, 법랍 54세였다.

사(師)의 제자에 태고보우(太古普愚)가 있으니 고려 사람이다. 친히 사
(師)의 종지(宗旨)를 얻었기에 게송을 설하여 인가한 글에 '금린(金鱗)이
곧은 낚시에 올라온다'는 시구(詩句)가 있었다. 고려왕이 국사의 칭호를
주어 존경하였다.

사(師)의 도행(道行)을 듣고서 뜻에 매우 갈앙(渴仰)의 정성을 기울여
서 표(表)를 조정에 올리어 조명(詔命)으로 사(師)에게 '불자혜조선사(佛
慈慧照禪師)'의 시호(諡號)를 주었고 이러한 글을 강호(江湖)에 널리 옮
겼다. 정자(淨慈)의 평산처림공(平山處林公)을 청하여 함께 천호암에 와
서 사(師)의 사리를 가지고 관반(伴)으로 본국에 돌아왔으니 평산처림(平
山處林) 선사가 사(師)와 동참(同參)이 된 것은 모두 보우공(普愚公)의
본 뜻이었다.

사(師)의 상당법어(上堂法語)와 산거(山居)의 시송(詩頌)은 사(師)의
문도(門徒) 지유(至柔)가 출간(出刊)하여 세상에 유전(流傳)하고 있다.
한편 사(師)의 행장을 나에게 명문(銘文) 지어주기를 간청하였다.

나는 옛적에 복원선찰에서 사(師)를 친견하였기에 요연(曜然)한 그 형
용(形容)을 알고 도운(道韻)을 얻은 것이 이제 벌써 40여 년 전의 일이

다. 감개함을 이기지 못하여 삼가 명(銘)을 짓는다.

달마가 서(西)에서 온 직지(直指)의 도리와 부처님이 영산(靈山)에서 교외(敎外)에 따로 전하신 이치는 오직 상근(上根)인 자만이 얻게 된다.

그런데 전한다 하여도 전함이 없고 얻는다 하여도 얻음 없음이 마치 큰 허공과 같아서 탕연(蕩然)히 극이 없다.

이제 권권(卷卷)하신 석옥(石屋) 선사가 마음이 죽은 재와 같았고 획연(劃然)히 돈오(頓悟)한 것이 불 속에 연꽃이 핀 듯하였소.

혜량(惠亮) 스님의 법손(法孫)이요, 급암 스님의 법자(法子)이니 근원이 맑고 흐름이 길며 뿌리가 무성하고 열매가 알차다 하겠소.

자취를 하무산(霞霧山)에 머물면서 명성(名聲)은 강호(江湖)에 퍼졌기에 앞을 다투어 쾌(快)하게 보는 것이 마치 경성(景星)과 봉황(鳳凰) 같으오.

열반에 드신 후 오늘에 이르기 거의 30년인데 쌍탑(雙塔)이 높이 솟아 있어 맑은 바람이 그치지 않소.

西來直指 敎外別傳 惟上根者 乃可得焉
傳亦無傳 得亦無得 如太虛空 蕩焉罔極
卷卷石屋 心如死灰 劃然頓悟 火裏蓮開
惠朗之孫 伋菴之子 源淸流長 根茂實遂
跡留霞霧 名落湖江 爭先快覩 景星鳳凰
入滅至今 幾三十祀 雙塔歸然 淸風未已.

〈태고사원증국사탑비명〉
(太古寺圓證國師塔碑銘)

목은 이색(牧隱 李穡·1328~1396) 撰

고려국의 국사이며 대 조계(大曹溪)의 사조(嗣祖)로서 부처님의 심인(心印)을 전하시어 행(行)과 해(解)가 묘엄(妙嚴)하고 자비와 지혜가 원융(圓融)하여 왕화(王化)를 찬리(贊理)하고 종교(宗敎)를 부양(扶揚)하며 큰 원으로 널리 제도하시는 일국의 큰 종사이신 마하실다라(摩訶悉多羅)이웅 존자(利雄 尊者), 시호(諡號) 원증(圓證) 국사의 사리탑비명과 서문.

추충보절 동덕찬화공신 삼중대광 한산부원군 영예문춘추관사(推忠保節同德贊化功臣三重大匡韓山府院君領藝文春秋館事) 신(臣) 이색(李穡)은 왕명을 받들어 지음.
전봉익대부 판전교사사 진현관제학(前奉翊大夫判典校寺事進賢館提學) 신(臣) 권주(權鑄)는 왕명을 받들어 쓰고, 아울러 붉은 전액(篆額)까지 씀.

황제의 16년(우왕 9년·1383) 1월 10일에 좌대언(左代言) 신(臣) 박중용(朴仲容)이 국사 태고(太古)의 부도에 명(銘)을 지으라는 왕명[敎旨]을 내게 전하였다.

신은 삼가 상고하건대 국사의 이름은 보우(普愚)요, 호는 태고(太古)며, 속성은 홍(洪)씨로서 홍주(洪州)사람이다. 아버지의 이름은 연(延)이니, 개부의동삼사상주국문하시중판리병부사홍양공(開府儀同三司上柱國門下侍中判吏兵部事洪陽公)이시고, 어머니는 정(鄭) 씨로서 삼한국대부인(三韓國大夫人)이시다.

부인은 해가 품에 드는 꿈을 꾸고 임신하여 대덕(大德) 5년 신축(1301) 9월 21일에 스님을 낳았다. 스님은 아이 때부터 뛰어나게 영민하였다. 13세에 회암사(檜岩寺) 광지(廣智) 선사에게 출가하여 19세에는 만법귀일(萬法歸一) 화두를 참구하였다. 원통(元統) 계유년(1333)에 성서(城西) 감로사(甘露寺)에 머무시다가 하루는 의심이 깨어져 게송 여덟 구를 지었는데 '부처와 조사, 산하까지도 입이 없이 모두 삼켜 버렸네' 라는 것이 그 끝 구절이다.

그 뒤 지원(至元) 정축년(1337), 스님의 나이 37세였다. 그해 겨울에 전단원(檀園)에 머무시면서 '무(無)'자 화두를 참구하다가, 다음해 정월 7일 오경(五更)에 활연히 깨쳐 게송 여덟 구를 지었는데 '굳은 관문을 쳐부순 뒤에, 맑은 바람이 태고에 부네' 라는 것이 그 끝 구절이다.

3월에는 양근(楊根)의 초당으로 돌아와 어버이를 모셨다. 스님은 일찍이 1,700공안을 참구하다가 '암두밀계처(巖頭密啓處)'에서 막혀 지나가지 못하였다. 한참 묵묵히 있다가 갑자기 깨닫고는 냉소를 머금고 한마디 하였다.

"암두 스님이 활을 잘 쏘기는 하나 이슬에 옷 젖는 줄은 몰랐다."

신사년(1341) 봄에 한양 삼각산 중흥사(重興寺)에 머무시면서, 그 동쪽 봉우리에 암자를 짓고 이름을 '태고암'이라 하였다. 그리고 영가(永嘉) 스님이 지은 시의 문체를 본따서 노래 한 편을 지었다.

지정 병술년(1326), 스님의 나이 46세였다. 스님은 연도(燕都)에 갔다가 축원성(竺源盛) 선사가 남소(南巢)에 있다는 말을 듣고 가 보았으나 그는 이미 세상을 떠난 뒤였다. 스님은 다시 후저우 하무산(霞霧山)으로 가서 석옥청공(石屋淸珙) 화상을 만나 보고, 깨달은 바를 자세히 말한 뒤에 〈태고암가〉를 바쳤다. 석옥 화상은 스님이 큰 그릇임을 굳게 믿고 일상사를 물었다.

스님은 다 대답하고 나서 다시 천천히 물었다.

"이 밖에 또 어떤 일이 있습니까?"

석옥화상은 "노승도 그러했고 삼세의 불조도 그러했소" 하고, 가사를 주어 신(信)을 표하고는 "노승은 이제 다리를 뻗고 잘 수 있게 되었소" 하였다.

석옥 화상은 임제(臨濟)의 18대손이다. 스님을 반달 동안 머무르게 한 뒤에 떠나 보낼 때에는 주장자를 주면서 "부디 잘 가시오" 하였다. 스승은 절하며 그것을 받고 연도(燕都)로 돌아오니 성 안에 명성이 널리 퍼졌다. 천자는 이 소문을 듣고 영녕사(永寧寺)에서 개당하기를 청하고, 금란가사와 침향·불자 등을 내리셨다. 황후와 황태자는 향과 선물을 내렸으며 왕공(王公)과 남녀들은 달려와 예배하였다.

무자년(1348) 봄에는 본국으로 돌아와 미원장(迷原莊) 소설산(小雪山)에 들어가 몸소 밭을 갈면서 4년을 지냈다. 임진년(1352) 여름에는 현릉(玄陵: 공민왕)이 스승으로 맞이하려 했으나 응하지 않았다가, 다시 사신을 보내 간절히 청하므로 부득이 갔다. 그러나 그해 가을 굳이 사양하고 산으로 돌아왔다. 병신년(1356) 3월에는 스님을 봉은사(奉恩寺)로 모셔 설법을 청하였는데, 선교(禪敎)의 스님들이 모두 모였다. 현릉은 친히 나와 만수가사와 수정염주 및 그 밖의 여러가지 물건들을 바쳤고, 스님은 사자좌에 올라 종지(宗旨)를 드날렸다. 천자는 여러가지 빛깔로 짜여진 단필(緞疋)가사 300벌을 내려 이날 모인 스님들에게 주었는데, 선교 큰 스님들로 법회는 전에 없던 성황을 이루었다.

스님이 산으로 돌아가기를 청하자 현릉은 "스승이 여기 있지 않으면 나는 도를 등지게 될 것입니다" 하였다.

4월 24일에 스님을 왕사로 봉하고 원융부(圓融府)를 세워 거기에 정삼품(正三品)의 장관을 두는 등 지극히 존숭(尊崇)하였다. 광명사(廣明寺)에 있다가 그 이듬해에 왕사의 직위를 사양하였으나 왕이 허락하지 않았으므로 스님은 밤에 달아났다. 현릉은 그 뜻을 빼앗을 수 없음을 알고 법복과 인장을 모두 스님께 보내드렸다.

임인년(1362) 가을에는 양산사(陽山寺: 현재 희양산 봉암사)에 머무시기를 청하였고, 계묘년(1366) 봄에는 가지산(迦智山)에 머무시기를 청하였는데, 스님은 그때마다 다 응하였다.

병오년(1366) 10월에는 왕사의 직위를 사양하고 인장을 봉해 돌리면서 자유로이 수도하기를 빌었다. 현릉은 그 청을 따랐는데, 그것은 신돈(辛旽)이 권세를 부렸기 때문이었다.

이보다 앞서 스님은 왕에게 글을 올려 신돈에 대해 논하였다.

"나라가 다스려지면 진승(眞僧)이 그 뜻을 얻고, 나라가 위태로워지면 사승(邪僧)이 때를 만납니다. 왕께서는 살피시어 그를 멀리하시면 국가에 큰 다행이겠습니다."

무신년(1368) 봄에 전주 보광사(普光寺)에 머무셨는데, 신돈은 스님을 죽이려고 온갖 꾀를 썼으나 되지 않았다. 그 뒤에 스님이 강남 저장(浙江) 땅에 가려 할 때에 신돈은 현릉에게 아뢰었다.

"태고는 왕의 지극한 은혜를 입어 편안히 늙어 가는 것이 그 직책입니다. 그런데 지금 멀리 외국에 가려는 것은 반드시 다른 의도가 있는 것입니다. 왕께서 자세히 살피소서."

그 말이 매우 절박하였으므로 현릉은 부득이 따랐다. 신돈은 이 일을 직접 처리하여 여러 가지로 신문한 뒤에, 스님의 측근들이 스님을 모함하도록 항복 받아 스님을 속리사(俗離寺)에 가둬 두었다. 기유년(1369) 3월에 현릉은 후회하고 스님에게 소설산으로 돌아오기를 청하였다. 신해년

(1371) 7월에 신돈을 베어 죽였다.

현릉은 사신을 보내 예를 갖추어 스님을 국사로 높여 봉하고 영원사(瑩
原寺)에 머무시기를 청하였으나 스님은 병을 핑계로 사양하였다. 그러나
왕의 명령으로 멀리서 7년 동안 일을 맡아 보다가, 무오년(1378) 겨울에
지금 임금(우왕)의 명령으로, 비로소 그 절에 가서 1년 동안 있다가 돌아
왔다.

신유년(1381) 겨울에 양산사로 옮겨 주지로 취임하던 날, 왕은 다시 국
사로 봉하였으니 그것은 선군(先君)을 생각해서였다.

그 후 임술년(1382), 여름에 소설산으로 돌아와 12월 17일에 약한 병
으로 앓던 중, 23일에는 문도들을 불러 말하였다.

"내일 유시(酉時)에는 내가 세상을 떠날 것이니 군수에게 청하여 인장
을 봉하도록 하라."

그리고는 세상을 하직하는 글[辭世狀] 몇 통을 입으로 전하였다. 때가
되자 목욕한 뒤에 옷을 갈아입고 단정히 앉아 4구로 된 게송을 읊고 소리
가 끊어지자 돌아가셨다. 이 부음이 왕에게 들리자 왕은 매우 슬퍼하고,
계해년(1383) 정월 12일에 향을 내렸다.

다비하는 날 밤에는 그 광명이 하늘에 뻗쳤고 사리가 수없이 나왔다. 그
사리 100과를 왕에게 올렸더니 왕은 더욱 공경하고 존중하여 유사(攸司)
에게 명하여 원증(圓證)이란 시호를 내렸다. 중흥사 동쪽 봉우리에 탑을
세워 이름을 보월승공(寶月昇空)이라 하고, 석종(石鍾)을 만들어 세 군데
에 사리를 간직하였다. 가은(加恩)의 양산사(陽山寺)와 양근(楊根)의 사
나사(舍那寺)가 이 절 부도 옆이다. 석종을 세운 뒤에 석탑을 만들어 간직
한 곳은 미원의 소설산이다.

내 가만히 생각하니, 선왕(先王)도 지극히 불교를 숭상하였으나 참소가
그간에 횡행하였고, 태고도 불교를 위해 지극히 힘썼으나 화가 몸에 미쳤
으니, 이것은 인연의 과보로써 성인도 면할 수 없었던 것인가 한다. 심지

어 그 명성은 중국에까지 넘쳤고 사리는 고금에 빛났으니, 그것이 어찌 아무 시대에나 흔히 볼 수 있는 일이겠는가.

  나 이색(李穡)은 두 번 절하고 머리를 조아려 명(銘)을 짓는다.

惟師之心 海闊天臨	스승의 마음이여 바다가 넓어 하늘에 다다랐고
惟師之跡 浮杯飛錫	스승의 자취여 배를 띄우고 지팡이를 날렸도다
歸而遇知 王者之師	돌아와서는 지기(知己)를 만나 왕의 스승이 되었고
躬耕小雪 隱現維時	소설산에서 몸소 밭 갈며 숨고 나타나서 때를 따랐다
時維鷲城 竊弄刑名	한때는 취성(鷲城: 신돈(辛旽))이 형명(刑名)을 휘둘렀으나
如雲蔽日 何損於明	구름이 해를 덮은 것 같거니 그 빛에 무슨 손해 있으랴
月墜崑崙 餘光之存	달은 곤륜산(崑崙山)에 떨어졌지만 남은 광명이 그대로 있었으니
舍利晶瑩 照耀玉門	사리의 빛나는 광채는 옥문(玉門)을 비추었다
惟三角山 翠何雲端	구름 끝에 솟아난 저 푸른 삼각산
樹塔其下 與國恒安	그 밑에 탑을 세우니 나라와 함께 길이 편안하며
惟師之風 播于大東	스님의 풍도는 대동(大東)에 널리 퍼지리
臣拜作銘 庶傳無窮	신은 절하고 명(銘)을 짓노니 무궁하도록 전해지이다.

홍무(洪武) 18년, 을축(1385) 9월.

문인(門人) 전 송광사 주지 대선사(前松廣寺主持大禪師) 석굉(釋宏)이 비석을 세우다.

문도(門徒)

국사 지웅 존자(國師 智雄 尊者) 혼수(混修), 왕사 원응 존자(王師 圓應 尊者) 찬영(粲英), 내원당 묘엄 존자(內願堂 妙嚴 尊者) 조이(祖異), 내원 당 국일 도대 선사(內願堂 國一 都大 禪師) 원규(元珪), 도대 선사 광화군 (都大 禪師 廣化君) 현엄(玄嚴).

대선사(大禪師) : 수서(守西), 조굉(祖宏), 자소(慈紹), 선진(旋軫), 일 녕(一寧), 정유(定柔), 상총(尙聰), 혜렴(惠廉), 혜심(慧深), 경돈(慶敦) 등 90인.

선사(禪師) : 신규(信規), 참교(旵皎), 덕제(德濟), 의경(義瓊), 수윤(壽 允), 내유(乃由), 내규(乃圭), 성잠(省岑), 천긍(天亙), 유창(維昌) 등 1백 7인.

운수(雲水) : 법공(法空), 정유(定乳), 환여(幻如), 달생(達生), 성명(省 明), 중철(中哲), 복남(卜南), 정일(定一), 조행(祖行), 성인(省因), 법자 (法慈), 법순(法淳), 달심(達心), 성여(省如), 희엄(希儼), 명회(明會), 각 명(覺明), 선견(善見), 희오(希悟), 가신(可信), 가생(可生), 지천(止川), 운잉(雲仍), 선정(宣正), 가운(可雲), 가인(可印), 운상(雲祥), 설강(雪 岡), 설사(雪思), 설서(雪栖), 요환(了幻), 설진(雪珍), 가송(可松), 가순 (可淳), 내녕(乃寧), 약무(若无) 등 1천 3인.

칠원부원군(漆原不院君) 윤환(尹桓)·영삼사사(領三司事) 이인임(李仁任)·판문하(判門下) 최영(崔瑩)·문하시중(門下侍中) 임견미(林堅味)·수문하시중(守門下侍中) 이성림(李成林)·판삼사사(判三司事) 이성계(李成桂)·철성부원군(鐵城府院君) 이임(李琳)·삼사좌사(三司左使) 염흥방(廉興邦)·찬성사(贊成事) 우인열(禹仁烈)·연흥군(延興君) 박형(朴形)·개성군(開城君) 왕복명(王福命)·상당군(上黨君) 한천(韓)·문하평리(門下評理) 반익순(潘益淳)·정당문학(政堂文學) 이인민(李仁敏)·김해군(金海君) 김사행(金師幸)·밀산군(密山君) 박성량(朴成亮)·지신사(知申事) 염정수(廉廷秀)·전공판서(典工判書) 최경만(崔敬萬)·김해부사(金海府使) 이희계(李希桂)·삼한국대부인(三韓國大夫人) 이 씨(李氏)·비구니(比丘尼) 묘안(妙安)·전공판서(典工判書) 김인귀(金仁貴).

(비석의 높이는 227.3cm, 너비는 107.6cm, 글자의 지름은 2.7cm, 해서(楷書)요, 전제(篆題) 글자의 지름은 9.7cm이다. 경기도 고양시 북한동 태고사(太古寺)에 있다.)

高麗國國師 大曹溪嗣祖 傳佛心印 行解妙嚴 悲智圓融 贊理王化 扶宗樹教 大願普濟 一國大宗師 摩訶悉多羅利雄尊者 諡圓證 塔銘 幷序.

推忠保節 同德贊化功臣 三重大匡 韓山府院君 領藝文春秋館事 臣 李穡 奉教撰.

前奉翊大夫 判典校寺事 進賢館提學 臣 權鑄 奉教書丹幷篆額.

上之十一年正月十日 左代言臣仲容傳旨 若曰 國師大古浮圖 汝其銘之 臣謹案 國師諱普愚 號大古 俗姓洪氏 洪州人也 考諱延 贈開府儀同三司上柱國門下侍中判吏兵部事洪陽公 妣鄭氏 贈三韓國大夫人 夫人夢 日輪入懷 旣而有娠 以大德五年辛丑九月二十一日生師 師成童 穎悟絶倫 十三 投檜嚴

廣智禪師出家 十九 參萬法歸一話 元統癸酉 寓城西甘露寺 一日 疑團剝落
作頌八句 佛祖與山河 無口悉吞却 其結句也 後至元丁丑 師年三十七 冬寓
栴檀園 參無字話 明年正月初七日五更 豁然大悟 作頌八句 打破牢關後 清
風吹大古 其結句也 三月 還楊根草堂 侍親也 師嘗看千七百則 至巖頭密啓
處 過不得 良久 忽然捉敗 冷唉一聲云 巖頭雖善射 不覺露濕衣 辛巳春 住
漢陽三角山重興寺 卓庵於東峰 扁曰大古 倣永嘉體 作歌一篇 至正丙戌 師
年四十六 遊燕都 聞竺源盛禪師在南巢 往見之 則已逝矣 至湖州霞霧山 見
石屋珙禪師 具陳所得 且獻大古庵歌 石屋深器之 問曰用事 師答訖 徐又啓
曰 未審 此外還更有事否 石屋云 老僧亦如是 三世佛祖亦如是 遂以袈裟表
信曰 老僧今日 展脚睡矣 屋臨濟十八代孫也 留師半月 臨別贈以拄杖 曰善
路善路 師拜受 廻至燕都 道譽騰播 天子聞之 請開堂于永寧寺 賜金襴袈裟
沈香拂子 皇后皇太子降香幣 王公士女 奔走禮拜 戊子春 東歸 入迷源小雪
山 躬耕以養者四年 歲壬辰夏 玄陵邀師不應 再遣使請益勤 師乃至 秋力辭
還山 未幾 日新亂作 丙申三月 請師 說法于奉恩寺 禪教俱集 玄陵親臨 獻
滿繡袈裟水精念珠 及餘服用 師陞座 闡揚宗旨 天子賜雜色段定袈裟三百領
是日分賜禪教碩德 法筵之盛 古所未有 師請還山 玄陵曰 師不留 我倍道矣
四月二十四日 封爲王師 立府曰圓融 置僚屬 長官正三品 尊崇之至也 留居
廣明寺 明年 辭位不允 師夜遁 玄陵知師志不可奪 悉送法服印章于師所 壬
寅秋 請住陽山寺 癸卯春 請住迦智寺 師皆應命 丙午十月辭位 封還印章 仍
乞任性養眞 玄陵從之 辛旽用事故也 先是 師上書論旽曰 國之治 眞僧得其
志 國之危 邪僧逢其時 願上察之遠之 宗社幸甚 戊申春 寓全州普光寺 旽必
欲置師死地 百計莫能中 後以師將遊江浙 白玄陵曰 太古蒙恩至矣 安居送老
是渠職也 今欲遠遊 必有異圖 請上加察 其言甚急 玄陵不得已從之 旽下其
事 推訊之 誣服師之左右 錮于俗離寺 己酉三月 玄陵悔之 請還小雪 辛亥七
月 旽誅 玄陵遣使備禮 進封國師 請住瑩原寺 師以疾辭 有旨遙領寺事凡七
年 戊午冬 被今上命 始至寺 居一年而還 辛酉冬 移陽山寺 入院之日 上再

封國師 先君之思也 壬戌夏還小雪 冬十二月十七日 感微疾 二十三日 召門
人曰 明日酉時 吾當去矣 可請知郡封印 口占辭世狀數通 時至 沐浴更衣 端
坐說四句偈 聲盡而逝 訃聞于上 上甚悼 癸亥正月十二日 降香茶毗 其夜光
明屬天 舍利無筭 進百枚于內 上益敬重焉 命攸司 謚曰圓證 樹塔于重興寺
之東峰 曰寶月昇空 作石鍾 藏舍利者凡三所 加恩陽山 楊根舍那 是寺浮圖
之傍 所立是已 作石塔以藏之者 迷源小雪也 臣穡竊伏惟 念先王 崇信釋教
可謂極矣 而讜說行乎其間 大古扶持宗教 亦可謂至矣 而患難及于其躬 此
所以因緣果報 雖聖人 有所不能免也歟 至於聲名洋溢華夏 舍利照耀古今 代
豈多見哉 臣穡再拜稽首而銘曰

    惟師之心 海闊天臨 惟師之跡 浮杯飛錫

    歸而遇知 王者之師 躬耕小雪 隱現維時

    時維鷲城 竊弄刑名 如雲蔽日 何損於明

    月墜崐崙 餘光之存 舍利晶瑩 照耀王門

    惟三角山 翠倚雲端 樹塔其下 與國恒安

    惟師之風 播于大東 臣拜作銘 庶傳無窮

    洪武十八年乙丑九月十一日

    門人 前松廣寺住持 大禪師 釋宏 立石

    門徒

    國師智雄尊者混脩 王師圓應尊者粲英 內願堂妙嚴尊者祖異 內願堂國一
都大禪師元珪 都大禪師廣化君玄屾
    大禪師 守西 祖宏 慈紹 旋軫 一寧 定柔 尙聰 惠廉 慧深 慶敦 等九十人
    禪師 信規 昂皎 德齊 義瓊 壽允 乃由 乃圭 省岑 天亘 惟昌 等百七人
    雲水 法空 定乳 幻如 達生 省明 中哲 卜南 定一 祖行 省因 法慈 法淳 達
心 省如 希儼 明會 覺明 善見 希悟 可信 可生 止川 雪仍 宣正 可雲 可印

雪祥 雪岡 雪思 雪栖 了幻 雪珍 可松 可淳 乃寧 若旡 等千三人

漆原府院君尹桓 領三司事李仁任 判門下崔瑩 門下侍中林堅味 守門下侍
中李成林 判三司事李成桂 鐵城府院君李琳 三司左使廉興邦 贊成事禹仁烈
延興君朴形 開城君王福命 上黨君韓蕆 門下評理潘益淳 政堂文學李仁敏
金海君金師幸 密山君朴成亮 知申事廉廷秀 典工判書崔敬万 金海府使李希
桂 三韓國大夫人李氏 比丘尼妙安 典工判書金仁貴

(碑身 高 227.3cm, 幅 107.6cm, 字徑 2.7cm, 楷書 篆題字徑 9.7cm
碑在京畿道高陽市北漢洞太古寺)

〈한중우의해동선종중흥 태고보우구법헌창기념비〉

　불광(佛光)이 동방(東方)에 비친 이래 달마의 선법(禪法)이 해동(海東)으로 이어지고 선법이 이심전심(以心傳心)으로 전(傳)해졌고 동류지설(東流之說)로 이어져 오길 1천여 년. 한·중의 선맥(禪脈)은 흐르는 물처럼 끊임없이 이어졌다. 묘희불국(妙喜佛國)이라 불리는 후저우(湖州)는 당(唐)나라 때부터 대외문화교류가 시작되었고 비단, 모필(毛筆)이 잇따라 한자문화권에 알려지면서 후저우는 대외문화교류의 중심지가 되었다.

　후저우와 한국 불교와의 인연은 원나라 때 임제종의 18대손인 석옥청공에 의해 부처의 법맥이 다선일미와 함께 고려의 태고보우 국사에게 전해지면서 시작되었다. 보우의 속성은 홍씨로 홍주 사람이다. 법명이 보허(普虛)요, 호(號)는 태고(太古)로 13세 때 회암사(檜巖寺) 광지(廣智) 선사의 제자가 되었고 만법귀일(萬法歸一) 화두(話頭)를 참구(參究)하다가 송도(松都) 전단원(栴檀園)에서 조주의 무(無)자 화두를 참구 끝에 1338년 1월 7일 대오(大悟)했다.

　태고는 자신의 견성을 시험하고자 46세 때 충목왕 2년(원지정(元至正) 6년, 1346)에 원나라로 들어간다. 다음해 후저우 하무산 천호암을 찾아가 원대의 고승 석옥청공을 만난다. 청공을 뵙자 자신이 지은 〈태고암가

(太古庵歌)〉를 바쳤다. 이를 본 석옥 선사는 태고보우를 시험하기 시작했다.

　"그대는 이미 이런 경지(境地)를 지났지만 다시 조사의 관문이 있는 데를 알겠는고?"
　"어떤 관문이 있습니까?"
　"그대가 깨달은 바를 보니 공부가 바르고 지견(知見)이 분명하오. 그러나 그것은 모두 놓아 버리시오. 그렇게 하지 않으면 그것이 이장(理障)이 되어 바른 지견을 방해할 것이오."
　"놓아 버린 지 이미 오래입니다."
　"그렇다면 쉬시오."
　태고가 천호암에 온 지 3일째 되던 날 방장실로 다시 찾아간다. 석옥 화상은 태고를 보고 말했다.
　"부처님과 조사들이 전한 것은 오직 한마디요, 딴 법이 없소〔獻太古庵歌 屋奇之 姑試之曰 子旣經如是境界 更有祖關 知否 曰 何關之有 屋曰 據汝所得 工夫正而知見白矣 然 宜一一放下 若不爾也 斯爲理障 碍正知見矣 師曰 放下久矣 屋云 且歇去 又明日 具儀而前 屋云 佛佛祖祖 唯傳一心 更無別法〕."
　석옥 스님은 태고 스님을 옆에 두고 여러 가지를 시험했다. 태고는 조금도 걸림이 없이 석옥이 묻는 공안(公案)에 하나하나 답했다. 이럭저럭 스님이 천호암에 머문 지 15일째 되던 날, 석옥 스님이 보우 스님을 방장실로 불렀다. 석옥 스님이 〈태고암가〉의 발문을 써 주면서 물었다.
　"우두(牛頭) 스님이 사조(四祖) 선사를 만나기 전에는 무엇 때문에 온갖 새들이 꽃을 입에 물고 왔던가?"
　"부귀하면 사람들이 우러러보기 때문입니다."
　"사조를 만난 뒤에는 무엇 때문에 입에 꽃을 문 새들을 찾아볼 수 없었던가?"

"가난하면 이들도 멀어지기 때문입니다."

"공겁(空劫) 이전(以前)에 태고가 있었던가, 없었던가?"

"허공이 태고 가운데서 생겨났습니다."

석옥 화상이 미소를 지으며, "불법이 동방으로 가는구나" 하고〔屋跂所
獻歌以授 乃問 牛頭未見四祖時 因甚百鳥銜花 曰 富貴人皆仰 曰 見後因甚
百鳥銜花覓不得 曰 清貧子亦疎 屋又問 空劫已前 有太古耶 無太古耶 曰
空生太古中 屋微笑云 佛法東矣〕

가사(袈裟)와 주장자를 주면서 인가했다. 태고는 비로소 임제정맥을
이어받음으로써 임제의 19대 적손이 된다.

서로 묻고 답하는 동안 뜻이 계착(係着)되어 마침내 가사(袈裟)를 부촉
(咐囑)했다. 이로써 태고는 고려에 임제종을 전한 최초의 적손이 되었다.
태고는 임제의 자연임운(自然任運)의 진체(眞諦)를 깨우쳐 마침내 한국
땅에 임제의 선과 차를 널리 선양하게 되었다.

이로써 태고는 마하가섭(摩訶迦葉)을 1세로 28대 보리달마(普提達摩)
를 중국 선종 초조(初祖)로 육조 혜능을 거쳐 18대 석옥청공의 법맥을 이
어 한국 땅에 19대 임제의 선맥을 이어갔다. 이로써 태고보우는 한국 불
교종조 내지(乃至) 중흥조로 자리매김되었다.

태고보우를 인가한 석옥청공은 속성이 온씨요, 법명이 청공이요, 자는
석옥이다. 장쑤 상숙 사람으로 송나라 함순 8년인 1272년에 태어났다.
그는 어려서 출가하여 승복사에서 불법을 공부하였고 여러 곳을 행각(行
脚)하다가 급암(及菴) 선사를 6년간 모신 끝에 마침내 대오(大悟)하게 되
었다. 법해(法海) 가운데 그물을 뚫고 나오는 '금린을 건져 올렸다'는 게
송으로 인가했다. 석옥은 태고보우를 인가하면서 '금린이 곧은 낚시에 올
라온다'는 시구를 남겼다. 이로써 급암 - 석옥 - 태고로 이어진 임제의

선법은 고려 땅에서 크게 꽃을 피웠다.

그러나 석옥이 고려에 부처의 법을 전한 지 600년이 지난 1996년 한국의 임제종의 법손들이 천호암 유적지를 찾아 수풀 속에 하무차만 덩그렇게 남은 사실을 발견하고 원력을 세워 석옥과 태고의 아름다운 인연을 영원히 빛낼 것을 서원(誓願)했다.

그리고 10년 만에 마침내 묘서진(妙西鎭) 정부와 한국의 〈차의 세계〉 잡지사, 동아시아선학연구소, 태고보우 선양에 앞장서온 대륜불교문화연구원, 차계 대표로 명원문화재단이 협력하여 석옥과 태고의 아름다운 인연이 만세토록 빛날 것을 서원하며 〈한중우의해동선종중흥태고보우헌창기념비〉를 하무산에 세운다.

한국 최석환 기

중국 저장성 묘서진 정부, 한국 〈차의 세계〉, 동아시아선학연구소, 대륜불교문화연구원, 명원문화재단 敬立

佛歷 二千五百五十二年 公元二千零八年 五月三十日

♣ 이 글은 비석 내용의 원문이다. 글자 수가 너무 많아 실제 비석에는 축약해서 새겼으나 역사적 기록을 남기기 위해 이 책에 전문을 수록했다.

〈中韓友誼海東禪宗中興
太古普愚求法顯彰紀念碑〉

佛光照耀東方國家以來, 達摩的禪法傳入到海東, 心心相傳的東流之說已有一千余年, 中韓的禪派像流水一樣從沒有間斷過. 被稱爲秒喜佛國的湖州從唐朝開始了對外文化交流, 并継綢緞, 毛筆在漢字文化圈傳開, 湖州成爲了對外文化交流的中心. 湖州与韓國佛教的因緣起于元朝, 菩薩的法脉与茶禪一味一同被臨濟宗的十八代嫡孫石屋清供傳入給了高麗太古普愚國師. 普愚俗姓爲洪氏, 洪州人, 法名普虚, 号太古, 13歲成爲檜岩寺宏智禪師的弟子, 在松都-釤栴檀園參研趙州的无字話頭后, 于1338年 1月 7日大悟. 太古爲檢驗自己的見性忠穆王2年(元至正 6年, 1346)46歲時來到了元朝大都. 第二年尋到湖州霞幕山天湖庵見到元代高僧石屋清供, 獻上了自己的詩太古庵歌. 歷經十五天, 石屋禪師終于把袈裟傳給了太古, 使之成爲高麗中傳臨濟宗的最初嫡孫. 自此臨濟禪法在高麗的土地上大放异彩.

在石屋傳高麗菩薩之法后過了600年的1996年, 韓國的臨濟宗法孫們在草叢中 到天湖庵遺迹, 并發現了霞霧茶后, 立誓愿永遠把石屋和太古美麗的因緣發揚光大. 又過了十年, 終于在妙西鎮人民政府和韓國的〈茶的世界〉雜志社, 東亞西亞禪學研究所, 大輪佛教文化研究院的大力宣揚下,

代表茶界, 在茗圓文化財團的協力下, 爲發揚石屋和太古美麗的因緣而在
霞幕山樹立了〈韓中友誼海東禪宗中興太古普愚求法紀念碑〉.
韓國 崔 錫煥 記

中國浙江省妙西鎭人民政府韓國〈茶的世界〉東亞細亞禪學硏究所 大輪佛敎
文化硏究院 茗圓文化財團 敬立

佛歷 二千五百五十二年 公元二千零八年 五月三十日

〈한중우의해동선종중흥 태고보우구법헌창기념비〉

불광(佛光)이 동방(東方)에 비친 이래 달마(達摩)의 선법(禪法)이 해동 (海東)으로 이어지고 선법(禪法)이 이심전심(以心傳心)으로 전해졌고 동 류지설(東流之說)로 이어져 오길 1천여 년. 한·중의 선맥(禪脈)은 흐르 는 물처럼 끊임없이 이어졌다. 묘희불국(妙喜佛國)이라 불리는 후저우 (湖州)는 당(唐)나라 때부터 대외문화교류가 시작되었고 비단, 모필이 잇 따라 한자문화권에 알려지면서 후저우는 대외문화교류의 중심지였다. 후 저우와 한국 불교와의 인연은 원나라 때 임제종의 18대손인 석옥청공에 의해 부처의 법맥이 다선일미와 함께 고려의 태고보우 국사에게 전해졌 다. 보우의 속성(俗姓)은 홍씨로 홍주(洪州) 사람이다. 법명이 보허(普 虛)요, 호(號)는 태고(太古)로 13세 때 회암사 광지 선사의 제자가 되었 고 만법귀일(萬法歸一) 화두를 참구(參究)하다가 송도(松都) 전단원(栴 檀園)에서 조주의 '무'자 화두를 참구 끝에 1338년 1월 7일 대오했다. 태 고는 자신의 견성을 시험하고자 46세 때 충목왕(忠穆王) 2년(원지정(元 至正) 6년, 1346)에 원나라로 들어간다. 다음해 후저우 하무산 천호암을 찾아가 원대의 고승 석옥청공을 만난다. 청공을 뵙자 자신이 지은 〈태고 암가〉를 바쳤다. 이를 본 석옥 선사는 태고보우를 시험하기 시작했다. 그러나 석옥이 고려에 부처의 법을 전한 지 600년이 지난 뒤 1996년 한국의 임제종의 법손들이 천호암 유적지를 찾아 수풀 속 하무차만 덩그렇게 남은 사실을 발견하고 원력을 세워 석옥과 태고의 아름다운 인연을 영원히 빛낼 것을 서원했다. 그리고 10년 만에 마침내 묘서진 정부와 한국의 〈차의 세계〉 잡지사, 동아시아선학연구소, 태고보우 선양에 앞장서 온 대륙불교문화연구원, 차계를 대표하여 명원문화재단이 협력하여 석옥과 태고의 아름다운 인연이 만세토록 빛날 것을 서원하며 〈한중우의해동선종 중흥태고보우구법헌창기념비〉를 하무산에 세운다.

한국 최석환 기(記)

중국 저장성(浙江省) 묘서진 인민정부, 한국 〈차의 세계〉,
동아시아선학연구소, 대륙불교문화연구원 , 명원문화재단 경립
불력(佛歷) 2552년(二千五百五十二年)
공원 2008년 5월 30일 (公元 二千零八年 五月三十日)

中韓友誼 海東禪宗中興
太古普愚 求法顯彰記念碑 建立 名單

大輪佛教文化(太古)研究院 · 理事長 無空無上 徐甲生
茗圓文化財團 理事長 金宜正
茶的世界, 國際禪茶文化研究會長 崔錫煥

韓國佛教 太古宗 宗正：法雲大輪, 德菴典得, 慧草德永,

總務院長：雲山大行, 僧正院長：南坡定修, 元老會 議長：一宇華山, 副議長：雪峰慧宗,

建立委員長：鏡忍古眞, 委員：法海度奇, 普經學鉉, 德山法蓮, 慧空慧超, 法藏慧山, 徐閏吉, 徐輔鶴, 朴正鎭, 圓光大隱, 保惠靑峰, 能園慧俊, 常盧性宗, 覺夢慧承, 禹宗坤, 聖坡慧覺, 無相法顯, 法雨英華, 靑河慧明, 覺性性德, 性徹慧惺, 妙華光海, 龍潭濟民, 眞覺性虛, 法京智常, 慈明慧充, 蔣盛淨忍, 如初如初 鏡園普賢, 般若喜緖, 瑞巖法修, 淨潭東鐵, 佛印智覺, 眞空智雄, 正印慧惺, 和明慧華, 大空幸得, 明悟慈心, 慧眞一志, 太古會, 諸葛妙得, 徐輔晟, 徐庚泰, 徐永珠, 徐永善, 徐榮志, 徐兌娟, 李仙花, 李賢淑, 朴義鎭, 朴範埈, 朴廷恩, 李海炆, 李忠柱, 李錫柱, 崔仁順, 柳命秀.

원나라 당시 후저우의 대외 문화전파

후저우(湖州)는 일찍이 당나라 때부터 대외적인 문화교류가 시작되었다. 당시 시인 장지화(張志和)가 후저우 자사이던 안진경(顔眞卿)의 초청을 받아서 지은 장단구인 〈어가자(漁家子)〉가 일본으로 전해짐으로써 서새산(西塞山)이나 삽계(霅溪) 같은 지명이 해외까지 알려지게 되었고, 송나라 때에는 후저우에서 생산된 비단, 모필, 동경(銅鏡)이 잇달아 해외로 수출됨으로써 한자문화권에 알려졌다. 원나라 때에는 하막산(霞幕山) 임제종(臨濟宗)의 18대 계승자인 석옥청공(石屋淸珙)이 고려에 부처의 법을 전함으로써 한반도에서 임제종의 법맥을 열게 되었다. 이는 후저우의 대외문화교류에 있어서 빛나는 한 페이지가 된다. 이런 사실이 600년이 지난 뒤 1996년 9월 임제종법손들이 하무산을 찾아온 뒤 오늘날에 이르러 다시금 발굴되어 관심을 모은다는 사실은 후저우의 문화와 경제발전에 있어서 분명 의미 있는 일이다.

석옥청공은 속성이 온(溫)씨 이며, 송나라 함순(咸淳) 8년인 1272년에 태어났다. 그는 어려서 숭복사(崇福寺)에서 불법을 공부하였고, 나중에 천목산(天目山)의 고봉묘(高峰妙) 선사에게서 3년 동안 가르침을 받았으며, 또 급암(及庵) 선사를 참방했다. 6년의 세월이 흘러 급암 선사를 하직할 적에 급암 선사는 석옥청공을 문간까지 전송하면서 이런 의미심장한 말을 남겼다. "나는 나중에 너와 감실(龕室)을 함께할 것이다." 이로부터 석옥청공은 강절(江浙) 지방을 두루 돌며 문중의 법을 널리 펼치고 불가의 인연을 맺었다. 그는 우연히 당시에 '묘희불국(妙喜佛國)'이라고 불리던 후저우의 묘서(妙西)를 찾아 '푸른 숲과 붉은 노을이 어우러진' 하무산(霞霧山)을 올라가게 되었다. 그는 하무산의 자욱한 구름과 무성한 숲에 매료되어 천호(天湖) 옆에 천호암(天湖庵)이라는 초막을 짓고 그곳에 거처하게 되었다. 석옥 선사는 그곳에서 일념으로 수행에 정진함으로써 널리 명성을 떨치게 되었고 신도들은 나날이 늘어갔다. 19년이 지난 뒤에 그는 당호(當湖: 지금의 가흥(嘉興) 평호(平湖))에 새로 생긴 복원사(福源寺)의 요청에 따라 7년 동안 주지를 맡았고, 또 항저우(杭州)에 있는 영은사(靈隱寺)에서 '제2좌'인 '이파수(二把手)'를 맡기도 했다. 하지만 오래지 않아 하무산으로 되돌아간 그는 보타(普陀), 오대(五臺), 천태(天台), 무림(武林)의 여러 스님 대중들과 왕래했다. 지정(至正) 12년인 1352년 가을에 입적하니 향년은 81세였다. 시호는 '불자혜조선사(佛慈慧照禪師)'이다. 화장한 뒤 그의 유골은 천호암 옆에 사리탑을 세워 안치되었으며, 일부는 고려로 보내져 지금껏 공양되고 있다. 당시 석옥청공과 고려의 태고보우는 중국과 고려의 불교에 신기원을 열었다. 한반도의 임제종의 법맥은 후저우의 묘서에서 기원하였으니, 하무산 천호암은 오늘날 한반도 임제종의 신성한 조정(祖庭)이 된다. 석옥청공은 후저우의 국제적인 종교 교류에 있어서 송나라 당시의 천태산 국청사(國淸寺)와 여항(餘杭) 경산사(徑山寺)의 뒤를 이어 또 한 가지 커다란 공헌을 함으로써 일찍부터 국제 종교계의 주목을 받아왔다.

석옥청공의 홍법 활동과 수지(修持) 성과는 당시 황실에까지 알려져 황제는 금폐(金幣)를 하사하고 황후는 금란가사를 하사했다. 중국에서 고려로 건너간 스님에게서 석옥청공의 이야기를 전해 들은 고려 중흥사(中興

寺)의 태고보우는 석옥청공을 흠모하게 되었다. 마침내 45세의 보우는 당시 원나라의 도성이던 대도(大都: 지금의 베이징)의 대관사(大觀寺)를 찾게 되었고, 이듬해인 지정 7년, 즉 1347년 7월 초순에는 먼 길을 마다않고 후저우에 위치한 하무산을 찾아 75세의 석옥청공을 참구했다. 보름 동안 구법을 하고 8월 초하룻날에 작별하면서 태고보우는 석옥청공의 인가로 가사와 선장을 건네받았다. 태고보우가 귀국하고 나서도 여전히 그에게 큰 관심을 보인 석옥청공은 그 해 연말에 태고보우에게 편지를 보냈다. "장로는 멀고 험한 길을 마다하지 않고 내가 있는 산마루로 찾아와 서로 만났지만, 이 늙은이는 한 가지 법도 말할 수 있는 것이 없었고 한 가지 글자도 들은 것이 없었네. 이는 진실로 서로가 만난 것이네. 장로는 스스로 잘 보살펴 전하고 사견(邪見)에 빠지지 말게." 답장을 받은 석옥청공은 다시 태고보우에게 편지를 보내 경계했다. "출가한 사람은 본분의 일로 몽매함을 인도해야 하네." 태고보우는 석옥청공의 기대를 저버리지 않고 널리 법을 전파하여 마침내 한반도에서 임제종의 시조가 되고, 국사(國師)로 받들어졌다. 또 죽은 뒤에는 '원증(圓證)'이라는 시호를 받았다.

하무산은 일찍이 하막산(霞幕山)이라고 불렸다. 지금 남아 있는 한국 쪽 문헌에는 모두 하무산으로 기록되어 있다. 하무산은 후저우에서 서남쪽으로 25km 떨어져 있는데, 해발 고도는 408m이고, 자연생태가 잘 보존되어 있다. 석옥청공은 당시 하무산에서 일념으로 수행에 정진하면서 청고한 생활을 하였다. 그는 부처의 가르침을 위해 자신을 잊었다. 석옥청공 자신이 지은 시에는 "누더기 가사를 몸에 걸치고, 대껍질 서너 개로 허기를 달랜다"고 노래했다. 또 언젠가는 누군가 그가 얇은 누더기를 걸친 모습을 보고 고의로 그런 차림새를 하는 것으로 생각했는데, 그가 거처하는 곳을 살펴보니 법기(法器) 말고는 방안에 아무 것도 없다는 것을 알게 되었다. 주변 사람들의 증언에 따르면 원래 석옥청공은 자신에게 그처럼 검소하다는 것이었다. 시주들이 많았음에도 불구하고 들어오는 족 족 다시 베풀었고 늘 당파를 짓는 것을 경계했다. 또 맛있는 음식과 편안한 잠자리를 탐내지 않았다.

석옥청공은 생활은 비록 청빈했지만 의지는 컸다. 원나라 지정연간에는 조정에서 그의 명성을 듣고 입조케 했지만 병을 핑계로 들어가지 않았다. 석옥청공은 산중에서 40년의 세월을 살면서 마음에 선리(禪理)를 품고 삶을 사랑하고 자연을 아꼈다. 무려 1,200자에 달하는 장편시를 지어 하무산을 찬양했는가 하면, 또 11,000자에 달하는 어록과 14,000자에 달하는 〈산거시(山居詩)〉를 남겼다. 석옥청공이 남긴 시는 "시구가 정교하고 아름다워 마치 밤중에 바위틈에서 솟아나는 샘물 소리와 같고, 새벽에 울리는 옥으로 만든 경쇠 소리 같다"는 평가를 받는다. 예컨대 "내 거처는 삽계(霅溪) 서쪽에 있는데, 물은 천호(天湖)에 차고 달은 시내에 찬다. 올라와 보지 않으면 산이 험준하다 놀라지만, 다녀간 사람은 길의 높낮이를 안다. 달팽이 진액 묻은 흰 벽에는 마른 껍질이 붙어 있고, 호랑이가 막 지나간 발자국은 비에 젖은 진흙에 찍혀 있네" 같은 구절을 보노라면 마치 유쾌한 선사가 가사를 걸치고 수염을 쓰다듬으며 발아래 안개 자욱한 하무산의 산봉우리들을 굽어보며 좁은 오솔길에서 막 떠오른 시구를 읊는 것만 같다. 석옥청공이 남긴 글을 전체적으로 살펴보면 생활에 대단히 밀착되어 있다는 사실을 알 수 있다. 이는 선(禪)이 지닌 철학적 이치를 생활의 정취에 융합시킨 것이다. 다시 몇 수를 들어보자.

산에 들어와서야 어리석음을 깨달으니
평소엔 입이 있어도 쉽게 열지 않는다
남의 잘못은 시비를 따지지 말고
자신의 허물은 스스로 잘라내야지
화덕이 붉게 달궈지니 차는 벌써 달여졌고

종이창이 희부예지니 달이 떠올랐구나
예나 지금이나 누가 헛된 세상을 알겠나
허엄릉(許嚴陵)만이 낚시터에 앉았던 것을

사립문은 달았어도 잠근 적이 없고
한가히 새들 날아갔다 돌아옴을 본다
한 자 벽은 천 길 바위에서 쉽게 구하지만
황금으로는 평생의 한적함을 사기 어렵지
눈 녹은 새벽 산엔 폭포 소리 차갑고
이파리 진 가을 숲엔 멀리 산이 보인다
잣나무 숲엔 짙은 안개가 맑은 대낮을 가리니
옳고 그름이 흰 구름 사이로 드러나지 않는다

이익을 다투고 명성을 좇음이 무슨 자랑거리랴
한적함은 홀로 사는 야승(野僧)에게 허락된 것
마음의 밭에는 무명(無明)의 풀이 자라지 않고
깨달음의 뜰에는 지혜의 꽃이 피어난다
황토 언덕엔 고사리 죽순이 무리지어 자라고
이끼 낀 땅에는 티끌 모래 보기 드물다
나이 서른이 넘어 이곳에 와서
밝은 창문으로 노을을 본 것이 몇 번이던가.

석옥청공은 40년이 넘도록 홀로 은거하느라, 속세가 어떤 흥망성쇠를
겪었는지 알지 못했다. 생활에 있어서는 땔나무를 하고 채소를 기르는 일
을 모두 직접 했다. 81세가 되어서는 시력과 청력을 잃었지만, 그는 임종
하기까지도 외출할 적에 지팡이에 의지하지 않았고 앉을 적에 깔개를 쓰

지 않았다. 그는 찾아온 손님들과 가끔씩 밤새워 이야기를 나누기도 했다. 손님이 피로해하면 석옥청공은 죽고 나면 이런 정신마저도 없을 것인데 무슨 도(道)를 배우겠다는 것이냐며 농담을 건넸다.

석옥청공은 비단 국내에서만 부처의 법을 펼치지 않고 임제종이 해외로 뻗어가게 하였다. 하무산을 한국의 임제종 조정으로 만든 것은 지금도 역사적 의미를 지닌 일이다.

현재 묘서의 지방정부에서는 종교문화와 지방민속을 결합시킨 하무산 개발 계획을 세워 놓고 있다. 임제종의 조사인 황벽희운(黃檗希運)의 "이심인심, 심심불이(以心印心, 心心不異)"의 가르침에 따라 '심상인(心心相印)' 주제로 하는 문화관광 프로그램을 세운 것이다. 만약 당나라 때의 안진경, 교연(皎然), 육우(陸羽)를 비롯해 근대의 법학자인 심가본(沈家本)에 대한 연구를 계통적으로 연계시킨다면, 이는 전통과 현대, 고전과 유행을 유기적으로 결합하는 것이 될 것이다. 묘서는 후저우에서 가장 높은 문화적 품위를 지닐 뿐 아니라 가장 다양한 문화가 축적된 고장이다.

– 此文已發表于《世紀窗》2005年 第1期

석옥청공 선사의 선차

리순첸(李舜臣 · 장시사범대 문학원)

중국의 저장성 후저우(湖州)는 널리 구릉이 펼쳐지고 토질이 비옥하고 기후가 따뜻해 차를 재배하기에 무척 적합하다. 송나라 때 전역(錢易)이 지은 《남부신서(南部新書)》에 기록된 것에 따르면, 당나라 당시에 "후저우 지방은 가장 많은 차가 가공되어서 '고저공배(顧渚貢焙)'로 불렸는데, 해마다 18,408근을 가공했다." 다성 육우(陸羽)도 황제가 고저산(顧渚山)에서 생산되는 자순차(紫笋茶)를 맛보지 못한 것을 누차 탄식한 적이 있었다. 경관이 수려하고 차문화의 향기가 짙은 이 고장에서는 14세기에 이르러 유명한 다승(茶僧) 석옥청공(石屋淸珙)을 배출했다.

석옥청공(1272~1352)은 속성은 온(溫)씨이고, 자는 석옥(石屋)이다. 쑤저우(蘇州) 상숙(常熟) 사람으로, 임제종(臨濟宗)의 18세 고승이다. 그는 엄격하게 계율을 지켰으며, 일찍이 가화(嘉禾 · 가흥(嘉興)) 당호(當湖)에 있는 복원사(福源寺)의 주지를 지냈는데, "법해(法海)에 그물을 던져 잡은 금린(金鱗)"이라는 칭송을 받았다. 우연한 기회에 청공 선사는 후저우의 하무산(霞霧山)에 오르게 되었다. 깎아지른 산세에 세속과 멀리 떨어진 하무산은 마치 천막을 드리우기라도 한 것처럼 항상 구름과 안개가 산과 들판을 뒤덮고 있었다. 또 산마루에는 천호(天湖)라는 이름의 맑

366 석옥 · 태고 평전

고 단 샘물이 있었다. 청공 선사는 이런 자연의 조화에 매혹되어 마침내 그곳에서 생을 마감할 생각을 갖게 되었다. 1319년에 복원사의 주지 자리를 그만둔 청공은 마침내 천호에 들어가 암자를 짓고는 이후 입적하기까지 30년이 넘는 세월 동안 속세에 나가지 않았다.

고독하고 외진 산중에서 생활했지만 석옥청공은 결코 고담(枯淡)하거나 적멸한 '납자선(衲子禪)'에 빠지지는 않았으며, 오히려 자양자활(自養自活)과 수연임운(隨緣任運)하는 '생활선(生活禪)'을 실천했다. 선수행을 하는 여가에는 또 마음 가는대로 붓을 놀려 시를 즐겨 지어서 〈산거시(山居詩)〉184수를 남겼다. 이들 작품은 언어가 깔끔하고 소박한데, 가슴에서 우러나온 영기(靈氣)와 깨달음으로 충만하다. 그가 그려낸 화초와 새, 자연의 소리, 운무의 변화는 모두가 선오(禪悟)를 일깨우는 기연이다. 이른바 "산과 시내의 모습은 조사의 뜻을 밝힘이고, 새의 울음과 꽃의 미소는 기연을 깨달음이라", "눈에 보이는 것은 본시 지금의 일이거늘, 무엇 때문에 팔을 모으고 선사에게 묻는가." 진정한 '선(禪)'은 물 긷고, 땔감하고, 앉고, 눕는 일상에서 생생하게 구현되는 것이며, 물이 흐르고, 꽃이 피고, 구름이 흐르고, 폭포가 쏟아지는 자연계의 만상에서 드러나는 것이다.

후저우의 농후한 차문화 전통을 계승하여 청공 또한 차를 무척 좋아했다. 그는 하무산에서 몸소 황무지를 개간해 넓은 다원을 일구었다. 다원을 가득 채운 차순과 찻잎, 붉은 꽃 사이로 흰 꽃이 피었다. 봄이 되면 흰색 차꽃과 짙푸른 찻잎은 바람에 따라 흔들리고, 청공은 그 사이를 오가며 자연과 하나가 되었다. 손님이 찾아오면 청공은 청차를 달여 대접하여 깊은 속내를 드러냈다. 납가새를 따서 차를 달여 시골 손님을 접대하고, 손님이 찾아오면 말할 겨를도 없이, 먼저 말린 차를 꺼내 풍로에서 우렸다. 또 봄이면 산나물을 뜯어 멀리서 온 손님을 대접하고, 가을이면 국화를 따서 이웃 스님들에게 선물했다. 무궁화 핀 울타리에 종이창이 있는 대나무 집에서, 손님이 찾아오면 쑥탕을 달여 차를 삼았다. 손님에게 차를 접대한 것은 청공의 화평하고 자상한 마음씨를 드러낸 것이다. 청공은 차를 통해 선을 증진시키고, 선으로 차의 맛을 더함으로써, 차미(茶味)와 선취(禪趣)를 하나로 융합시켰다. 선수행 짬짬이 한산(寒山)의 게송을 읊고, 식후에는 곡우차를 진하게 달인다. 풍로에 불길 치솟으며 차가 달여지고, 종이창에는 초승달이 떠오른다. 이런 시구에는 선기(禪机)와 선취가 흘러넘친다. 산중에 거처한 30년 넘는 세월 동안 청공은 하루도 차를 거르지 않았다. 그는 몸소 다원을 가꾸고 물을 길어 차를 달이고 마시면서, 일상생활 속에서 선의 진리를 깨달았던 것이다.

차가운 달빛아래 경쇠 소리 울리는데
연못의 얼음을 깨어다 차를 달인다
손님은 조사께서 서쪽에서 오신 까닭을 묻고
나는 그저 알지 못하겠노라 대답한다.

차가운 달빛 내리 비추고 경쇠 소리 은은히 울리는 가운데 선승은 얼음을 녹여 달인 차를 마시며 조사께서 서쪽에서 오신 진정한 의미를 묵묵히 깨닫는다. 청공의 선거(禪居) 생활은 담담하고 한적한 가운데서도 약간 쓸쓸함이 드러낸다. 선의 혼백이 마치 차향(茶香)과 이어져 흐르는 것만 같다. 석천(泉石)의 영기를 모으고, 맑고 그윽한 기상을 받아서 하무산은 맛과 향기가 뛰어난 맑은 차를 잉태했을 뿐 아니라 청공 선사의 드넓고 소탈한 선풍을 길러내기도 했다.

왕부(王敷)는 《다주론(茶酒論)》에서 차를 일러 "백초(百草) 가운데 으뜸이며, 만목(萬木) 가운데 꽃과 같은 존재로, 새순을 딴 것을 소중하게 여기는데, 이를 일러 명초(茗草)라고 하고 작화(作花)라고 부른다"라고 했다. 차는 성품이 화평하고 청담하여, 그것을 마시면 사람으로 하여금 마음을 가라앉히고 근심을 덜고 갈증을 풀게 한다. 이처럼 맑고 높은 품

격은 선가(禪家)의 담담하고 집착하지 않는 '평상심'의 경지와 잘 어울렸기 때문에 일찍이 선수행자들에게 있어서 차는 일상적인 음료로 자리 잡게 되었다. 특히 송나라 때에는 인연을 따르고 간결한 선풍이 보편적으로 성행한 선림(禪林)에서 일상생활의 하나가 된 '음다'는 선사들이 학인(學人)을 깨우치는 도구가 되었다. 가장 유명한 공안은 아마도 조주종심(趙州從諗)의 '끽다거(喫茶去)'일 것이다. 이른바 '끽다거'는 물론 차를 마시는 행위 자체에 국한되는 것은 아니다. 한 차례의 마심을 통해서 온갖 흐름을 끊고 보금자리에서 벗어남으로써, 선수행자들에게 평상심을 지키고 몸소 실천을 통하여, 밖에서 구하는 것이 아니라 선 그 자체가 바로 우리의 세상과 우리의 생활임을 인식하려는 것이다. 청공이 남긴 시에는 "차를 마시다"는 말이 여러 차례 나온다. 예컨대 "식후에 진한 차를 마시고, 못가 바위에 앉아 물고기를 헤아리고" "죽 먹고 밥 먹고 차 마시고, 창문을 열고 홀로 앉아 푸른 산을 바라본다." 청공이 "차를 마심"을 말한 의도는 조주종심의 가르침에 따라서 자신을 일깨움으로써 잡념을 제거하고 뜻을 담담하게 하여 위없는 보살의 지혜를 지니려는 것이었다.

석옥청공은 비록 만년에 산림에 은둔했지만 그의 명성은 멀리까지 퍼져 나갔다. 14세기 중엽에는 고려의 선사인 태고보우(太古普愚·1301~1382)와 백운경한(白雲景閑·1299~1374)이 잇달아 하무산으로 그를 찾았다. 청공은 자신이 직접 재배한 차를 꺼내 멀리서 찾아온 손님을 대접하고 아울러 그들에게 가사와 선장(禪杖), 《직지심체요절(直指心體要節)》을 나눠주었다. 태고보우와 백운경한은 귀국한 다음에 석옥청공의 선법을 널리 홍양하고 임제종의 종풍을 진작시켜 한 시대의 종사가 되었다.

차와 선은 동방문화 교류에 있어서의 사신이자 상징이라고 할 수 있다. 중국의 차는 한국에 전해져 다례를 이루었고, 일본에 전해져서는 다도로 발전했다. 전하는 바에 따르면, 송나라의 고승 원오극근(圓悟克勤)은 일찍이 손수 〈다선일미(茶禪一味)〉라는 글을 써서 일본의 제자에게 주었다. 그후 '다선일미'의 관념은 동방문명세계에 뿌리를 내려서 대대로 전승되었다. 아울러 14세기에 청공 선사, 태고 선사와 백운 선사 세 사람의 왕래는 중국과 한반도의 문화교류의 역사에 있어서도 중요한 발자취를 남겼다.

새로운 세기로 접어들어 중국과 한국, 일본의 문화교류는 갈수록 빈번해지고 있다. 세 나라의 고승과 학자들은 수시로 함께 모여 다선(茶禪)의 정수를 연구하고 토론한다. 2006년 11월 후저우에서는 중국 육우문화연구회와 한국의 〈차의 세계〉가 공동 개최한 '중·한 백운·석옥 선사 문화 학술 연토회'가 열려 한·중 양국의 학자들이 한 자리에 모여 차를 마시면서 석옥청공과 백운경한의 다선사상을 토론하였다. 필자는 이 모임에 참가하여 훌륭한 발표를 경청하면서 옛 존숙들이 남겨 놓은 유풍을 살피고, 현묘한 다선의 세계를 경험할 수 있었다.

텅 빈 방에 홀로 앉아서 맑은 차 한 잔을 마시면서 고요히 창밖으로 흰 구름과 푸른 산, 흐르는 물과 활짝 핀 꽃을 바라보면, 마치 하늘과 땅의 기상, 음양의 오묘한 조화가 모조리 가슴 속에 담겨서 한없는 선기(禪機)가 가슴에서 약동하는 것만 같다. 다도와 선취는 서로 어우러져 서로 감화시키는 것이다. 하지만 바쁘고 긴장된 현대 사회를 살아가는 사람들은 오히려 다선의 오묘한 진리를 깨닫기 어렵다.

"차를 달이는 연기는 바람에 날려 대나무 침대에 퍼지고, 물길 따라 흘러온 꽃잎은 푸른 연못에 떨어진다. 어떻게 삼만 육천 날을 몸과 마음을 잠시도 고요함에 놓아두려 않는가?"

청공 선사의 이 시는 마치 우리에게 이런 이야기를 들려주는 것 같다. 어째서 명성과 이익을 좇는 가운데서 잠시 마음을 고요히 하여 맑은 차 한 잔을 마시면서 자연의 소리를 들어 '평상심'으로 인생과 세상을 마주하지 않느냐고.

석옥과 보우, 중국과 한국 고대의 두 큰스님

커우단(寇丹, 중국 저명 차 연구가), 주민(朱敏, 차문화 연구가)

원나라 지정(至正) 7년(1347) 7월 초 46세의 고려 태고보우 선사가 1년 여를 머물던 대도 연경(燕京: 베이징) 대관사(大觀寺)를 떠나 고달픈 여정 길에 올랐다. 지금의 저장성 북부 후저우(湖州)의 하무산(霞霧山)에 도착하여 중국 임제종 18대 선사 석옥청공(石屋淸珙 · 1272~1352) 선사를 참방하였다. 태고 선사는 15일 후 8월 초에 구법하고 떠날 때 가사(袈裟)와 석장을 가지고 갔다.

그리하여 중국과 고려 문화교류의 새로운 한 페이지가 열린 것이다. 당시 연경의 제산 장로는 보우를 매우 높게 평가하여 상소하였다.

"보우는 남방 후저우 하무산에 가서 석옥 화상을 뵈었습니다. 태고는 보름 동안 석옥을 만나 서로 불학에 대해 교류하고 제자가 되어 그 관계가 매우 친밀했습니다. 지팡이와 옷은 법인의 표신(標信)이며, 이들의 만남은 일생의 희귀한 만남이자 만겁의 어려운 만남이었습니다. 설암의 바람과 천호(天湖)의 달은 태고의 색(色)입니다. 황제의 덕망에 큰 이익이며 본 조정에 기쁨입니다…"

보우는 다음 해 귀국해 고려의 제1대 임제종 조사가 되었다. 그 후 고려에서는 약 32명의 구법승들이 하무산에 가서 불법을 탁마하였다.

하무산은 지금의 하막산(霞幕山)으로 후저우 서남에서 약 20km 떨어져 있고 해발 408m이다. 명나라 숭정(崇禎) 때의 현지에는 "높고 좁은 험한 길을 따라 오르면 태호(太湖)를 볼 수 있다. 모든 산이 아래에 있으며 구름과 안개가 짙게 덮여 있어 산 이름을 하무산이라 했고 이름을 천호라 하였다"라고 하였다.

송나라 함순(咸淳) 8년에 태어난 석옥 선사는 장쑤 상숙(常熟) 사람으로 속성은 온(溫)씨이다. 어렸을 때 불학을 배우고 후에 푸젠 건양 급암 선사의 제자가 되었다. 약 40세에 하막산 정상에 자리한 천호산정에서 머물며 일심으로 선수행을 닦았다. 19년 후 이름이 널리 알려져 당호(當湖: 지금의 가흥시(嘉興市) 평호현(平湖縣))에 새로 건설된 복원사(福源寺)에서 7년간 주지로 있었다. 후에 항저우 영은사(靈隱寺)의 주지에 추대되어 잠시 머물다가 천호암으로 돌아왔다. 그 기간에 그는 금란가사(金襴袈裟)를 하사받았고 보타(普陀), 오대(五臺), 천태(天台), 무림의 모든 승속들과 왕래하였다. 보우가 찾아왔을 때는 그의 나이 이미 75세였으나 나무를 하고 채소를 심는 것을 모두 자력으로 하였다. 지정(至正) 12년 가을 향년 81세의 나이로 원적하였다. '불자혜조선사(佛慈慧照禪師)'라는 시호를 받았다. 문인들이 정리한《석옥청공선사어록》11,000자 1권과 자신이 쓴〈산거시〉1,400여 언(言)이 남아있다.

보우는 고려에서 국사로 봉해져 1382년 향년 82세의 나이로 원적하였다. '원증(圓証)'이라는 시호를 받았다. 3곳의 탑명에 "중국에서 유학하고 후저우 하무산 임제종 18대손 석옥청공 선사의 법을 사사받아 임제 19대손이 되었다"라고 쓰여 있다.

하막산의 최고봉은 우뚝 솟아있고 산림은 짙푸르고 무성하다. 지금도 사람이 살지 않아 천호암 유적에는 파괴된 비(碑)가 사방에 남아있다. 천호 저수지 주변에는 기록된 석옥 사리와 기념탑 등이 일찍이 모두 없어져 남은 게 없다. 그러나 건륭(乾隆) 49년(1784)에 영탑(靈塔) 3곳이 건설되었다. 그중 한 탑에는 "고천호상여가만대총총지탑(古天湖上余家万代總冢之塔)"이라 새겨져 있다. 이것은 500여 년 하막산 임제종문의 계승자라는 설명이며 탑명에서 볼 때 그 중 한국 제자에 의해 건립됐을 수도 있다. 석옥의 〈산거시〉에 묘사되는 천호암은 다음과 같다.

團團一箇尖頭屋　　둥글고 둥근 한낮 움집은

蝸延素壁粘枯殼　　달팽이가 침 뱉은 흰 벽에는 마른 껍질을 붙였고
虎過新蹄印雨泥　　범이 지나간 새로운 발자국은
　　　　　　　　　비에 젖은 진흙 위에 찍혔네.

당시 생활 정경은

黃土破邊多蕨筍　　누런 흙 언덕가에 고사리와 죽순이 많고
靑苔地上少塵沙　　푸른 이끼의 땅 위에는 티끌과 모래가 적네.

漏苽籬撩無米飯　　비 새는 울타리를 고치니 쌀밥이 없고
破砂盆墻爛生薑　　깨진 냄비에는 생강을 익히네.

보우가 떠난 후 석옥은 그해 말에 그에게 편지를 썼다.

"만리의 험한 길을 꺼리지 않고 자기 문제를 해결하기 위하여 이 산 꼭대기까지 나를 찾아왔습니다. 그때 서로 만나보기는 하였지만 노승은 한 번도 말한 것이 없고 장로는 한 글자도 들은 것이 없었으니, 이것이야말로 진짜 만남이라 하겠습니다. 장로는 부디 스스로 몸을 보살펴 뒷사람들

에게 이것을 보여주어 그들이 사견을 따르지 않도록 해주십시오."

다음 해 보우는 후저우 정혜사에 사람을 보내어 답장을 보냈다. "제자 고려국 중흥선사(重興禪寺)의 보우는 9배하고 본사(本師) 하무산 석옥 대화상에게 삼가 글을 올립니다." 그는 편지 중에서 귀국과 불법을 널리 전하겠다는 결심을 알렸다. 석옥은 다시 편지에서 "세상에 나가 사람을 위할 때에는 반드시 본분의 일로써 어리석은 후학들을 격려해 이끌어 줄 것이요, 부디 기경(機境)으로써 유혹에 빠지지 마십시오. 대가(大家)의 풀 속에서 그것을 굴린들 무엇을 도모할 수 있겠습니까"라며 경고하고 경계하게 하였다. 서명(署名)은 "하봉(霞峰) 석옥"이었다. 이것은 중국과 한국의 문화교류를 반영하고 석옥과 보우 선사 도반 간의 상호 존중존경을 나타낸다. 또한 당시 저장성과 고려 간의 우편망이 원활했음을 나타낸다. 석옥이 손수 하막산에서 심은 15그루의 차나무가 현재 한국에서는 '하무차(霞霧茶)'라고 불리며 매우 진귀하다고 한다.

후 기

1995년 가을이었다. 우연히 《석옥청공어록》을 읽다가 '금린(金鱗)이 곧은 낚시에 올라온다'는 시구(詩句)를 보고 감동했다. 그 시구는 깨달음의 게송으로 석옥청공 선사가 태고보우 국사에게 준 인가 게송임을 깨달았다. 하지만 그 시구에 대해 국내 학계나 중국에서는 별 관심을 보이지 않았던 터였다. 그때 반드시 천호암을 찾아 그 시구의 자취를 살피고 태고의 행화의 자취를 밟아 보겠다고 태고보우 국사의 영혼과 맹세를 했다. 금린에 대한 수수께끼를 풀고자 하는 내 마음과 태고와의 약속을 결행하고자 하는 의지가 이 책을 쓰게 된 배경이 되었다.

1996년 새해를 맞아 한정섭(할안 스님) 법사와 함께 사간동 법륜사로 안덕암 큰스님을 찾았다. 태고보우가 마음속에 그리던 축원성(竺源盛) 선사가 머물렀던 남소산에 찾아가 보고 싶다는 이야기를 하던 도중 우연히 덕암 스님이 태고보우의 자취를 찾아 보고 싶다는 생각을 내비치면서 태고기행은 시작되었다. 1995년 덕암 큰스님이 사단법인 대륙불교문화연구원을 설립하고 평생 이룩하고자 했던 태고보우 국사 자료를 조직적으로 정리하였던 터였다. 그 다음해(1996) 자연스럽게 태고보우의 자취를 찾는 기행이 시작되었다.

그해 11월 11일 태고보우 국사의 탄생지 양평, 주석지인 사나사, 수행지 상원사, 열반지 소설암을 1차 답사하고 유배지인 법주사, 개당설법을 했던 봉암사, 〈태고암가〉를 지은 태고암, 〈백운암가〉를 지은 백운암을 차례로 답사한 뒤 마침내 1996년 9월 5일부터 10일까지 덕암 스님을 모시고 하무산을 찾았다. 안개가 자욱한 하무산정에 올라 폐허로 변해 버린 데 대한 안타까움으로 천호암지를 바라보고 있을 때 그곳을 지키던 왕시아이치엔 노인이 찻잔에 찻잎을 넣고 하무차를 우려냈다. 그 맛을 보는 순간 그만 그 차맛에 빠져 버리고 말았다. 그것이 내가 차를 만난 숙명적 인연이었다. 그 후 한·중 양국 불교계와 차계의 인연에 다리를 놓으려 애썼고, 그것이 1200년간 단절되어 있던 선차의 다리가 되어 오늘에 이르렀다. 이 모든 것이 태고와 석옥을 연결시킨 금린이란 가르침이 준 인연이라고 생각한다.

그 뒤 천호암을 찾고 태고의 영혼과의 약속을 결행한 한참 뒤에서야 해낼 수 있었다. '법해(法海) 가운데 그물을 뚫고 나온 금린'이라는 화두를 급암 스님으로부터 받은 석옥은 '금린이 곧은 낚시에 올라온다'라는 시구로 태고에게 답하면서 마침내 임제의 임운자재의 선을 해동으로 전하였다.

1996년, 태고보우와 영혼과의 약속을 결행한 지 15년 만에 이 책을 세상에 상재케 되었다. 이 책이 나오기까지 한·중 양국의 선종사에 많은 변화를 가져왔다. 후저우 사람들은 1996년 한국의 임제종 인사들이 천호암을 찾아온 뒤 새로운 역사가 이루어졌다고 여러 차례 피력한 바 있다. 후저우 사람들이 태고가 누구인지도 몰랐던 시기에 필자가 1996년 말 후저우 육우차문화연구회를 찾아 석옥 관련 태고 어록을 필사해 전하면서 후저우 사람들은 차와 선에 눈을 떴다. 2001년과 2003년 두 차례에 걸쳐 후저우에서 '원대 선종과 차문화', '석옥과 태고의 선차문화'를 주제로 학술연토회를 잇달아 개최했고, 2006년 '백운경한과 석옥의 선사상과 선차문화의 재발견', 2008년 12월 '석옥, 태고 선사상과 회통과 선차문화의 재발견'이란 학술회의를 가진 바 있다. 이 모두가 학술을 통해 석옥과 태고를 자리매김시켰다.

후저우 사람들에게 석옥과 태고를 각인시킨 계기는 2004년 8월 후저우 저명 차 학자인 커우단 선생과 필자가 나눈 선문답 '그대가 석옥을 아는 가'였다. 그 미담이 〈후저우신문〉에 소개되면서 후저우에 석옥 신드롬이 일어났다. 그 뒤 2008년 12월 하무산 정상에 세워진 〈한중우의태고보우 헌창기념비〉를 통해 석옥과 태고 연구는 역사적 전환점을 맞았다.

이 책은 15년간 발로 쓴 태고보우 역사 기록으로 한·중 우의의 상징으로 남을 것으로 기대한다. 이 책이 나오기까지 열반한 서암, 석주, 덕암 스님과 필자를 정신적으로 지지해 준 후저우 차학, 불학, 경제계, 지방 정부 사람들에게 깊이 감사드리며 끝까지 묵묵히 지지를 보내 준 대륙불교문화연구원 이사장 무공 스님께도 감사를 드린다.

이 책이 나오기까지 나의 학문의 길을 이끌어 준 부모님과 선현들에게 이 책을 바칩니다.

2010년 7월
운암산방에서 최석환

태고보우 국사 연보(年譜)

西紀	王年	年歲	月日	記　　事
1301	충렬왕 27	1	9. 21.	경기도 양평군(옛 양근군(楊根郡)) 용문면 대원리에서 아버지 홍주 홍씨(洪州洪氏) 연(延)과 어머니 정(鄭) 씨 사이에서 태어남. 스님으로 말미암아 아버지는 개부의동삼사상주국문하시중판리병부사홍양공(開府儀同三司上柱國門下侍中判吏兵部事洪陽公)으로, 어머니는 삼한국대부인(三韓國大夫人)으로 각각 증직(贈職)됨. 이름은 보우(普愚), 처음 이름은 보허(普虛), 호는 태고(太古), 시호는 원증(圓證), 탑호는 보월승공(寶月昇空).
1313	충선왕 5	13		회암사(檜巖寺)의 광지(廣智) 선사를 의지하여 출가 득도하고 가지산(迦智山)의 총림(叢林)에서 수행함.
1319	충숙왕 6	19		만법귀일(萬法歸一)의 화두(話頭)를 참구함.

西紀	王年	年歲	月日	記　　事
1326	충숙왕 13	26		화엄선(華嚴選)에 합격함. 경전의 의미를 탐구하였으나, 이것이 대장부(大丈夫)의 본회(本懷)가 아님을 깨닫고는 모든 반연(攀緣)을 끊고 청약(淸約)에 힘씀.
1330	충숙왕 17	30	봄.	용문산(龍門山) 상원암(上院庵)에 들어가 관세음보살 앞에서 12대원(大願)을 서원함.
1333	충숙왕 복위 2	33	가을.	성서(城西)의 감로사(甘露寺) 승당(僧堂)에 있으면서 용맹 정진 7일만에 깨달음을 얻고 게송 8구를 지으니, '부처와 조사와 산하까지 입이 없어도 다 삼켜 버렸네〔佛祖與山河 無口悉呑却〕'가 그 끝 구절임.
1337	충숙왕 복위 6	37	가을.	불각사(佛脚寺)에서 《원각경(圓覺經)》을 열람하다가 '일체가 다 사라진 것을 부동이라 이름한다〔一切盡滅 名爲不動〕'라는 구절에 이르러 다시 깨달음을 얻음. 조주(趙州)의 '무'자 화두를 참구함.
			10.	중암 거사(中庵居士) 채홍철(蔡洪哲)의 권청에 따라 전단원에 들어가 안거(安居)함.
1338	충숙왕 복위 7	38	1. 7.	전단원에서 활연히 크게 깨닫고 게송 8구를 지으니, '뇌관을 쳐부순 뒤에 맑은

西紀	王年	年歲	月日	記　　事
				바람이 태고를 불어주네〔打破牢關後 淸風吹太古〕'가 그 끝 구절임. 채중암과 만나 대화를 나누다가 '설산에서 소 먹이는 일이 어떠합니까?' 라는 질문에 게송 8구로 대답하니, '습득은 하하하 웃고 한산은 입을 크게 벌리네〔拾得笑呵呵 寒山張大口〕'가 그 끝 구절임. 채중암과 작별한 뒤에 〈운산(雲山)〉과 〈청춘(靑春)〉 2편의 시를 지음.
			3.	고향인 양근의 초당(草堂)으로 돌아와서 어버이를 모심. 1,700의 공안(公案)을 참구하여 '암두밀계처(巖頭密啓處)'에 이르러서는 잘 통과하지 않다가 한참 만에 깨달으니, 이로써 20년 동안 고심하던 일을 마침내 끝냄.
1339	충숙왕 복위 8	39	봄.	어버이를 하직하고 소요산(逍遙山) 백운암(白雲庵)에 머물며 〈백운암가(白雲庵歌)〉 1편을 지음. 원(元)나라 승려 무극(無極)으로부터 중국 선풍(禪風)의 정황을 듣고 임제정맥(臨濟正脈)의 본분작가(本分作家)에게 인가(印可)를 받으라는 권유를 받음.
1341	충혜왕 복위 2	41		채하중(蔡河中)과 김문귀(金文貴)의 권청에 따라 삼각산(三角山) 중흥사(重興寺)에 주석하면서 크게 총림을 일으키

西紀	王年	年歲	月日	記　　事
				고 절을 중수. 또한 이 절의 동쪽에 태고암(太古庵)을 세우고 〈태고암가(太古庵歌)〉를 지음. 이곳에서 5년을 지냄. 찬영(粲英)이 스님 문하에 출가.
1346	충목왕 2	46	봄.	원나라 연도(燕都)에 들어가 대관사(大觀寺)에 머무니, 도예(道譽)가 황제(皇帝)에게까지 알려짐.
			11. 24.	원나라 태자(太子)의 생일에 황제의 특청(特請)으로 《반야경(般若經)》을 강설함.
1347	충목왕 3	47	4.	축원영성(竺源永盛) 선사를 찾아 남소(南巢)에 갔으나 이미 입적한 뒤였음. 축원영성의 문인 홍아종(弘我宗)과 월동백(月東白)이 삼전어(三轉語)를 제시하며 하어(下語)를 청하니 게송을 지어 삼관(三觀)을 통과함.
			7. 15.	후저우(湖州) 하무산(霞霧山) 천호암(天湖庵)에 이르러 석옥청공(石屋淸珙) 화상을 만나 흔연히 계합함. 이곳에서 반월(半月)을 머뭄.
			7. 16.	스님이 〈태고암가〉를 드리니, 석옥 화상이 발문(跋文)을 써주고, 전법(傳法)의 신표(信標)로 가사(袈裟)와 주장(拄杖)을 전해주며 '불조(佛祖)의 명맥(命脈)이 끊어지지 않게 하라'고 당부함. 이로

西紀	王年	年歲	月日	記　　　事
				써 임제정전(臨濟正傳) 제19대 법손(法孫)이 됨.
			8. 1.	〈사석옥화상서(辭石屋和尙書)〉를 지어 올림.
			8. 3.	후저우(湖州)를 출발함.
			10. 13.	정자(淨慈)의 전인(專人)이 스님이 보내는 서장 《상석옥화상서(上石屋和尙書)》을 석옥 화상에게 전해줌.
			10. 16.	연도(燕都)에 도착하니, 명성(名聲)이 중원(中原)에 퍼짐. 영녕사(永寧寺) 장로 여철강(如鐵矼)과 공덕주 태의원사(太醫院使) 곽목적립(郭木的立)이 영녕사에 머물기를 권청하고, 대도 제산(大都諸山)의 장로들이 〈고조정청개당소(告朝廷請開堂疏)〉를 지어 태고가 석옥에게 사법(嗣法)하였음을 알리고, 조정의 대신들이 황제에게 아뢰어 특명으로 영녕사에 주지함.
			11. 7.	석옥 화상이 스님의 서장에 대한 답서 《석옥화상답서(石屋和尙答書)》를 씀.
			11. 24.	원나라 태자의 생일에 영녕사에서 개당(開堂)설법하니, 제사(帝師)와 정궁(正宮)황후와 이궁(二宮)황후, 태자가 모두 향과 폐백을 주었으며, 스님은 이궁황후가 바친 금란가사(金襴袈裟)를 수

西紀	王年	年歲	月日	記　事
				하고 우뢰와 같은 법음(法音)을 떨침. 이때에 현릉(玄陵; 공민왕(恭愍王))이 세자(世子)로 연도에 와 있었는데 감탄하여 말하기를 "내가 장차 고려에 돌아가 정사(政事)를 맡게 되면 스님을 스승으로 모시리라" 하였음.
1348	충목왕 4	48	봄.	귀국하여 중흥사에 주석하며 하안거(夏安居)를 마치고는 숨어 지내려는 뜻으로 양근의 미원장(迷原莊)을 지나다가 선대(善大)라는 늙은 아전의 권청으로 용문산(龍門山) 북쪽 기슭에 소설암(小雪庵)을 세우고 종신(終身)할 처소로 생각함. 〈산중자락가(山中自樂歌)〉 1편을 지음.
1352	공민왕 1	52	봄.	왕이 대호군(大護軍) 손습(孫襲)을 보내어 불렀으나 응하지 아니함.
			4.	보법사(普法寺)에서 백운경한(白雲景閑)과 상면(相面)함.
			5. 17.	왕의 요청으로 대내(大內)에서 설법하고 경룡사(敬龍寺)에 머뭄. 왕은 미원장을 현(縣)으로 승격시킴. 스님은 한 여름을 마치고, 나라에 변란(變亂)이 있을 것을 미리 알고, 다시 소설산(小雪山)으로 돌아왔는데, 바로 '조일신(趙日新)의 난(亂)'이 일어남.

西紀	王年	年歲	月日	記　事
1356	공민왕 5	56	2.	왕이 문하평리(門下評理) 한가귀(韓可貴)를 보내어 불렀으나 응하지 아니함.
			3. 6.	왕의 요청으로 봉은사(奉恩寺)에서 개당설법하고, 원나라 황제와 황후 그리고 태자를 위해 축원하니, 왕과 공주가 대비(大妃)를 모시고 참석하여 폐백과 은바리때와 수가사(繡袈裟)를 주었음.
			4. 24.	왕이 스님을 왕사(王師)로 삼음. 오랫동안 가물다가 스님을 왕사로 봉하는 날부터 비가 내리니, 이를 왕사우(王師雨)라 부름. 며칠 뒤에 칙명으로 광명사(廣明寺)에 원융부(圓融府)를 설치하고 관리를 두어 선교 종문(禪敎宗門) 사사(寺社)의 주지를 스님이 관장하게 함. 이때에 스님의 내향(內鄕)인 홍주(洪州)를 목(牧)으로 승격시켰으며, 스님은 구산선문(九山禪門)을 통합하고 한양(漢陽)으로 천도(遷都)할 것을 건의함. 왕이 스님을 연경궁(延慶宮)에 맞이하여 사제(師弟)의 예(禮)를 행하니, 의위(儀衛)가 노부(鹵簿)에 비길 만하였음.
			5. 6.	왕이 탄일이므로 스님을 내전(內殿)에 맞이하고 승려 108명을 공양함.
			여름.	정몽주(鄭夢周)·김중현(金仲賢) 등이 스님 문하에 출입함.

西紀	王年	年歲	月日	記　事
1357	공민왕 6	57	1. 15.	왕의 요청으로 내전에서 진병(鎭兵)을 위하여 설법하니, 왕이 황금 50냥과 금선(金線) 1필을 줌.
			2.	〈사왕사(辭王師)〉의 오언송(五言頌)을 지어 왕사를 사임하고 산중으로 돌아갈 것을 청했으나, 왕이 허락하지 아니하자 몸을 빼내어 소설산으로 돌아옴. 저장(浙江)의 고담(古潭)이 참방(參訪)함.
1358	공민왕 7	58		왕이 칙명으로 성곽(城廓)을 수축하니, 이는 스님이 글을 올려 '홍건적(紅巾賊)의 난'이 있을 것을 알렸기 때문임.
1359	공민왕 8	59	가을.	미지산(彌智山)에 들어가 초당을 짓고, 백성들에게 '피난 준비를 하라'고 이름.
1361	공민왕 10	61	11.	홍건적이 쳐들어와 개경(開京)을 함락시키고, 왕이 안동(安東)으로 피난(避亂)하니, 이는 스님의 예언이 적중한 것임.
1362	공민왕 11	62	가을.	양산사(陽山寺; 희양산 봉암사)의 주지가 되어 절을 중수함.
1363	공민왕 12	63	3.	가지사(迦智寺; 가지산 보림사)로 옮겨 종풍을 크게 떨침. 이때에 스님은 글을 올려 신돈(辛旽)을 멀리할 것을 건의함.
			봄.	가지산에서 철우종서(鐵牛宗西)에게 명호시를 지어줌.

西紀	王年	年歲	月日	記　　事
			가을.	월남정사(月南精舍)에서 노닐며 당두(堂頭) 고저찬영(古樗粲英)에게 일용(日用)을 경계하는 게송을 지어줌.
1366	공민왕 15	66	10.	신돈(辛旽)의 해독을 짐작하여 인장(印章)을 돌려보내어 왕사를 사직하고, 도솔산(兜率山)으로 들어감.
1368	공민왕 17	68	봄.	전주 보광사(普光寺)에 주석함. 원나라 강절(江浙)로 가고자 했으나 신돈의 방해로 뜻을 이루지 못함.
			여름.	신돈의 모략(謀略)으로 속리산(俗離山)에 금고(禁錮)됨.
1369	공민왕 18	69	3.	금고가 풀려 속리산에서 소설산으로 돌아옴.
1371	공민왕 20	71	7.	왕이 신돈을 처형한 후, 스님을 국사(國師)로 삼고 법호(法號)를 추가함. 또한 스님의 모향(母鄕)인 익화현(益和縣)을 군(郡)으로 승격시킴. 왕이 자씨산(慈氏山) 영원사(瑩原寺)에 주석하기를 청했으나 병으로 사양하고 소설산에 있으면서 7년간 영원사의 일을 멀리서 보살핌.
1374	우왕 원년	74		우왕(禑王)이 즉위하여 양산사에 머물기를 요청하고 국사로 삼음.
1376	우왕 2	76		일본 승려 츄안쥬인(中庵壽允)에게 명호시를 지어줌.

西紀	王年	年歲	月日	記　事
1378	우왕 4	78	겨울.	왕의 요청으로 영원사에 1년간 거주하고 다시 소설산으로 돌아옴. 병으로 국사를 사직함.
1381	우왕 7	81	겨울.	소살산에서 양산사로 옮김. 왕이 다시 국사로 삼음.
1382	우왕 8	82	여름.	양산사에서 다시 소설산으로 돌아옴.
			12. 17.	미질(微疾)을 보임.
			12. 23.	문인들을 불러 놓고 내일 유시(酉時)에 세상을 떠날 것이니, 군수를 불러 '국사의 인장을 봉하게 하라'고 함. 양근 군수 이양생(李陽生)을 불러 왕에게 올리는 유주(遺奏)와 대신들에게 보내는 사세장(辭世狀) 6통을 구술(口述)함.
			12. 24.	새벽에 '사람의 목숨은 물거품처럼 빈 것이어서 80여년이 봄 꿈속 같았네. 죽음에 다다라 가죽부대 버리나니 한 바퀴 붉은 해가 서산으로 넘어가네〔人生命若水泡空 八十餘年春夢中 臨終如今放皮帒 一輪紅日下西峰〕'라는 임종게(臨終偈)를 설하고 입적. 세수(世壽) 82세, 법랍(法臘) 69세.
1383	우왕 9		1. 12.	다비(茶毘)하니 사리(舍利)가 수없이 출현함. 사리 100과를 왕에게 올리니, 왕이 더욱 공경하여, 유사(攸司)에 명령하여 원증(圓證)이라는 시호를 내림.

西紀	王年	年歲	月日	記　事
			10.	문인 유창(維昌)이 《원증국사행장(圓證國師行狀)》을 지음.
			12.	문인 달심(達心)이 미지산 사나사(舍那寺)에 〈원증국사석종(圓證國師石鍾)〉을 만들어 사리 10과를 안치함.
1385	우왕 11		1. 10.	왕이 이색(李穡)에게 태고 국사의 탑비명을 지으라는 교지(敎旨)를 내림.
			7.	이색(李穡)이 《태고어록》의 서문(序文)을 씀. 이 무렵에 문인 설서(雪棲)가 《태고어록》을 엮음.
			9. 11.	문인 석굉(釋宏)이 중흥사 동쪽 봉우리에 이색이 짓고 권주(權鑄)가 쓴 〈원증국사탑비(圓證國師塔碑)〉를 세움.
1386	우왕 12		10.	문인 달심(達心)이 미지산 사나사에 정도전(鄭道傳)이 지은 〈원증국사석종비(圓證國師石鍾碑)〉를 세움.
1387	우왕 13		7. 27.	이숭인(李崇仁)이 《태고어록》의 서문을 씀. 정몽주(鄭夢周)가 《태고어록》의 발문을 씀.
1760	영조 36		11. 6.	호조(戶曹)와 총융청(摠戎廳)에 명하여 북한산성(北漢山城) 태고사(太古寺) 뒤에 비각(碑閣)을 짓게 함.
1818	순조 18			석옥청공의 〈산거시〉 24수를 다산 정약용, 수룡색성, 철경응언, 침교법훈, 철선혜즙 등 다섯 사람이 차운한 시집 《육

西紀	王年	年歲	月日	記　　事
				로산거영》 발간. 다송자 보정 선사의 《백열록》에 수록 됨.
1940			8. 20.	오대산(五臺山) 월정사(月精寺)에서 신 연활자본《태고집(太古集)》을 간행함.
1941			4. 23.	태고보우를 종조(宗祖)로, 태고사(太古寺)를 총본사(總本寺)로 하는 조선 불교 조계종(曹溪宗) 창종(創宗).
1962			4. 11.	도의(道義)를 종조로, 태고보우를 중흥조(中興祖)로 하는 대한불교 조계종 통합종단 발족.
1969			5. 15.	태고보우를 종조로 하는 총화회(總和會, 1979년 10월 23일 대한불교 총화종으로 명칭 변경) 창립.
1970			5. 8.	태고보우를 종조로 하는 한국 불교 태고종(太古宗) 창종, 불교단체 등록.
1971			12. 30.	동국역경원(東國譯經院)에서 《한글대장경》 제153책에 《보조국사집(普照國師集)》과 함께 《태고화상어록(太古和尙語錄)》을 김달진(金達鎭) 번역으로 수록 간행함.
1972			10. 25.	동화출판공사(同和出版公社)에서 《한국의 사상 대전집》 제4책에 《백운화상어록(白雲和尙語錄)》 및 《나옹집(懶翁集)》과 함께 《태고집(太古集)》을 김달진(金達鎭) 번역으로 수록 간행함.

西紀	王年	年歲	月日	記　事
1974			9. 15.	한국 불교 태고종에서 이영무(李英茂)가 번역한 《태고보우국사법어집(太古普愚國師法語集)》을 간행함.
1976				대한불교 조계종 해인총림(海印叢林) 방장(方丈) 퇴옹성철(退翁性徹)이 《한국불교(韓國佛教)의 법맥(法脈)》을 간행하여 보우종조론(普愚宗祖論)을 주창(主唱)함.
1982			3. 26.	태고보우를 종조로 하는 대한불교 원융원(圓融院, 1988년 10월 15일 원융종으로 명칭 변경) 창립.
1988			11. 30.	태고보우를 종조로 하는 한국 불교 법륜종(法輪宗) 창종.
1989			9. 9.	태고보우를 종조로 하는 대한불교 본원종(本願宗) 창종.
1991			2. 10.	세계사(世界社)에서 마음글방 제5책으로 김달진(金達鎭)이 번역한 《태고집(太古集)》을 간행함.
			8. 10.	장경각(藏經閣)에서 《선림고경총서(禪林古鏡叢書)》 제30책으로 백련선서간행회(白蓮禪書刊行會)가 번역한 《태고록(太古錄)》을 간행함.
1992			10. 5.	태고보우를 종조로 하는 대한불교 선교종(禪教宗) 창종.
1995			3. 22.	태고보우의 종지를 연구·계승·선양

西紀	王年	年歲	月日	記　　事
				하기 위한 사단법인 대륜불교문화연구원(大輪佛敎文化硏究院) 발족. 이사장 덕암(德庵) 안흥덕(安興德).
1996			5. 1.	국내 첫 태고보우 현장 기행 〈불교춘추〉 1996년 5월.
			9. 5.	중국 저장 후저우 하무산 천호암 답사 태고보우 차맥 이어온 사실 확인함.
			11.	《태고보우국사 유적답사기》 발간(안덕암 편저), 《태고보우국사 전서》 전2권 (대륜불교문화연구원 발간).
1997			7.	〈태고보우 선과 차〉〈불교춘추〉 통해 처음 발표.
			11.	태고보우 국사 법통의 재조명(대륜불교연구원 주최).
1998			1.	〈소설암과 태고보우의 선차〉〈불교춘추〉 통해 처음 발표.
			9.	《태고보우 국사》 완결편 발간(불교전기문화연구소와 대륜불교문화연구원 공저).
			11. 18.	(사)대륜불교문화연구원(이사장 덕암 안흥덕)에서 '태고보우 국사의 사상과 법통의 재조명' 학술발표회 개최. (사)대륜불교문화연구원과 불교전기문화연구소(최석환) 공저, 《태고보우국사전서》(3권 완결판) 출판기념 법회.

西紀	王年	年歲	月日	記　　事
2001			1. 5.	태고보우 국사의 종지와 사상을 연구 계승 선양하기 위한 한국 불교 태고학회 발족(회장 무공무상 서갑생).
			5. 30.	태고학회(회장 서무공) 주최, 태고 탄신 700주년 기념 태고 유적지 학술답사(2박 3일) 결과 오류 발견, 관계기관 정정 요청.
			7. 1.	태고학회(회장 서무공), 〈선문화〉(최석환) 공동기획 특집 발표. 〈태고 탄신 700주년 맞는 태고보우의 생애와 사상 재조명〉.
			7. 4.	태고보우 국사의 세 번째 비, 가평 소설암지(태고보우 국사 입적지)에서 발견.
			7. 25.	가산불교문화연구원(원장 지관) 지정, 한국 불교 1600년 불교 지성 33인 고승 선정에 원효 · 도의 · 태고 중심 선정 발표.
			11. 4.	한국 불교 태고학회(회장 서무공) 주관, '태고보우 국사의 원융불교가 한국불교에 미친 영향' 이란 대주제하 태고보우 국사 탄신 700주년 기념 국제학술회의 개최. 한국 불교 태고학회(회장 서무공) 주관 태고보우 국사의 연구 학술지 《태고사상》 제1집 발간 기념 법회.
			12. 30.	한국 불교 태고학회 · 불교춘추사 · 중

西紀	王年	年歲	月日	記　事
				국 후저우 육우차문화연구회 공동 주최 한 · 중 국제학술회의 '중국 원대 선종 과 차문화' 개최.
2001				중국 〈차박람〉지에 2001 후저우 차 교 류사, 한 · 중 문화 교류의 한 페이지로 기록.
2002			10. 25.	한국 불교 태고학회(회장 서무공) 주관, '현대 사회의 갈등과 태고사상'이라는 대주제하 태고보우 국사 탄신 701주년 기념 학술발표회 개최 및《태고사상》제 2집 발간 기념 법회.
			12. 23.	중국 후저우 육우차문화연구회 · 한국 불교춘추사 · 〈차의 세계〉 공동 주최 한 · 중 국제학술회의 '제2차 한 · 중 차 문화 교류 연토회' 개최.
2003			4.	후저우 만수산《후저우 도량산지》출간. 〈태고어록〉 등 수록.
			9. 22.	한국 불교 태고학회(회장 서무공) 주관 '현대 사회의 갈등과 태고사상'이라는 대주제하에 제2부 2차년도 태고 탄신 702주년 기념 '태고사상 연구 제6차 학 술 발표회' 및《태고사상》제3집 발간 기념 법회 개최.
2004			5.	〈후저우신문〉에 〈열기 가득한 학문으로 나타난 선학 사상〉이란 글을 커우단 노

西紀	王年	年歲	月日	記　　事
				사와 최석환 〈차의 세계〉 발행인과 선문답 소개.
2004			9. 21.	대륜불교문화(태고)연구원(이사장 서무공) 주관, 중국 천호암(청공 조사 주석), 만수사(급암 조사), 대자사(무상 선사) 답사. 도량산 만수사 사적지에 한국 태고 법계 수록 및 천호암 중창 불사. 무상 선사 영정 봉안 및 한·중 기념비 건립 동참.
			9. 21.	대륜불교문화(태고)연구원(이사장 서무공) 유적 답사팀 회암사에서 전남 보림사(주지 현광)까지 답사.
			9. 21.	태고 총림 선암사 조사전 태고 영정 봉안.
2005			2.	〈석옥과 보우를 통해 본 한·중 종교교류〉 중국 월간 〈문화교류〉에 커우단, 주민 기고 글 소개.
			9. 21.	대륜불교문화(태고)연구원(이사장 서무공) 주관 태고 탄신 704주년 기념 《태고보우 국사 인물론》(저자 무공) 〈태고사상〉 4집 발간 및 출판 기념 법회.
			10.	커우단, 주민 편 중국어로 《석옥청공 선사 어록·태고보우 선사 어록》 첫 출간.
2006			9. 21.	대륜불교문화(태고)연구원(이사장 무공 서갑생) 태고 탄신 705주년 기념 《태고보우 국사의 종지와 종풍 그 수행법》(저자 무공 서갑생) 〈태고사상〉 제5

西紀	王年	年歲	月日	記 事
				집 발간 및 출판기념 법회.
2006			11. 13.	저장성 후저우 국제대주점에서 '백운과 석옥의 선사상과 선차문화 재발견' 국제 학술연토회.
				그해 《백운화상초록불조직지심체요절》 찾는 프로젝트 청주시와 서원대 동아시아 선학연구소, 〈차의 세계〉 공동으로 후저우 일대 조사.
2007			4.	후저우 묘서진 정부와 〈차의 세계〉 공동으로 〈태고보우헌창기념비〉 건립 조인식 거행. '제3차 석옥·태고 선사상 회통 학술대회' 개최.
2008			12.	하무산 정상 천호암사지에 〈한·중 우의 태고보우헌창기념비〉 건립.
2010			7.	《석옥·태고 평전》 발간.

참고문헌

Ⅰ. 자 료

《고려사(高麗史)》

《고려사절요(高麗史節要)》

《동사강목(東史綱目)》

《신증동국여지승람(新增東國輿地勝覽)》

유창,《행장(行狀)》

각안,《동사열전(東師列傳)》

보정,《조계종태고원증국사(曹溪宗太古圓證國師)》

황유복 · 진경부 共編,《석보우전(釋普愚傳)》

《석옥청공 선사전(石屋供 禪師傳)》

《보적고승전(補續高僧傳)》권13

태고보우, 현릉의 명으로 간행하는 백장청규(百丈淸規)의 발문

태고보우, 치문경훈(緇門警訓)을 중간(重刊)하는 서문

백운경한, 석옥 화상의 태고가 발문 · 석옥청공 태고 선사께 보내는 글

목은 이색,《무능거사찬병서(無能居士讚幷序)》

김수온,《태조실록(太祖實錄)》

김수온,《묘적사중창기(妙寂寺重創記)》

조종저,〈승주조계산송광사사원사적비(昇州曹溪山松廣寺嗣院事跡碑)〉

최세진,《박통사집현(朴通事集賢)》

미수 허목,《미지산기(彌智山記)》

휴정,《설선의(說禪儀)》

이덕무,《영조실록(英祖實錄)》

이덕무,《기유북한산(記遊北漢山)》

채영,《서역중화해동불조원류(西域中華海東佛祖原流)》

성능,《북한지(北漢誌)》

선문조사예참작법(禪門祖師懺作法)

석전 한영, 양평군 소설산 사나사 중건상량문(楊平郡小雪山舍那寺重建上樑文)

월운, 미지산 사나사 대웅전 이증건상량문(彌智山舍那寺大雄殿移增上樑文)

Maurice Courant, Bibliographie Coreenne, 증보문헌비고(增補文獻備考)

문정공하(文貞公下) 훤재가성(諠齋家狀)의 발(跋)

후저우 도량산 만수선사(湖州道場山萬壽禪寺),《후저우도량산지(湖州道場山志)》, 2003

II. 금석문

목은 이색,〈태고사원증국사탑비명(太古寺圓證國師塔碑銘)〉

양촌 권근,〈미원현소설산암원증국사사리탑명(迷源縣小雪山菴圓證國師舍利塔銘)〉

정도전,〈미지산사나사원증국사석종명(彌智山舍那寺圓證國師石鍾銘)〉

원욱,〈복원석옥청공선사탑명(福源石屋清珙禪師塔銘)〉

박의중,〈대지국사비명(大智國師碑銘)〉

익재 이제현,〈불갑사각진국사자운탑비(佛岬寺覺眞國師慈雲塔碑)〉
〈유명조선국경기좌도양근군 경내당상량불양비(有名朝鮮國京畿左道楊根郡境內堂上樑佛養碑)〉

III. 단행본

1918, 雪棲 編,《太古語錄》,(《朝鮮佛敎通史》, 中編), 李能和 著, 서울: 新文館, p.206~254

1940, 雪棲 編,《太古集＝太古和尙語錄》, 평창: 月精寺 普濟社, 67장; 삽도; 22cm

1946, 李在烈,《朝鮮佛敎史之硏究》, 서울: 東溪文化硏揚社, p.10; 19cm

1955, 李在烈,《曹溪宗源流》, 大韓佛敎曹溪宗總務院, p.58, 삽도; 26cm

1958, 耘虛龍夏,《曹溪宗要綱》, 서울: 大韓佛敎曹溪宗總務院, p.33, 삽도; 26cm

1971, 雪棲 編,《태고화상어록》, 김달진 譯(한글대장경 153), 서울: 동국역경원, p.495~813.

1972, 雪棲 編,《太古集》, 金達鎭 譯(韓國의 思想大全集 4), 서울: 同和出版公社, p.125~225

1974, 雪棲 編,《太古普愚國師法語集》, 李英茂 譯, 서울: 韓國佛敎太古宗, p.308, 초상; 23cm

1974, 보우 저,《太古普愚國師法語集》, 韓國佛敎太古宗總務院, p.308

1976, 李鍾益,《(大韓佛敎)曹溪宗中興論》,(《民族精神文化中興論》), 서울: 寶蓮閣, p.134, 삽도; 19cm

1976, 李智冠,《曹溪宗史》, 서울: 東國譯經院, p.86, 삽도; 26cm

1976, 退翁性徹,《韓國佛敎의 法脈》 합천: 海印叢林, p.77, 삽도; 26cm

1977, 李英茂,《太古普愚國師の人物と思想》, 서울: 韓國佛敎太古宗,

p.151, 삽도; 21cm

1977, 李英茂,《太古普愚國師の人物と思想》, 永等寺

1982, 李英茂·金海眼 共著,《마음과 부처》, 서울: 京城文化社, p.5~180, 398

1982, 韓國佛敎 太古宗 總務院,《信行의 門》

1984, 雪棲 編,《太古和尙語錄》, (韓國佛敎全書 6), 서울: 東國大學校出版部, p.669~702

1986, 佛敎學會 編,《韓國曹溪宗의 成立史的 硏究》, 서울: 民族社, p.370, 삽도; 23cm

1986. 3, 김홍택,《高麗太古國師の硏究》, 印度學佛敎學硏究

1987, 徐宗梵 編,《曹溪宗史: 資料集》, 서울: 徐宗梵, p.5, p.17, p.690, 삽도; 26cm

1988, 雪棲 編,《(國譯)太古普愚國師法語集》, 李英茂 譯, 서울: 大輪門徒會 不二城法輪寺, p.331, 초상; 23cm

1988, Cleary, J. C. tr,《Buddha from Korea; the Zen teachings of Taego》, New York: Poukuksa: Shambhala, 1v, 삽도; 21cm

1989. 10, 목정배,《대중불교 시평: 계율·태고종의 신도 오계》, 大圓

1990, 退翁性徹,《韓國佛敎의 法脈》, 增補版. (《성철스님법어집》; 2~4), 합천: 藏經閣, p.390, 삽도; 23cm

1990. 2, 김창숙,《태고보우의 사상과 정화운동》

1991, 雪棲 編,《太古錄》, 白蓮禪書刊行會 譯. 합천: 藏經閣, p.326, 삽도; 23cm

1991, 雪棲 編,《太古集》, 金達鎭 譯註, 서울: 世界社, 마음글방 5, p.326, 삽도; 23cm

1993, 雪棲 編,《太古普愚國師法語》, 李英茂 譯, 서울: 대한불교조계종 修禪會, p.308, 삽도; 23cm

1993, 보우 저, 《修禪會太古普愚國師法語集》, 대한불교조계종

1996, 안덕암 편, 《태고보우국사 유적답사기》, 서울: 불교영상회보사, p.245, 삽도; 23cm

1996. 12, 서정문, 《普雨大師의 禪觀》, 佛敎史硏究

1997, 大輪佛敎文化硏究院 編, 《太古普愚國師論叢》, 서울: 大輪佛敎文化 硏究院, p.998, 삽도; 26cm

1997, 大輪佛敎文化硏究院 編, 《太古普愚國師論叢》, p.998

1997, 雪棲 編, 《太古普愚國師法語》, 大輪佛敎文化硏究院 譯. 서울: 大輪 佛敎文化硏究院, p.444, 삽도; 26cm

1974, 보우 저, 《(國譯)太古普愚國師法語集》, 不二城法輪寺, p.308

1998, 大輪佛敎文化硏究院 編, 《태고보우국사어록》, 불교춘추사, p.1,128

1998, 大輪佛敎文化硏究院 編, 《太古普愚國師: 태고보우국사 연구자료 집》, 대륜불교문화연구원

2001, 유영숙 저, 《(어둠을 두드리는)주장자 소리: 태고보우의 생애와 사 상》, 민족사, p.271

2001, 지유 저, 이영무 역, 《석옥청공선사語錄》, 불교춘추사, p.236

2001, 한국불교 태고학회, 불교춘추사, 《태고사상 1집》, p.319

2002, 한국불교 태고학회, 불교춘추사, 《태고사상 2집》, p.312

2003, 한국불교 태고학회, 불교춘추사, 《태고사상 3집》, p.307

2005, 서무공 저, 《태고보우 국사》, 대륜불교문화(태고)연구원, p.503

2005, 한국불교 태고학회, 불교춘추사, 《태고사상 4집》, p.503

2005, 커우단 · 주민, 《석옥청공, 태고보우 어록》, 허베이선학연구소

2006, 서무공 저, 《太古普愚國師의 宗旨와 宗風 그 修行法》, 大輪佛敎文 化(太古)硏究院, p.506

Ⅳ. 학술논문 발표회

第1回 中國 元代 禪宗과 茶文化 國際 學術會議
    日時: 2001年 12月 27日~31日
    場所: 湖州 長城大酒店
    主催: 中國 湖州 陸羽茶文化研究會, 韓國 佛敎春秋社, 韓國佛敎 太古學會

- 張明, 元代의 宗敎政策과 浙北臨濟宗
- 朱仰高, 元代 浙北 臨濟宗
- 中國學者, 禪宗 楊岐派의 忠義心
- 楊維中, 楊岐方會的仙鶴思想及其門下弟子
- 鮑志成, 韓・中 禪宗 交流史
- 金容煥, 白雲景閑禪師의 正統法脈
- 眞月, 高麗 太古禪師 訪中의 文化史的 意味
- 洪光杓, 韓國 九山禪門의 空間美學
- 申東春, 馬祖와 現代佛敎
- 池浚愼, 大覺國師與宋詩文學的交流
- 蔡一平, 陸羽와 湖州茶文化
- 朱乃良, 陸羽의 生涯와 思想
- 朴東春, 韓國 禪宗茶의 受容과 展開
- 謝文柏, 陸羽與紫四筍茶, 金沙泉
- 崔錫煥, 石屋과 太古의 茶禪論

白雲 − 石屋의 禪思想과 禪茶文化의 再發見
    日時: 2006年 11月 13~17日
    場所: 湖州 長城大酒店

共同主催: 韓國 － 西原大學校, 月刊〈茶的 世界〉, 東亞細亞禪學研究所
中國 － 浙江省 湖州 陸羽茶文化硏究會

· 金相永, 白雲景閑의 禪思想
· 邵鈺, 皎然과 淸珙의 禪茶心印
· 智源, 茶僧 白雲和尙
· 黃仁奎, 石屋淸珙과 麗末三師
· 將九愚, 石屋淸珙의 禪法思想 硏究
· 金容煥, 無心禪과 臨濟禪의 脈絡普遍和用 硏究
· 黃瑄周,《直指》는 金屬活字本인가
· 張志良, 石屋淸珙의 茶禪一味論
· 李承哲,《直指》金屬活字 鑄造機術에 대한 實驗的 硏究
· 丁希, 元代 石屋淸珙의 茶禪一味論
· 崔錫煥, 韓國茶와 浙江茶의 文化史的 意義
· 金昞希, 現代廣告에 나타난 茶文化의 意味分析
· 蔡一平, 元代의 茶文化와 湖州
· 朱乃良, 石屋淸珙의 茶詩에 대한 感想과 分析
· 李順臣, 石屋淸珙 禪師 山居詩 中의 禪茶趣味에 대한 硏究
*茶禮試演
· 金泰京, 硏膏茶와 茶禮의 復元 硏究

福源石屋과 太古普愚의 禪思相의 回通과 禪茶文化
　日時: 2008年 12月 15日
　場所: 中國 浙江省 湖州市 國際大酒店
　共同主催: 中國 浙江省 湖州市 妙西鎭人民政府, 韓國〈茶的世界〉, 東亞
細亞禪學硏究所, 韓國大輪佛敎文化硏究院

- 寇丹, 石屋과 太古의 禪思相의 回通
- 崔錫煥, 太古普愚의 茶禪一致論과 海東佛敎의 位置
- 釋道榮, 元代湖州禪宗槪述
- 徐無空, 石屋淸珙 求法과 霞霧山
- 大茶, 靑秋, 逃禪霞霧山
- 朴正眞, 太古普愚 圓融思想과 元曉의 和諍思想
- 佛見笑, 霞霧山, 禪茗今何在?
- 法顯, 圓融佛敎의 實踐者 太古普愚의 哲學的 理解
- 朱敏, 石屋淸珙和他的詩
- 高榮燮, 太古와 石屋: 普愚禪과 淸珙禪의 同處와 不同處
- 嵇發根, 霞霧山天湖庵的過去和現在
- 柳良錫, 太古普愚와 茶人精神

V. 논 문

姜文善, 〈太古普愚의 禪思想 看話禪을 中心으로〉, 《震山韓基斗博士華甲
　　紀念 韓國宗敎思想의 再照明》上 (이리: 圓光大學校出版局,
　　1993): p.327~338

　〃 , 〈太古普愚의 禪思想 看話禪을 中心으로〉, 《太古普愚國師論叢》大
　　輪佛敎文化 硏究院 編 (서울: 大輪佛敎文化硏究院, 1997):
　　p.357~375

　〃 , 〈太古普愚の 禪思想と大慧禪との關係性〉, 印度學佛敎學硏究,
　　1999. 12

江田俊雄, 〈禪宗としての朝鮮佛敎の傳統に就いて〉, 《佛誕2500年記念 佛
　　敎學の諸問題》 (東京: 岩波書店, 1935)

　〃 , 〈禪宗としての朝鮮佛敎の傳統に就いて〉, 《朝鮮佛敎史の硏究》, 江

田俊雄 著 (東京: 國書刊行會, 1977): p.211~223

〃 ,〈太古の法脈の錯亂を論す〉,《金剛》1, 1936. 8

高翊晉,〈碧松智儼의 新資料와 法統問題〉,《佛教學報》22 (서울: 東國大
學校 佛教文化研究院, 1985. 10): p.203~212

〃 ,〈碧松智儼의 新資料와 法統問題〉,《韓國曹溪宗의 成立史的 研究》,
佛教學會 編 (서울: 民族社, 1986): p.343~357

〃 ,〈碧松智儼의 新資料와 法統問題〉,《韓國撰述佛書의 研究》, 高翊晉
著 (서울: 民族社, 1987): p.191~205

權奇悰,〈高麗時代 禪師의 淨土觀〉,《韓國淨土思想研究》, 佛教文化研究院
編 (서울: 東國大學校出版部, 1985): p.117~141

〃 ,〈高麗時代 禪師의 淨土觀〉,《太古普愚國師論叢》, 大輪佛教文化研
究院 編 (서울: 大輪佛教文化研究院, 1997): p.377~406

〃 ,〈高麗後期 佛教와 普照思想〉,《普照思想》3 (승주: 普照思想研究
院, 1989. 12): p.19~46

〃 ,〈普愚의 圓融思想〉,《한국의 사상》, 尹絲淳 · 高翊晉 共編 (서울:
열음사, 1984): p.140~144

〃 ,〈太古普愚의 禪思想과 그 史的 위치〉,《太古普愚國師論叢》大輪佛
教文化研究院 編 (서울: 大輪佛教文化研究院, 1997):
p.461~487

權相老,〈古祖派의 新發見〉,《佛教》新31 (서울: 佛教社, 1941. 12):
p.10~12

〃 ,〈古祖派의 姉妹品 紹介〉, 1.《佛教》新34 (서울: 佛教社, 1942. 3):
p.10~12

〃 ,〈古祖派의 姉妹品 紹介〉, 續.《佛教》新35 (서울: 佛教社, 1942.
4): p.12~18

〃 ,〈元曉院에 寄함〉,《佛教》新40 (서울: 佛教社, 1942. 9):

p.15~23

     ″, 〈曹溪宗 朝鮮에서 自立한 宗派의 其4〉,《佛敎》58 (서울: 佛敎社, 1929. 4): p.2~10

     ″, 〈曹溪宗旨〉,《佛敎》新49 (서울: 佛敎社, 1943. 6): p.15~23

     ″, 〈韓國禪宗略史〉,《白性郁博士頌壽紀念 佛敎學論文集》(서울: 東國 大學校, 1959): p.265~298

金東華, 〈太古普愚國師〉,《韓國歷代高僧傳》, 金東華 著 (서울: 三星文化 財團, 1973): p.221~228

金炳奎, 〈朝鮮佛敎に於ける宗派の沿革〉,《東洋大學論叢》1 (東京: 東洋大 學, 1941. 12)

     ″, 〈朝鮮佛敎に於ける宗派の沿革〉,《韓國學硏究叢書》10 (서울: 成進 文化社, 1984): p.65~80

金映遂, 〈曹溪問答〉,《佛敎》新62 (서울: 佛敎社, 1944. 7): p.19~23

     ″, 〈曹溪問答〉,《(包光金映遂博士全集)韓國佛敎思想論攷》, 金映遂 著 (이리: 圓光大學校出版局, 1984): p.622~626

     ″, 〈曹溪禪宗에 就하야 五敎兩宗의 一派, 朝鮮佛敎의 根源〉,《震檀學 報》9 (서울: 震檀學會, 1938. 7): p.145~175

     ″, 〈曹溪禪宗에 對하여〉,《(包光金映遂博士全集)韓國佛敎思想論攷》 金映遂 著 (이리: 圓光大學校出版局, 1984): p.230~256

     ″, 〈曹溪禪宗에 對하여〉,《韓國曹溪宗의 成立史的 硏究》佛敎學會 編 (서울: 民族社, 1986): p.119~149

     ″, 〈曹溪宗과 傳燈通規〉1,《佛敎》新43 (서울: 佛敎社, 1942. 12): p.22~29

     ″, 〈曹溪宗과 傳燈通規〉2,《佛敎》新44 (서울: 佛敎社, 1943. 1): p.24~31

     ″, 〈曹溪宗과 傳燈通規〉3,《佛敎》新45 (서울: 佛敎社, 1943. 2):

　　　　p.5~13

　〃　,〈曹溪宗과 傳燈通規〉,《(包光金映遂博士全集)韓國佛教思想論攷》,
　　　　金映遂 著 (이리: 圓光大學校出版局, 1984): p.281~304

　〃　,〈朝鮮佛教宗旨에 就하야〉1,《佛教》新7 (서울: 佛教社, 1937.
　　　　10): p.5~13

　〃　,〈朝鮮佛教宗旨에 就하야〉2,《佛教》新8 (서울: 佛教社, 1937.
　　　　11): p.5~14

　〃　,〈朝鮮佛教宗旨에 對하여〉,《(包光金映遂博士全集)韓國佛教思想論
　　　　攷》, 金映遂 著 (이리: 圓光大學校出版局, 1984): p.257~280

　〃　,〈宗祖 宗名의 質疑에 對하여〉,《佛教》新61 (서울: 佛教社, 1944.
　　　　6): p.4~11

　〃　,〈宗祖 宗名의 質疑에 對하여〉,《(包光金映遂博士全集)韓國佛教思
　　　　想論攷》金映遂 著 (이리: 圓光大學校出版局, 1984): p.547~554

　〃　,〈太古和尙의 宗風에 對하여〉1,《佛教》新39 (서울: 佛教社, 1942.
　　　　8): p.4~11

　〃　,〈太古和尙의 宗風에 對하여〉2,《佛教》新40 (서울: 佛教社, 1942.
　　　　9): p.4~9

　〃　,〈太古和尙의 宗風에 對하여〉,《(包光金映遂博士全集)韓國佛教思想
　　　　論攷》, 金映遂 著 (이리: 圓光大學校出版局, 1984): p.305~317

　〃　,〈太古和尙의 宗風에 對하여〉,《太古普愚國師論叢》, 大輪佛教文化
　　　　研究院 編 (서울: 大輪佛教文化研究院, 1997): p.491~501

　〃　,〈九山禪門 形成과 曹溪宗의 展開〉,《韓國史論》20 (과천: 國史編纂
　　　　委員會, 1990. 10): p.3~51

　〃　,〈普愚集 太古和尙語錄〉,《韓國佛教 古典名著의 世界》, 金煐泰 著
　　　　(서울: 民族社, 1994): p.256~259

　〃　,〈朝鮮禪家의 法統考 西山 家統의 究明〉,《佛教學報》22 (서울: 東

國大學校 佛敎文化硏究院, 1985. 10): p.11~44

〃 ,〈朝鮮禪家의 法統考 西山 家統의 究明〉,《韓國曹溪宗의 成立史的
研究》. 佛敎學會 編 (서울: 民族社, 1986): p.295~342

〃 ,〈朝鮮禪家의 法統을 밝힘〉,《韓國佛敎史正論》, 金煐泰 著 (서울:
불지사, 1997): p.553~609

김창숙,〈太古普愚의 思想과 淨化運動〉,《太古普愚國師論叢》, 大輪佛敎文
化研究院 編 (서울: 大輪佛敎文化研究院, 1997): p.699~786

김철회,〈太古 普愚의 佛敎 敎育論 研究〉,《太古普愚國師論叢》, 大輪佛敎
文化研究院 編 (서울: 大輪佛敎文化研究院, 1997): p.849~966

金泰洽,〈太古普愚國師의 聖德과 그의 禪學〉,《佛敎》 56 (서울: 佛敎社,
1929. 2): p.14~25

金興澤,〈高麗太古國師の研究〉,《印度學佛敎學研究》 34, 2〔68〕 (東京: 日
本印度學佛敎學會, 1986. 3): p.265~267

朴奉石,〈曹溪宗의 根本理念問題〉,《佛敎》 新58 (서울: 佛敎社, 1944.
3): p.8~16

方重遠,〈海東初祖에 對하야〉,《佛敎》 70 (서울: 佛敎社, 1930. 4):
p.7~11

서성원(법경),〈太古和尙의 法統考〉,《太古普愚國師論叢》, 大輪佛敎文化
研究院 編 (서울: 大輪佛敎文化研究院, 1997): p.787~847

徐閏吉,〈高麗末 臨濟禪의 受容〉,《韓國禪思想研究》, 佛敎文化研究院 編
(서울: 東國大學校 出版部, 1985): p.201~244

〃 ,〈高麗末 臨濟禪의 受容〉,《韓國密敎思想史研究》, 서윤길 著 (서울:
불광출판부, 1993): p.299~347

〃 ,〈高麗末 臨濟禪의 受容〉,《太古普愚國師論叢》 大輪佛敎文化研究院
編 (서울: 大輪佛敎文化研究院, 1997): p.263~318

〃 ,〈高麗 臨濟禪法의 受容과 展開〉,《普照思想》 8 (승주: 普照思想研

究院, 1995. 1): p.11~45

    〃 ,〈高麗 臨濟禪法의 受容과 展開〉,《太古普愚國師論叢》, 大輪佛教文
化研究院 編 (서울: 大輪佛教文化研究院, 1997): p.201~237

徐宗梵,〈太古普愚의 禪風에 관한 研究〉,《太古普愚國師論叢》, 大輪佛教
文化研究院 編 (서울: 大輪佛教文化研究院, 1997): p.503~554

    〃 ,〈朝鮮時代 禪門法統說에 대한 考察〉,《論文集》1 (서울: 中央僧伽
大學, 1992. 3): p.27~60

    〃 ,〈太古普愚의 禪風에 관한 研究〉,《論文集》3 (서울: 中央僧伽大學,
1994. 11): p.8~37

俞瑩淑,〈고려말의 사회변동과 불교계〉,《韓國佛教史의 再照明》, 불교신
문사 편 (서울: 불교시대사, 1994): p.261~272

    〃 ,〈圓證國師 普愚와 恭愍王의 改革政治〉,《韓國史論》20 (과천: 國史
編纂委員會, 1990. 10): p.139~180

    〃 ,〈圓證國師 普愚와 恭愍王의 개혁정치〉,《太古普愚國師論叢》, 大輪
佛教文化研究院 編 (서울: 大輪佛教文化研究院, 1997):
p.75~124

李能和,〈臨濟家風과 高麗 太古國師〉,《朝鮮佛教界》2 (서울: 佛教振興會
本部, 1916. 6): p.30~33

    〃 ,〈太古懶翁臨濟嫡孫〉,《朝鮮佛教通史》下編, 李能和 著 (서울: 新文
館, 1918): p.509~514.

    〃 ,〈臨濟家風과 高麗太古國師〉, 朝鮮佛教界, 1916. 5

이봉춘,〈太古普愚時代의 佛教社會〉,《太古普愚國師論叢》, 大輪佛教文化
研究院 編 (서울: 大輪佛教文化研究院, 1997): p.319~353

李相瑄,〈恭愍王과 普愚 恭愍王初 王權安定의 一助를 중심으로〉,《李載博
士還曆紀念 韓國史學論叢》(서울: 한울, 1990): p.260~279

    〃 ,〈恭愍王과 普愚〉,《太古普愚國師論叢》, 大輪佛教文化研究院 編 (서

울: 大輪佛教文化研究院, 1997): p.125~148

李英茂,〈太古普愚國師의 人物과 思想〉,《建大史學》, 5 (서울: 建國大學校
史學會, 1976. 7) p.1~18

    〃 ,〈太古普愚國師의 人物과 思想〉,《韓國의 佛教思想》, 李英茂 著 (서
울: 民族文化社, 1987): p.223~241

    〃 ,〈太古普愚國師의 人物과 思想〉,《祇園의 꽃》, 李英茂 著 (서울: 佛
教映像, 1991): p.297~314

    〃 ,〈太古普愚國師의 人物과 思想〉,《太古普愚國師論叢》, 大輪佛教文
化研究院 編 (서울: 大輪佛教文化研究院, 1997): p.11~35

    〃 ,〈太古普愚의 法統과 法孫〉,《太古普愚國師論叢》, 大輪佛教文化研
究院 編 (서울: 大輪佛教文化研究院, 1997): p.665~695

    〃 ,〈韓國佛教史上 太古普愚國師의 地位 韓國佛教의 宗祖論을 中心으
로〉,《韓國의 佛教思想》, 李英茂 著 (서울: 民族文化社, 1987):
p.243~258

    〃 ,〈韓國佛教史에 있어서의 太古普愚國師의 地位 韓國佛教의 宗祖論
을 中心으로〉,《韓國佛教學》 3 (서울: 韓國佛教學會, 1977. 11):
p.255~271

    〃 ,〈韓國佛教史에 있어서의 太古普愚國師의 地位 韓國佛教의 宗祖論
을 中心으로〉,《韓國曹溪宗의 成立史的 研究》, 佛教學會 編 (서울:
民族社, 1986): p.277~293.

李在烈,〈五教兩宗과 曹溪宗統에 關한 考察 曹溪宗祖普照派의 臨濟禪 流
通考〉 1,《佛教思想》 1 (서울: 寶蓮閣, 1973. 4): p.27~38

    〃 ,〈五教兩宗과 曹溪宗統에 關한 考察 曹溪宗祖普照派의 臨濟禪 流通
考〉 2,《佛教思想》 2 (서울: 寶蓮閣, 1973. 9): p.86~92

    〃 ,〈五教兩宗과 曹溪宗統에 關한 考察 曹溪宗祖普照派의 臨濟禪 流通
考〉 3,《佛教思想》 3 (서울: 寶蓮閣, 1973. 11): p.68~75

　　〃 , 〈五教兩宗과 曹溪宗統에 關한 考察 曹溪宗祖普照派의 臨濟禪 流通考〉 4, 《佛教思想》 4 (서울: 佛教思想社, 1974. 3): p.88~97

　　〃 , 〈五教兩宗과 曹溪宗統에 關한 考察 曹溪宗祖普照派의 臨濟禪 流通考〉 5, 《佛教思想》 5 (서울: 佛教思想社, 1974. 6): p.84~89

　　〃 , 〈五教兩宗과 曹溪宗統에 關한 考察 曹溪宗祖普照派의 臨濟禪 流通考〉 6, 《佛教思想》 6 (서울: 佛教思想社, 1974. 10): p.52~56

　　〃 , 〈五教兩宗과 曹溪宗統에 關한 考察 曹溪宗祖普照派의 臨濟禪 流通考〉, 《韓國曹溪宗의 成立史的 研究》, 佛教學會 編 (서울: 民族社, 1986): p.239~276

　　〃 , 〈韓國佛教의 禪·溪兩宗史 어떻게 研究할 것인가?〉, 《法施》, (서울: 法施舍, 1968. 3~1969. 8)

李鍾君, 〈太古禪師의 名號詩 研究〉, 《國語國文學》 29 (부산: 부산대학교 국어국문학과, 1992. 10): p.27~46

　　〃 , 〈太古禪師의 名號詩 研究〉, 《太古普愚國師論叢》, 大輪佛教文化研究院 編 (서울: 大輪佛教文化研究院, 1997): p.967~989

李鍾燦, 〈唯心的 普愚의 歌頌〉, 《韓國의 禪詩》 高麗篇, 李鍾燦 著 (서울: 二友出版社, 1985): p.197~210

　　〃 , 〈唯心的 普愚의 歌頌〉, 《韓國佛家詩文學史論》, 李鍾燦 著 (서울: 불광출판부, 1993): p.193~206

　　〃 , 〈唯心的 普愚의 歌頌〉, 《太古普愚國師論叢》, 大輪佛教文化研究院 編 (서울: 大輪佛教文化研究院, 1997): p.443~460

李哲教 集, 〈太古普愚國師 關聯 年譜〉, 《太古普愚國師論叢》, 雪棲 編, 大輪佛教文化研究院 譯 (서울: 大輪佛教文化研究院, 1997): p.399~407

　　〃 , 〈太古普愚國師 關聯 文獻資料〉, 《太古集》 除外, 《太古普愚國師論叢》 雪棲 編, 大輪佛教文化研究院 譯 (서울: 大輪佛教文化研究院,

1997): p.408~438

  〃 ,〈韓國禪家法統 論著目錄〉,《多寶》20 (서울: 大韓佛敎振興院, 1996. 12): p.38~46

印權煥,〈普愚의 悟道詩와 眞境의 표현〉,《高麗時代 佛敎詩의 硏究》, 印權 煥 著 (서울: 高麗大學校 民族文化硏究所, 1983): p.166~186

張元圭,〈曹溪宗의 成立과 發展에 對한 考察〉,《佛敎學報》1 (서울: 東國 大學校 佛敎文化硏究所, 1963. 10): p.309~351

  〃 ,〈曹溪宗의 成立과 發展에 對한 考察〉,《韓國曹溪宗의 成立史的 硏 究》, 佛敎學會 編 (서울: 民族社, 1986): p.181~237

정태혁,〈태고보우국사의 원융사상과 한국불교의 법맥〉,《多寶》, 20 (서 울: 大韓佛敎振興院, 1996. 12): p.20~37

정태혁,〈근세로 이어진 원융불교의 법통과 보우국사의 자타수용의 무애 자락(無碍自樂)한 삶〉, 太古思想 , 2001. 11

  〃 ,〈太古庵歌를 듣는다 태고보우국사의 삶과 사상이 깃든 禪詩〉,《불 교와 문화》1〔21〕(서울: 大韓佛敎振興院, 1997. 4): p.138~173

鄭晄震,〈朝鮮佛敎의 嗣法系統〉, 闊海.《佛敎》新5 (서울: 佛敎社, 1937. 7): p.7~17

池浚模,〈太古禪師의 詩文學〉,《中國語文學》3 (대구: 嶺南中國語文學會, 1981. 10): p.323~333

崔柄憲,〈朝鮮時代 佛敎法統說의 問題〉,《韓國史論》9 (서울: 서울大學校 國史學科, 1988. 8): p.281~293

  〃 ,〈朝鮮時代 佛敎法統說의 問題〉,《太古普愚國師論叢》, 大輪佛敎文 化硏究院 編 (서울: 大輪佛敎文化硏究院, 1997): p.555~570

  〃 ,〈太古普愚의 佛敎史的 位置〉,《韓國文化》7 (서울: 서울大學校 韓 國文化硏究所, 1986. 12): p.97~132

  〃 ,〈太古普愚의 佛敎史的 位置〉,《太古集》, 雪棲 編, 金達鎭 譯註 (서

울: 世界社, 1991): p.287~326

〃 , 〈太古普愚의 佛教史的 位置〉,《太古普愚國師論叢》, 大輪佛教文化
研究院 編 (서울: 大輪佛教文化研究院, 1997): p.149~197

〃 , 〈太古和尙〉,《한국불교인물사상사》, 불교신문사 편 (서울: 民族社,
1990): p.244~252

최석환, 〈태고보우 현장 기행 탄생의 땅〉,〈佛教春秋〉 3 (서울: 佛教春秋
社, 1996. 5): p.66~81

〃 , 〈구도의 땅, 장흥 보림사〉,〈佛教春秋〉 4 (서울: 佛教春秋社,
1996. 9): p.166~175

〃 , 〈태고보우의 선차〉〈佛教春秋〉 7 (서울: 佛教春秋社, 1997. 8):
p.154~171

〃 , 〈소설암의 선차〉,〈佛教春秋〉 10 (서울: 佛教春秋社, 1998. 1 ·
2): p.152~162

〃 , 〈금석문을 통해 본 보우선사의 회광〉, 太古思想, 2001. 11

〃 , 〈원융불교의 숨결을 따라〉,〈선문화〉, 2010. 07

성철, 〈한국불교의 법맥〉,《太古普愚國師論叢》, 大輪佛教文化研究院 編
(서울: 大輪佛教文化研究院, 1997): p.571~663

韓基斗, 〈高麗禪宗의 思想的 傳統〉,《傳統과 思想》 3 (성남: 韓國精神文化
研究院, 1988): p.141~206

〃 , 〈高麗禪宗의 思想的 傳統〉,《韓國思想史大系》 3 (성남: 韓國精神文
化研究院, 1991): p.377~445

〃 , 〈高麗後期의 禪思想〉,《崇山朴吉眞博士華甲紀念 韓國佛教思想史》
(이리: 圓光大學校出版局, 1975): p.597~653

〃 , 〈高麗 後期의 禪思想〉,《韓國禪思想研究》, 韓基斗 著 (서울: 一志
社, 1991): p.434~504

〃 , 〈普照와 普愚의 思想的 比較〉,《普照思想》 8 (승주: 普照思想研究

院, 1995. 1): p.77~108

　　　〃　　, 〈普照와 普愚의 思想的 比較〉, 《太古普愚國師論叢》, 大輪佛教文化
　　　　研究院 編 (서울: 大輪佛教文化研究院, 1997): p.407~442

　　　〃　　, 〈傳承統合의 祖上 普愚〉, 《韓國佛教思想研究》, 韓基斗 著 (서울:
　　　　一志社, 1980): p.265~294

　　　〃　　, 〈太古普愚 研究〉, 《論文集》 7 (이리: 圓光大學校, 1973. 11):
　　　　p.83~105

　　　〃　　, 〈太古普愚 研究〉, 《太古普愚國師論叢》, 大輪佛教文化研究院 編 (서
　　　　울: 大輪佛教文化研究院, 1997): p.37~73

　　　〃　　, 〈太古普愚 研究 年譜上으로 본 生涯〉, 《韓國禪思想研究》, 韓基斗
　　　　著 (서울: 一志社, 1991): p.434~486

許興植, 〈曹溪宗의 起源과 法統〉, 《韓國中世佛教史研究》, 許興植 著 (서
　　　　울: 一潮閣, 1994): p.347~414

黃有福, 〈원나라에서 명나라 초기까지의 한·중 불교문화 교류〉, 《韓·中
　　　　佛教文化 交流史》, 陳景富 〔공〕지음, 權五哲 옮김 (서울: 까치,
　　　　1995) p.423~442

　　　〃　　, 〈元나라와 明나라 初期 中·朝 佛教文化 交流〉, 《太古普愚國師論
　　　　叢》, 大輪佛教文化研究院 編 (서울: 大輪佛教文化研究院, 1997):
　　　　p.239~261

공종원, 《삼각산 중흥사 그리고 태고사》 (서울: 불교뉴스, 1995. 2)

　　　〃　　, 《석옥 청공 선사의 선풍과 한국선의 전개》 (서울 : 불교전기문화연
　　　　구소, 1998)

이청, 《태고보우는 누구인가》 (서울: 불교전기문화연구소, 1998)

김영태, 〈태고법통 확정의 사적고찰〉 (서울: 대륜불교문화연구원, 1998)

김상현, 〈서산문도의 태고법통설 천명〉 (서울: 대륜불교문화연구원,
　　　　1988)

성성본, 〈임제 의현의 생애와 선사상 연구〉, (서울: 대륜불교문화연구원 1998)

오형근, 〈태고보우 선사의 선법과 대승교화법 연구〉, 太古思想, 2001

심재열, 〈조계종조는 왜 보조국사인가: 보조스님과 태고스님의 조계종 宗祖論〉, 《多寶》, 1996. 12

석용운, 〈태고화상(太古和尙)의 가풍(家風)〉, 東鶴, 1990. 2

이영호, 〈太古普愚禪師 訪中의 역사적 의미〉, 淨土學硏究, 2001. 12

김철회, 〈태고보우의 불교 교육론 연구〉, 1989. 2

韓普光(泰植), 〈高麗太古普愚禪師の念佛禪について〉, 印度學佛教學硏究, 2004. 12

신상돈, 〈太古普愚國師 入寂地에 對한 小考〉, 佛教學論集, 1989. 3

李英茂, 〈韓國佛教史에 있어서의 太古普愚國師의 地位: 韓國佛教의 宗祖論을 中心으로〉, 韓國佛教學, 1977. 11

박경준, 〈지구촌 시대의 경제 문제와 태고사상〉, 太古思想, 2003. 9

서정문, 〈석옥청공 태고보우의 선사상 비교 (石屋淸珙 太古普愚의 禪思想比較)〉, 2001

김상일, 〈《육로산거영》과 석옥청공·다산 정약용의 산거시 비교〉, 2008 韓國文學硏究 제35집 (2008 하반기), p.287~319, 동국대학교 문학학술원 한국문학연구소

주호찬, 〈여말 삼사의 오도시와 열반시〉, 2006 語文論集 제53집 (2006. 4), 민족어문학회

　〃　, 〈太古 普愚 悟道詩의 硏究〉, 高麗大學校, 1994

黃仁奎, 〈石屋淸珙과 麗末三師의 불교계 활동: 景閑을 中心으로〉, 2006, 고인쇄문화, 제13집 (2006년), 淸州古印刷博物館

　〃　, 〈石屋淸珙과 麗末三師〉

황인규, 〈고려후기 선종산문과 원날 선풍〉, 2006 中央史論, 제23집

(2006. 6), 韓國中央史學會

金相永, 〈石屋清珙과 白雲景閑의 禪風〉 2006 고인쇄문화, 제13집 (2006년), 淸州古印刷博物館

    〃 , 〈白雲景閑의 禪思想〉

차차석, 〈石屋 淸珙 太古普愚의 禪思想 比較〉, 2001 韓國禪學 제3호 (2001. 12), 한국선학회

邵鈺, 〈皎然과 淸珙의 禪茶心印〉

길봉준, 〈虛應堂 普雨大師 詩文學((A)Study on the Poetry and Prose of Hueungdang-Bowoo)〉, the Great Buddhist Priest, 東國大學校, 1998

박상현, 〈虛應堂 普雨의 修行과 佛敎中興 硏究(A study on Cultivation and Buddhist rehabilitation of Herwungdang Bowoo)〉, 동국대학교 대학원, 2009

최두헌, 〈太古 普愚 禪詩의 硏究: 悟道損K鰒警策의 詩를 中心으로〉= The study of Taego Bowoo(太古 普愚) poems for Zen Buddhism : focus on the poems of Odo(悟道) · angeo(山居) · yeongchaek(警策), 동국대학교, 2008

최수연, 〈太古普愚 詩 硏究〉, 東國大學校, 2000

2001, 조계종 중흥조 원증 국사 태고보우 스님 탄신 700주년 기념사업회, 〈태고보우 스님의 생애와 사상〉, 대한불교조계종 용문산 사나사, p.116

《태고사상》, 제1집 한국불교태고학회
· 권기종, 〈한국불교에 있어서 태고보우국사의 원융불교사상과 그 위상〉
· 정태혁, 〈근세로 이어진 원융불교의 법통과 보우국사의 자타수용의 무애자락(無碍自樂)한 삶〉

- 김방룡, 〈태고보우국사와 보조지눌국사의 사상과 수행 ― 교화법 비교연구〉
- 종호, 〈태고보우 선법(禪法)의 중심사상과 그 수행법〉
- 오형근, 〈태고보우선사의 선법과 대승교화법 연구〉
- 홍수이핑, 〈원대 선종의 법맥에 대한 소고(小考)〉
- 허흥식, 〈공민왕시 조계종과 화엄조의 갈등: 태고와 편조의 사상적 차이〉

《태고사상》, 제2집 한국불교태고학회
- 무공, 〈현대사회의 갈등과 태고사상(太古思想)〉
- 이봉춘, 〈태고사상과 한국불교의 갈등현상〉
- 최연자, 〈태고사상과 인간심성의 문제〉
- 김용표, 〈종교간의 갈등과 태고사상〉
- 박경준, 〈사회적 불평등 문제와 태고사상〉
- 장익, 〈환경위기와 태고사상(太古思想)〉

《태고사상》, 제3집 한국불교태고학회
- 무공, 〈현대사회의 갈등과 태고사상(太古思想) 제2부〉
- 유광진, 〈태고사상과 남북한 통일 문제〉
- 박경준, 〈지구촌 시대의 경제 문제와 태고사상〉
- 김영덕, 〈세계평화의 문제와 태고사상〉

VI. 학위논문

權奇悰, 〈高麗後期의 禪思想 研究〉(서울: 東國大學校 大學院, 1987. 2, 博士學位論文)

金昌淑,〈太古普愚의 思想과 淨化運動〉(서울: 東國大學校 大學院, 1987.
    2, 博士學位論文)

金哲會,〈太古普愚의 佛敎敎育論 硏究〉(서울: 東國大學校 敎育大學院,
    1990. 2, 碩士學位論文)

金孝元,〈太古普愚의 禪思想 硏究〉(이리: 圓光大學校 圓佛敎大學院,
    1995. 2, 碩士學位論文)

徐盛源,〈太古和尙의 法統考〉(서울: 東國大學校 大學院, 1971. 2, 碩士
    學位論文)

宋承圭,〈恭愍王代 臣僚들의 對佛性向과 佛敎界의 覺醒〉(서울: 東國大學
    校 大學院, 1987. 2, 碩士學位論文)

신일균,〈恭愍王의 改革政治와 普愚·辛旽의 葛藤〉(청원: 韓國敎員大學
    校 大學院, 1994. 2, 碩士學位論文)

兪瑩淑,〈高麗後期 禪宗史 硏究〉(서울: 東國大學校 大學院, 1985. 2, 博
    士學位論文)

李鍾燦,〈高麗 禪詩 硏究〉(서울: 漢陽大學校 大學院, 博士學位論文)

鄭仁鎬,〈韓國禪家의 淨土觀에 대한 考察 知訥·普愚·惠勤·休靜을 中
    心으로〉(서울: 東國大學校 大學院, 1983. 2, 碩士學位論文)

朱浩贊,〈太古普愚 悟道詩의 硏究〉(서울: 高麗大學校 大學院, 1994. 8.
    碩士學位論文)

Ⅶ. 태고보우 관련기사

1912. 12, 海東初祖高麗國師太古和尙太古庵歌 백파사문, 朝鮮佛敎月報
1970. 6, 석남허, 太古普愚國師의 宗風, 佛敎
1970. 6, 조종현, (韓國佛敎)太古宗의 나아갈 길; 하나의 提言, 佛敎
1970. 10, 이색, 太古國師의 塔碑銘, 佛敎

1970. 11, 변월주, 太古宗統에 對한 私見, 佛教

1970. 12, 조종현, 太古宗의 宗旨綵菉宗風에 對한, 佛教

1975. 7, 이영무, 太古宗祖의 思想과 行蹟, 佛教

1976, 장원규, 太古國師의 思想, 佛光

1976, 장충식, 太古國師의 生涯, 佛光

1976. 7, 김영태, 太古國師가 한국불교에 미친 영향, 佛光

1977. 1, 이영무, 太古國師의 人物과 思想 (상), 佛教

1977. 2, 이영무, 太古國師의 人物과 思想 (중), 佛教

1977. 3, 이영무, 太古國師의 人物과 思想 (하), 佛教

1978. 7, 태고종, 韓國佛教太古宗 宗憲, 佛教

1979. 10, 태고종사편찬위원회, 韓國佛教史를 중심으로 한 太古宗의 연혁, 佛教

1986. 12, 최병헌, 太古普愚의 佛教史的 位置, 韓國文化

1987. 3, 편집부, 태고 보우선사 ─ 스님 이야기 봉은, 奉恩

1987. 4, 편집부, 태고 보우선사 ─ 스님 이야기 봉은, 奉恩

1987. 10, 최병헌, 太古普愚의 불교사적 위치 , 불일회보

1987. 11, 최병헌, 太古普愚의 불교사적 위치 , 불일회보

1989. 6, 한국 禪詩 ─ 太古 普愚 (고려 말. 1301~1382), 법련사, 불일일보

1994. 10, 한기두, 태고는 임제 말류 가풍을 전수했으나 고려 전체 종풍을 좌우하지는 못했다, 불일회보

1994. 11, 보조지눌과 태고보우의 선사상: 종단 안팎의 관심 속에 진행된 제7차 보조사상연 법련사, 불일회보

1995. 3(통권 3호), 역사인물 집중탐구 / 한국불교의 큰스승 태고보우 ─ '반도 곳곳에서 태고의 숨결 만난다', 〈불교춘추〉

1995. 3(통권 3호), 태고보우 현장 기행 탄생의 땅, 〈불교춘추〉

1995. 4(통권 4호), 태고보우 현장 기행 구도의 땅, 장흥 보림사, 〈불교춘추〉

1996. 10, 한국선(禪)의 뿌리, 禪思想

1996. 12, 정태혁, 태고보우 국사의 원융사상과 한국불교의 법맥, 多寶

1997. 4, 정태혁, 太古庵歌를 듣는다: 태고보우국사의 삶과 사상이 깃든 禪詩, 〈불교와 문화〉

1997. 8(통권 7호), 차와 선을 찾아서 ① 차로 인연 맺은 석옥과 태고, 〈불교춘추〉

1997. 8(통권 7호), 석옥과 태고의 차향 가득한 천호암지, 〈불교춘추〉

1998. 6, 신규탁, 허응당 보우 선사, 佛敎

1998. 11, 이규범, 태고보우 국사의 교훈, 佛敎

1998. 11, 문수 보살이 사자를 탄 모습 – 태고왕사, 불일회보

2000. 8(창간호), 고영섭, 《석옥청공선사語綠》 – 한국 돈오돈수법의 원류, 석옥청공의 살림살이 집성, 〈선문화〉

2001. 7(통권 12호), 기획특집 – 탄신 700주년 맞는 태고보우의 생애와 사상 조명

, 서무공, 태고보우의 원융불교사상을 실천하자

, 진월, 태고보우국사 방중(訪中)의 현대적 의미

, 방인철, 태고보우의 법맥(法脈)을 밝힌다

, 석천, 대기대용의 형국 깨달음의 땅 소설산 소설암

, 법현, 태고화상 사리탑에 대하여

, 최석환, 금석문을 통해 본 보우 국사의 회광

, 김혜정, 조계종찰과 호국사찰인 중흥사 복원

, 방인철, 가는 곳마다 원융회통의 정신과 숨결 살아있다, 〈선문화〉

2001. 7(통권 12호), 좌담 올 가을 탄신 700주년 기념 학술회의 열자, 〈선문화〉

2001. 10, 김재경, 원융불교의 기틀 다지고 해동 임제선의 뿌리 내리다, 법회와 설법

2001. 11, 김재경, 임제선법의 한국적 체계화와 원융불교의 정착, 법회와 설법

2002. 1(통권 18호), 최석환, 중국 선차의 원류를 찾아서 ⑮ 호주 하무산 천호암 — 원대 선다문화 일으킨 터전 석옥의 다선정신 살아있다, 〈선문화〉

2002. 3(통권 20호), 권기종, 한국 불교에 있어서 태고보우 국사의 원융불교사상과 그 위상, 〈선문화〉

2003. 1(통권 30호), 절강선종과 한국선 연구에 관한 보고 — 석옥청공, 천태선차 바람 중국에서 불어온다, 〈선문화〉

2003. 5(통권 34호), 중국 禪의 사상 주내양(朱乃良) 석옥천공 선사의 도행 〈선문화〉

2004. 3. 11, 선암사 간화선 중흥조 태고보우 영정 봉안, 연합뉴스

2004. 8. 10, 김재경, 태고보우 입적지 소설암 첫 확인, 법보신문

2004. 9. 12, 한국선불교 중흥조 태고보우 비 편 발견, 연합뉴스

2005. 1, 목정배, 태고보우(太古普愚)의 원융선(圓融禪), 법수레

2005. 3(통권 56호), 하무산 석옥청공 선사의 발자취를 찾아서 邵鈺, 〈선문화〉

2005. 8(통권 61호), 석옥청공, 천태선차 바람 중국에서 불어온다, 〈선문화〉

2005. 12(통권 65호), 태고보우의 원융회통 실천한 덕암 큰스님 석천, 〈선문화〉

2006. 5, 김상일, 보우 스님의 구도적 열망과 보살의 시세계, 奉恩

2006. 12. 14, 고려 — 항저우(杭州)의 교류史를 돌아보며, 법보신문

2008. 6(통권 95호), 僧譜 | 금당 — 해동정맥(海東正脈) 제1조(祖) 태고

보우(太古普愚) 화상 (1), 〈선문화〉

2008. 7(통권 96호), 僧譜 | 금당 — 해동정맥(海東正脈) 제1조(祖) 태고
보우(太古普愚) 화상 (2), 〈선문화〉

2008. 8(통권 97호), 僧譜 | 금당 — 해동정맥(海東正脈) 제1조(祖) 태고
보우(太古普愚) 화상 (3), 〈선문화〉

2008. 9(통권 98호), 僧譜 | 금당 — 해동정맥(海東正脈) 제1조(祖) 태고
보우(太古普愚) 화상 (4), 〈선문화〉

2008. 10(통권 99호), 僧譜 | 금당 — 해동정맥(海東正脈) 제1조(祖) 태
고보우(太古普愚) 화상 (5), 〈선문화〉

2008. 12(통권 101호), 미리보는 석옥과 태고보우 선사상 학술연토회, 〈
선문화〉

2008. 12. 2, 중국에 태고보우헌창기념비 건립, 연합뉴스

2009. 1(통권 102호), 석천, 태고보우헌창기념비 제막 이모저모 — 石
屋 · 太古 禪風이 만년토록 빛나리, 〈선문화〉

2009. 1(통권 102호), 기획특집 — 한 · 중우의태고석옥학술대회기념비
건립

, 최석환, 중국 땅을 뒤덮은 석옥과 태고의 선풍 현대로 관통시켰다

, 王會江, 한 · 중 문화교류가 더욱 빛나길

, 최석환, 묘희불국에 태고의 선풍 활짝 피었다

, 운산, 한국불교의 정체성과 정통법맥을 다시 확인하는 헌창기념비 건
립

, 보광혜정, 임제법통 이어온 태고보우

, 커우단, 석옥청공과 태고보우의 선사상은 서로 통한다

, 고영섭, 태고보우를 통해 대혜종고를 엿보다

, 편집부, 태고보우헌창기념비건립에 앞장 선 무공 스님, 〈선문화〉

2009. 1(통권 102호), 태고보우 국사의 행장(行狀), 〈선문화〉

2009. 1(통권 85호), 최석환, 중국까지 퍼진 태고보우의 차향, 〈차의 세계〉

2009. 1(통권 85호), 박정진, 태고보우 국사 헌창기념비 건립의 역사적 의미, 〈차의 세계〉

2009. 2(통권 103호), 법현, 다시보는 태고의 선사상 — 그물을 뚫고 나오는 금물고기〔金鱗〕를 기다리며, 〈선문화〉

2010. 7(통권 120호), 최석환, 원융불교의 자취를 따라, 〈선문화〉

불조원류 법계도(法系圖)

보리달마(菩提達摩)

이조혜가(二祖慧可)

삼조승찬(三祖僧璨)

사조도신(四祖道信)

오조홍인(五祖弘忍)

신수(神秀)　육조혜능(六祖慧能)　지선(智詵)

보적(寶寂)　남악회양(南嶽懷讓)　처적(處寂)

마조도일(馬祖道一)　무상(無相)

백장회해(百丈懷海)

황벽희운(黃檗希運)

임제의현(臨濟義玄)
　○임제종

홍화존장(興化存奬)

남원도옹(南院道顒)

풍혈연소(風穴延沼)

수산성념(首山省念)

분양선소(紛陽善昭)

자명초원(慈明楚圓)

황룡혜남(黃龍慧南)　양기방회(楊岐方會)
○임제종 황룡파

백운수단(白雲守端)

오조법연(五祖法演)

원오극근(圓悟克勤)

호구소륭(虎丘紹隆)

응암담화(應庵曇華)

밀암함걸(密庵咸傑)

파암조선(破庵祖先)

무준원조(無準圓照)

설암혜랑(雪巖惠朗)

급암종신(及庵宗信)

평산처림(平山處林)　석옥청공(石屋淸珙)

나옹혜근(懶翁慧勤)　태고보우(太古普愚)

부록 423

석옥 · 태고 평전

편저자 · 최석환
펴낸곳 · 불교춘추사
공급처 · 월간 〈차의 세계〉
펴낸이 · 최석환
편집 · 전혜선
디자인 · 신미영

2010년 7월 19일 초판 1쇄 인쇄
2010년 7월 23일 초판 1쇄 발행

등록 · 1993년 10월 23일 제 01-a1594호

주소 · 불교춘추사 | 서울특별시 종로구 운니동 14 미래빌딩 4층
전화 · (02) 747-8076~7, 733-8078   팩스 · (02) 747-8079

ISBN 978-89-88417-58-5

값 17,000원